YUHIKAKU

マクロ経済学 [第3版]

入門の「一歩前」から応用まで

MACROECONOMICS:
FROM BASIC PRINCIPLES TO APPLICATIONS

著・平口良司

稲葉　大

有斐閣ストゥディア

は じ め に

本書のねらい

本書の目的は，マクロ経済学を入門一歩前のレベルから応用に至るまで丁寧に説明することです。そのため，執筆の際に以下の2点を心がけました。

第1点目は，マクロ経済学の考え方をできるだけ読者の皆さんに身近に感じてもらうことです。マクロ経済学というのは国，あるいは地域全体の経済の動きを勉強する学問なので，どうしても説明（とくに経済モデルを用いた議論）が抽象的になりがちです。そこで本書では，実際の日本経済，あるいは国際経済の動向と関わらせて説明するように心がけました。各章において，今の日本の物価指数や雇用，そして景気の動きなども解説しています。また，経済モデルを説明する際には，数値例を豊富に用意しました。そして，国内総生産（GDP）や物価といった経済変数がどのように決まるのか，読者の皆さんに実際に手を動かして計算し，理解してもらえるように工夫しました。

第2点目は，経済政策の効果とその限界について丁寧に説明することです。マクロ経済学の目的の1つに，政策を通してどう経済を改善できるかを研究することがあります。マクロ経済学の扱う経済政策には主に財政政策と金融政策の2種類があり，それぞれがマクロ経済に大きな影響を与えます。しかし，2つの政策が機能するメカニズムは異なります。本書では，経済モデルや実例を通して，そのメカニズムをわかりやすく説明するよう工夫しました。同時に，本書はこれらのマクロ経済政策の有効性に限界があることも説明しています。たとえば財政政策は，肥大化しすぎると企業活動を圧迫してしまいます。本書では，こういった経済政策の限界についても解説を行いました。

本書の構成

本書は序章と3つの部で構成されています（序章を含めて12章立てになっています）。まず序章では，経済学とは何かということや，マクロ経済学に登場する家計・企業・政府といった「主体」について説明します。続いて第1部（第1～5章）では，「マクロ経済学の基礎知識」として，マクロ経済学の中で最も

基本的な考え方について説明します。第1章，第2章では，一国経済を分析するのに欠かせない経済変数であるGDPや物価，失業率などについて説明します。第3章では，社会全体でお金を貸し借りする金融の仕組みを説明します。第4章では，貨幣，つまりお金と，それを発行する中央銀行と呼ばれる組織の持つ役割について説明します。そして第5章では，政府の役割や，歳出・歳入の内容，税制の仕組み，国の債務について学びます。

第2部（第6〜9章）では，「マクロ経済学の基本モデル」として，第1部で説明した物価やGDPといった経済変数の値の決まり方，そして経済変数が経済政策から受ける影響について，経済モデルを用いて分析します。第6章では，物価が一定であると仮定し，そのもとでGDPや金利を分析する枠組みを提示し，そしてその枠組みを用いて，経済政策の影響について説明します。第7章では，GDPと金利に加えて物価が変動する際にそれぞれの経済変数がどう決まるのかを説明します。第8章では，インフレ，デフレが経済に与える影響について学びます。そして第9章では，第6〜8章の分析において省略された海外部門の経済活動を取り入れた開放経済の分析について学びます。具体的には各国が発行する通貨（貨幣）の価値の比率を表す為替レートの決まり方，そして為替レートが輸出入やGDPに与える影響について説明します。

最後に第3部（第10〜11章）では，「マクロ経済学の発展的トピックス」として，マクロ経済の分析をする際に有用な応用・発展的テーマについて学びます。第10章では，長期的な経済の成長のメカニズムを，そして第11章では，資産価格の決まり方を学びます。これらのテーマでは，少し難易度の高い，時間の経過を考慮に入れた動学的モデルを用いた分析を紹介します。

┃ 第3版での変更点 ┃

本書の初版が出版されてから約7年，そして新版が出版されてから約3年が経過しました。この間に，日本経済は，新型コロナウイルスの発生やそれに伴う各種経済活動の制限による急激な景気の落ち込み，約30年ぶりとなるインフレ，あるいは日米金利差の拡大に伴う円安などを経験しました。日本を取り巻く経済環境が激変するなかで，マクロ経済学を学ぶ重要性はますます高まっているといえます。

マクロ経済学を入門から応用まで丁寧に説明するという本書の目的をさらに

具現化，そして深化させるべく，新版に引き続き，いくつかの点において本書の改訂を行いました。改訂の内容は主に，以下の5点です。第1に，前述した近年の経済の大きな変動について，経済成長率やインフレ率や為替レートを含め記述やグラフに反映させました。第2に，内生的成長理論に関する説明を加えました。第3に，経済学が景気をどう捉えるのかについて，トレンドとサイクルの分解の仕方など詳しい説明を加えました。第4に，学習をしやすくするために，例題を各章に設定し，その数を増やしました。そして第5に，練習問題を本文の理解がより深まるように改訂・追加しました。

謝　辞

　本書を執筆するにあたり，多くの人から有益なコメントやアドバイスをいただきました。初版については，とくに，東北学院大学・キヤノングローバル戦略研究所の白井大地先生と大阪大学大学院の三上亮さんに原稿を丁寧に読んでいただき，いくつもの示唆，アドバイスをいただきました。また，関西大学の岡田啓介先生，宇都宮浄人先生，中川竜一先生，首都大学東京の荒戸寛樹先生，関西外国語大学の南村圭哉先生，法政大学の平田英明先生，関西大学経済学部生の中西洋介さん，鱧谷桂太さん，宋敏哲さん，小野弘喜さんからもたくさんの有益なコメントをいただきました（以上，所属は初版刊行時）。この場を借りてお礼を申し上げます。

　また，本書の改訂にあたっても，多くの方々からコメントをいただきました。平口は神田外語大学，千葉大学，明治大学，そして稲葉は関西大学において，本書の初版の内容に基づき講義を行いました。その際に各大学の受講生の皆さんからは，貴重な質問・コメントをいただきました。とくに関西大学学生（新版刊行時）の高杉龍さんには本書の草稿を読んでいただき丁寧なコメントをいただきました。また，明治大学の小早川周司先生からは，決済システムの説明について貴重な助言をいただきました。

　さらに，本書の第3版にあたっても，専修大学の櫻井宏二郎先生や専修大学経済学部生の秦秀太さん，大友尚人さん，そして初版に引き続き法政大学の平田英明先生など多くの方々からコメントをいただきました。これらの質問やコメントを通して新たな事実に気づかされることも多々あり，改訂をする際の指針となりました。各大学の学生の皆さんに感謝の意を表します。ただし，あり

うべき誤りは筆者らの責に帰すものです。

　最後になりましたが，初版・新版・第3版ともに，丁寧に私たちの原稿を見てコメントをくださり，執筆が遅れがちな私たちをいつも温かく励ましてくださった有斐閣書籍編集第2部の渡部一樹さんにお礼を申し上げます。

　2022年12月

平口　良司

稲葉　　大

インフォメーション

● **各章の構成**　各章には，本文以外にも，Column，SUMMARY（まとめ），EXERCISE（練習問題）を収録しています。Column では本文の内容に関連した興味深いテーマや経済学の基本的な概念を説明しました。SUMMARY，EXERCISE は，各章末に掲載しています。EXERCISE の解答例を本書の巻末に示しました。省略した解答は下記のウェブサポートページに掲載します。

● **キーワード**　本文中の重要な語句および基本的な用語を太字（青色のゴシック体）にして示しました。

● **文献案内**　巻末の「おわりに」に，本書で取り上げられなかった内容を補うことができる本や，本文中で参照した文献をリストアップしました。

● **数学付録**　巻末に，関数の考え方，積の近似計算の公式，等比数列の和の公式に関する解説を掲載しました。

● **記号・曲線・関数のまとめ**　本書で用いた主な数式記号や曲線・関数の表記の一覧を巻末に掲載しました。

● **索　引**　巻末に，用語を精選した索引を用意しました。より効果的な学習にお役立てください。

● **ウェブサポートページ**　各章末に収録されている練習問題の解答例や補論などを掲載しています。ぜひ，ご覧ください。

　https://www.yuhikaku.co.jp/static/studia_ws/index.html

著者紹介

平 口　良 司（ひらぐち　りょうじ）

1977 年生まれ。スタンフォード大学経済学部大学院博士課程修了。京都大学経済研究所講師，立命館大学経済学部准教授，千葉大学法政経学部准教授，明治大学政治経済学部専任准教授を経て，2018 年より現職。

現職：明治大学政治経済学部専任教授。キヤノングローバル戦略研究所主任研究員（兼任）。

主な著作：

『入門・日本の経済成長』日本経済新聞出版，2022 年。

"Taxing Capital Is a Good Idea: The Role of Idiosyncratic Risk in an OLG Model," (with A. Shibata), *Journal of Economic Dynamics and Control*, vol. 52, 2015, pp. 258–269.

読者へのメッセージ：私たちはこの教科書を執筆するにあたり，事例などを使いながらマクロ経済学の考え方をやさしく丁寧に説明しようと心がけました。読者の皆さんが，本書を通して，いまの日本経済，あるいは国際経済の動きにより強い興味を持つようになることを期待しています。

稲 葉　大（いなば　まさる）

1973 年生まれ。東京大学大学院経済学研究科博士課程単位取得退学，博士（経済学）。経済産業研究所リサーチ・アシスタント，キヤノングローバル戦略研究所研究員，東京大学大学院経済学研究科附属日本経済国際共同研究センター客員准教授，関西大学経済学部准教授・教授を経て，2022 年より現職。

現職：専修大学経済学部教授。キヤノングローバル戦略研究所主任研究員（兼任）。

主な著作

"Business Cycle Accounting for the Japanese Economy," (with K. Kobayashi), *Japan and the World Economy*, vol. 18(4), 2006, pp. 418–440.

"An Application of Business Cycle Accounting with Misspecified Wedges," (with K. Nutahara), *Review of Economic Dynamics*, vol. 15(2), 2012, pp. 265–269.

"Asset Bubbles and Bailouts," (with T. Hirano and N. Yanagawa), *Journal of Monetary Economics*, vol. 76, 2015, pp. S71–S89.

読者へのメッセージ：この教科書で勉強することが，自分の身の回りの経済だけでなく，経済全体の動向に目を向けるきっかけになれば幸いです。

目　次

第1部　マクロ経済学の基礎知識

CHAPTER 3 マクロ経済を支える金融市場　82

CHAPTER 4 貨幣の機能と中央銀行の役割　105

CHAPTER **5**

財政の仕組みと機能　　　　　　　　　　　　　　132

国際収支・為替レートとマクロ経済　　　　237

第 3 部　マクロ経済学の発展的トピックス

CHAPTER 10　経済が成長するメカニズム　268

CHAPTER 11　資産価格の決まり方　293

CHAPTER

序章

マクロ経済学とは

INTRODUCTION

　本書の目的はマクロ経済学を平易に説明することです。しかし，経済学，あるいはマクロという言葉を捉えづらいと考える読者の皆さんも多いのではないでしょうか。この章では，まずマクロ経済学とは何かについて説明します。そして，これから本書を読むために必要となる基本的な用語の意味や登場人物について，簡単に紹介します。

　Keywords：家計，企業，資本，投資，消費，貯蓄，政府，中央銀行，市場，均衡，ストック，フロー

1 マクロ経済学とは何か？

この節では，まず経済，および経済学の定義をし，そしてマクロ経済学の持つ学問的意味について説明します。

経済と経済学

さまざまな個人や組織が商品（品物）を生産・販売したり，購入したりする活動，あるいは生産・販売の過程で利益や所得を受け取ったりする活動，さらにはそれらの活動から発生する社会的関係をまとめて経済といいます。そして経済学とは，経済の仕組みや，経済活動が社会に与える影響を考察する学問分野のことです。

経済学は，社会の仕組みを科学的に分析する社会科学の一分野です。社会科学には，ほかにも会社の組織や運営の仕方を学ぶ経営学や，法律の役割を学ぶ法学などがあり，これらの分野は互いに密接に関連しあっています。

経済学を，限られた資源に直面した人々が行う選択について研究する分野だと定義することもあります。手持ちのお金や，それを活用できる時間・人材などの資源には限りがあるため，私たちは商品を売買する際，さまざまな選択や決断をする必要があります。経済学には，これらの選択のあり方を分析するという側面もあります。

ミクロ経済学とマクロ経済学

経済学は，環境経済学，労働経済学といったさまざまな研究分野から構成されていますが，分野全体の基礎となる分野として，主にミクロ経済学とマクロ経済学の2つがあります。まず，ミクロ経済学とは，個々の商品の取引，あるいは個々の消費者，企業の経済活動を主に分析する分野です。「ミクロ」とは，小さいという意味の英語 microscopic からきています。次に，本書のテーマでもあるマクロ経済学とは，国，あるいは地域全体の経済（マクロ経済）を分析する分野のことです。「マクロ」とは，大きいという意味の英語 macroscopic からきています。マクロ経済では，多くの消費者や企業が活動しています。こ

ういった経済活動を総合的に分析するのがマクロ経済学です。

　マクロ経済の状況は，個人のさまざまな経済問題にも影響を与えることがあります。例として，ある人が仕事を探しているときに，その人が実際仕事を見つけられるかという問題を考えてみましょう。この問題は求職者個人つまりミクロの問題のように聞こえます。しかし，経済全体の状況が悪くなると，企業の求人の総数が減り，結果として本人の努力にもかかわらず仕事を見つけにくくなります。求職というミクロのレベルの問題にも，マクロ経済の動向が関わってくるのです。失業，とくに若年世代の失業は深刻な社会問題の１つです。経済全体の状況悪化を避けるには，その原因と対処法を分析する必要がありますが，マクロ経済学は，その際の指針となる重要な学問領域といえます。

> ### P O I N T 0.1　マクロ経済学とは
> さまざまな個人・組織が財・サービスを取引する社会の仕組みを，国・地域全体の視点から分析する研究分野のこと

┃ 財・サービス ┃

　経済学は，さまざまな商品（品物）の取引を分析しますが，そのなかで形のある商品を財，そして形のない商品をサービスといいます。そして両者をまとめて財・サービスと総称します（サービスという語を省いて単に「財」と呼ぶことがあります）。たとえば，電話による通話も商品であり，私たちはその対価として電話会社に料金を支払います。しかし通話には形がありません。したがって，この通話という商品はサービスに含まれます。

　経済学では多くの場合，各財・サービスについて，その価格，それが取引される量（取引量），そして両者の積である取引額に着目して分析を行います。ある財が持つ値打ちのことを，その財の価値といいますが，経済学では通常，財の値打ちがその価格に反映されていると考えます。本書において財の価値といった場合，それはその財の価格，あるいは取引額を指します。

　例題 0.1　Ａさんは，運賃 500 円を支払って電車に乗り，Ｂ町にある店に行き，5000 円の服を 2 着買った。そのあと映画館に行き，1500 円支払って映画を見た。Ａさんの購入した財とサービスの価値をそれぞれ求めなさい。

答 この例において，財は服のみであり，映画鑑賞や電車の利用はサービスである。よって A さんの購入した財の価値は 5000×2＝**10000** 円であり，一方サービスの価値は 500＋1500＝**2000** 円となる。

　財・サービスには，別の財・サービスを作る際の材料・部品として作られるものがあります。こういったものを，中間（的な）財・サービスあるいは中間財といいます。パンを作る際に用いる小麦粉などはその一例です。そして，中間的な財・サービスでなく，直接使用・消費するために作られる財・サービスのことを最終（的な）財・サービスあるいは最終財といいます。また，財の生産のために中間財を使用することを中間投入といいます。

　一般に，財 X が中間財を使って生産されたとき，財 X の生産額から，その生産に必要となった中間財にかかる費用をすべて引いたものを，（財 X の生産により生み出される）付加価値といいます。ある財の価値とは，その生産に用いられた中間財の価値に付加価値を加えたものといえます。

> **POINT 0.2 財・サービス**
> 商品（品物）の中で，形のあるものを財，形のないものをサービスと呼ぶ

2　マクロ経済学の登場人物①

▷ 企　　業

　マクロ経済学には，経済活動を行うさまざまな人や組織が登場します。以下ではこれらを経済主体と総称します。経済主体の中でも重要なのが企業（会社），家計，そして政府・中央銀行です。この節では企業について説明します。

企業と生産要素

　本書では，企業を，財・サービスを生産・販売する組織として捉えます。企業が生産活動を行うには何が必要かを考えるため，例としてパン屋を取り上げます。図 0.1 にあるように，パン屋では，オーブンやナイフなどを用いて職人がパンを作り，それを店舗で店員がレジを用いて販売し売上を得ます。パンの生産には，オーブンや店舗などの設備，そして従業員の労力が必要です。

CHART 図0.1 パン屋における生産要素

資本　　　労働　　　　　　　　　　　　　　　資本　　　労働

イラスト：有留ハルカ

　本書では，財・サービスを生産・販売するのに必要な工場・機械などの各種の設備のことを資本といいます。たとえば，先述のパン屋の例におけるオーブンやナイフ，レジなどは資本の一種です。一方，人々が働いて生産活動に貢献すること，そしてその量を労働または労働力といいます。パン屋で働く職人や店員の労働も，オーブン同様，パンの製造に必要です。これら財・サービスの生産に必要となるものをまとめて生産要素といいます。

　パンの生産には，小麦粉などさまざまな中間財も必要です。しかし，中間財を作るのにも資本・労働が必要です。つまり，究極的には財・サービスは資本・労働を生産要素として生産されていると解釈できます。本書では資本と労働を主な生産要素として分析を行います。土地を生産要素に含めることもありますが，簡単化のため，本書では省略します。

　財・サービスの生産量と生産要素の投入量との間には密接な関係があります。再びパン屋の例に戻ると，オーブンなどの設備の規模や働く人の数によってパンの生産量も変わります。この関係およびそれを数式で表現したものを生産関数といいます。関数については，巻末の数学付録で詳しく説明します。生産関数には設備の性能や職人の技能などの技術（生産性）が影響します。つまり，財・サービスの生産量は，生産要素の投入量と技術の双方に依存して決まります。技術の水準は技術革新により高められます。

資本の範囲

　これまで資本を生産設備と捉えてきましたが，経済学において資本は，設備より広い意味を持つ言葉として用いられます。厳密にいうと資本は「財・サービスを生産・販売するために，過去から現在にかけて蓄積されてきたもの」と

してやや抽象的に定義されます。確かにパンを作るためには，オーブンという財を前もって作っておく必要があります。この資本の定義に基づき，本書では生産設備以外のいくつかのものも資本に含めます。

　たとえば，私たちが住むために必要な住宅は財・サービスの生産に必要な一種の「設備」と考えられるため，資本として扱います。また，日々の注文に対応するために，企業が倉庫などに抱える商品の在庫も資本と考えます。設備同様，在庫も企業が消費者に財を販売するために必要なものであり，かつ過去から現在にかけて蓄積されたものであるため，資本と解釈します。本書では，設備，住宅，在庫をまとめて資本といいます。なお，政府が作る，道路や港湾などの公的設備を社会資本と呼び，資本に含める場合もあります。

　資本には，設備など物理的に形のあるものだけでなく，ソフトウェアや特許といった知的財産など，形のない無形資本（無形資産）の価値も含まれます。近年この無形資本が生産に重要な役割を果たすようになりました。

　資本という言葉は，企業の経営の元手となるお金である資本金という意味でも用いられます。より正確にいえば，資本金とは出資等を通して株主が企業に拠出したお金のことです。企業に資金を提供し，その経営に携わる経済主体を資本家，そして資本家が労働者を雇用することで成り立つ経済体制を資本主義といいます。本書では資本を資本金とは異なるものとして捉えます。

┃ 企業の目的 ┃

　マクロ経済学は，企業の目的を，生産要素の量を上手に選び，できるだけ多くの利益（利潤）を稼ぐことと捉えます。ここでいう利益とは，売上（金）から従業員に支払う賃金や，設備の使用に伴う電気代などの各種費用，あるいは政府に支払う税金などを除いたお金のことです。

　実際企業がどう利益をあげているか，自動車会社を例にとり見てみましょう。表 0.1 は，トヨタ自動車の 2022 年 3 月期の決算の概要です。ここでの営業収益が本書における売上に対応し，これは自動車の販売台数とその価格の積と解釈することができます。売上高から人件費などの費用を引いたものが税引前利益，そしてそこから法人税の負担などを引いたものが（当期）利益です。表にある配当については後述します。

販売台数	営業収益 （売上高）	税引前利益	利　益	配当 （1 株当たり）
896 万台	31.3 兆円	4.0 兆円	2.9 兆円	20 円

（出所）　トヨタ自動車ウェブサイト「2022 年 3 月期決算説明会（決算報告）資料」。

投　資

　企業が利益を増やし，成長するには，資本の量を増やす必要があります。一般に，資本を増やす行為を投資，または資本蓄積といいます。ある時点での資本の価値には，その時点までに行われた投資の合計の価値が反映されています。投資のためにお金を費やすこと，およびその額を投資支出といいます。

　資本は設備，住宅，在庫の 3 種類からなると先に説明しましたが，設備を増やすことを設備投資，住宅を増やすことを住宅投資，そして在庫を増やすことを在庫投資といいます。本書では，これら 3 つを合わせて投資と総称します。政府が社会資本を増やす行為つまり公共投資も投資の一種ですが，簡単化のため，本書では投資は上記の 3 種類で構成されると考えます。

　投資という言葉は，普段は株式や債券などを売り買いする証券投資を意味して使われることが多く，これらの売買をする人のことを投資家ともいいます。しかし，本書では主に，資本を増やすことを投資と呼び，区別して使います。

例題 0.2　昨年 1 月初めの段階で資本を 10 億円分保有し財を生産していた A 社は，昨年の 1 月から 12 月にかけ 5 億円分設備投資をして工場を新設した。
　①今年の 1 月初めの段階で A 社の持つ資本の価値を答えなさい。
　②A 社は，今年さらに設備投資をして，来年 1 月初めの段階における会社の資本が 25 億円分になるようにしたい。今年 A 社が行う投資の額を求めなさい。
答　①資本が投資により 5 億円増えるので今年初めの資本の価値は 10＋5＝**15 億円**。
②1 年間で資本を 25－15＝10 億円分増やす必要があるため投資は **10 億円**。

POINT 0.3　企業・投資

- 企業は，資本や労働などの生産要素を用いて財・サービスを生産し，できるだけ利益をあげようとする組織である
- 資本を増やす行為を投資といい，設備投資，住宅投資，在庫投資からなる

銀　行

　お金を貸したい人・組織と，そのお金を借りたい人・組織との間のお金の融通の仲立ちをするなどの金融サービスを提供する企業を金融（仲介）機関といいます。その代表的なものが銀行です。銀行は，個人や企業からお金を預金として預かり，そのお金を別の個人や企業に貸す，つまり融資することで利益をあげます。銀行からの融資金は，借りた側にとっては返済する義務を負う債務であり，一方貸した側の銀行にとっては回収する権利を持つ債権です。

　ある企業が銀行から融資を受けた場合，その企業は後日銀行に融資金を返済し，それに加えてお金を貸してもらったことに対する対価として利子（利息）を支払います。同様に銀行は預金者に対し預金の元本に加え利子を支払います。詳しくは第３章で学びます。

株式会社

　株式を発行・販売し資金を集める企業を株式会社といいます。ここで株式とはそれを発行する企業から得ることのできる権利・特典を示す証書のことです。株式の価格を株価，そして株式を保有している人を株主といいます。

　下の写真は，株式会社の１つ，東京証券取引所が2001年に発行した株式です。その表面には，この株式の保有者が，表記された株式数（1000株）の株主である旨が記載されています。株主が会社の株式を買うことによりその会社に資金を提供することを出資といいます。株式は，それを発行し売る企業と，買う株主の双方にベネフィット（便益）をもたらします。以下ではこのベネフィットについて説明します。

株券の例（写真提供：時事）

　まず，ある株式会社の株式を買ってその会社の株主になると，株主は会社のあげた利益の一部を配当として受け取ることができます。表0.1によれば，2022年３月期のトヨタ自動

車の配当は1株当たり20円となっています。また、買った株式を後日、購入時の値段よりも高く売ることができたら、差額分の儲けを得ることもできます。さらに、株主は会社の経営にも参画できます。

次に、株式発行により企業が得る大きな利点として、返済の必要がないお金を入手できるということがあげられます。企業は株主から調達した資金を後日返済する義務がありません。また、企業は通常株主に配当を渡しますが、それも義務ではありません。企業が株式（エクイティ）の発行により資金を調達することをエクイティ・ファイナンスといいます。

これに対し企業が銀行からお金を借りた場合、企業はそのお金に利子を付けて銀行に返さないといけません。企業は社債と呼ばれる債券の発行によっても資金を調達できますが、この場合も社債の買い手に対しその元本を返済しさらに利子を支払う必要があります。銀行からの借入や債券の発行など、負債（デット）により資金を調達することをデット・ファイナンスといいます。

③ マクロ経済学の登場人物②

▶家　　計

経済主体の中で、生計を同じくする家族または単身者のことを家計と呼びます。この節では、家計の経済活動について説明します。

所得と消費

本書では、家計が稼ぐお金のことをまとめて所得といいます。所得にはいろいろなものがあります。企業で働いて得る給料など、労働の対価として得る所得を労働所得といいます。また、銀行にお金を預けている場合、口座のお金には利子が付きます。これを利子所得といいます。一方、株式を保有すると、配当を得ますが、これを配当所得といいます。

家計は、稼いだ所得のすべてを自由に使えるわけではなく、所得水準に応じて政府に対し税金や年金保険料などを支払う必要があります。政府はこのお金を元手に道路整備など公共サービスを提供します。また、公的年金や児童手当などを政府から受け取る家計もあります。家計の所得から税や保険料支払いを

項目	金額	備考
所得（実収入）	60万5316円	勤め先からの収入，配当など
税金・保険料など	11万2634円	非消費支出ともいわれる
可処分所得	49万2681円	手取りの所得ともいわれる
消費支出	30万9469円	食料，交通・通信など

（出所）　総務省統計局「家計調査（2021年）」。

除き，公的年金給付などの受け取りを足した部分，つまり手取りの収入を可処分所得といいます。

　一方家計は，可処分所得を元手にさまざまな財・サービスを購入し，食べたり使ったりします。この行為や購入金額を消費（消費支出）と呼びます。消費をする人という意味で，家計を消費者と呼ぶこともあります。

家計の貯蓄

　家計は，多くの場合は稼いだ可処分所得の一部しか消費に回しません。もし家計が常に所得をすべて消費に使っていたら，失業時や退職後など，所得がなくなったときに生活を維持できなくなります。家計が所得の一部を使わずに蓄えること，またその額を貯蓄ないし家計貯蓄といいます。

　将来の所得額を完全に予測することは不可能です。一般に，予想どおりに事が運ばない可能性や危険の発生する可能性のことをリスクといいます。将来の所得にも減少するリスクがありますが，このようなリスクに備えて行う貯蓄のことをとくに予備的貯蓄といいます。

　ここで，日本の家計のお金の使い方について見てみましょう。表0.2は，2021年における，世帯人員2人以上の勤労者世帯，つまり世帯主が働いている世帯の平均的な所得・消費を1カ月当たりで示したものです。家計の可処分所得のうち，消費に回る割合を平均消費性向，そして消費ではなく貯蓄に回る割合のことを（家計）貯蓄率といいます。表0.2によれば，2021年における勤労者世帯の平均消費性向は約60%（=30.9/49.3），貯蓄率の値は約40%となります。

　例題0.3　Aさんの今月の所得は40万円であった。そのうち税金や社会保険料な

右の表は，表 0.2 と同じ年（2021 年）に，家計（勤労者世帯）がどのような財・サービスを消費しているか，つまりどういう「買い物」をしているかを示した「家計調査」の報告をまとめたものです。

この消費の内訳の表を見ると，家計は主に食料や交通・通信に費用をかけていることがわかります。

表　2 人以上勤労者世帯の 1 カ月当たり消費の内訳（2021 年）

消費項目	金　額	品目の例
食　料	7 万 8576 円	魚介類・野菜
交通・通信	4 万 9512 円	自動車購入費
教養・娯楽	2 万 7452 円	遊興費
光熱・水道	2 万 1448 円	電気代・ガス代
住　居	1 万 9848 円	家　賃
その他	11 万 2633 円	授業料・交際費
合　計	30 万 9649 円	

（注）　「住居」にはローンの支払いは含まれない。
（出所）　総務省統計局「家計調査（2021 年）」。

どを 10 万円支払い，残りの可処分所得のうち 12 万円を消費に回した。A さんの貯蓄率（％）を求めなさい。

答　可処分所得は 40 − 10 ＝ 30 万円であり，そのうち 30 − 12 ＝ 18 万円を貯蓄する。よって貯蓄率は 18 ÷ 30 ＝ **60％** である。

家計の金融資産

家計の持つ資産（財産）の中で，お金に関する資産を金融資産，そしてその額を金融資産残高といいます。これは，家計が過去から現在までに貯蓄してきたお金の総額といえます。金融広報中央委員会によれば，2021 年の日本の金融資産残高は，2 人以上の世帯では 1 世帯当たり平均約 1600 万円です。

貯蓄の方法としては，銀行に預けたり，株式を買ったり，あるいは現金としてそのまま持っていたりするなどさまざまな種類があります。財の購入とは違い，株式や債券の購入は消費でなく貯蓄に入ります。それは，財を購入し，使用したらその財の価値はなくなりますが，株式や債券を買った場合，その価値は時間がたってもなくならず，後日売却すれば，現金に戻るからです。

資産の額を増やすことなどを目的として，株式や債券といった金融商品を購入・保有することを資産運用といいます。ただし，株式を購入しても将来配当

をいくら受け取れるかは不確実です。また，社債の場合も発行企業の経営が悪化した場合，元本の返済や利払いが行われなくなる恐れがあります。資産運用の手段として1つの会社の株式ないし社債のみに頼った場合，保有資産が一挙に失われるリスクが生じます。そのため資産運用の際は通常，複数の株式や債券を組み合わせて収益に関するリスクの程度を軽減（分散）しようとします。この組み合わせをポートフォリオといいます。このポートフォリオの意義についてはウェブサポートページで説明します。

> **POINT 0.4 家　計**
> ● 家計とは生計を同じくする家族または単身者のことである
> ● 家計は所得を受け取り，それらを消費，貯蓄に充てる

マクロ経済学の登場人物③

⫸ 政府・中央銀行

この節では，公的組織の政府・中央銀行について説明します。

┃ 政　府 ┃

政府とは，国家の統治を行う組織の総称です。国（中央政府）あるいは県，市などの地方自治体（地方政府）は，公共サービスを家計や企業に提供します。政府の役割は外交や国防など多種多様です。これら政府の業務にはお金が必要です。外交を例にとると，世界各国にある大使館の運営には費用がかかります。政府が業務遂行のためにお金を使うことを政府支出といいます。

政府は会社と違い，商売をして利益をあげる組織ではありません。したがって，政府支出に必要なお金は，主に税を家計や企業から徴収してまかないます。税収が支出を上回る場合，この部分は政府にとっての貯蓄と解釈でき，これを政府貯蓄といいます。詳しくは第3章で学びます。支出が税収だけでは足りない場合は，政府は国債などの債券を発行して家計や企業からお金を借ります。

政府だけでなく中央銀行も公的業務に携わっています。家計が銀行に預金口座を持つのと同様に，銀行は中央銀行に預金口座を開設しており，銀行同士の資金の受け払いなどに使用します。中央銀行はこの口座の管理を行っており，銀行の銀行といわれます。中央銀行にはほかにも紙幣発行などさまざまな業務を担っています。

中央銀行は物価の安定を図ることを主な使命としています。ここで物価とは，さまざまな財・サービスの価格の平均的水準のことをいいます。中央銀行は，その使命から，「物価の番人」ともいわれます。

政府と中央銀行はそれぞれ，目的の達成のため，さまざまな対策を企画・実行します。とくに経済面で行う対策を経済政策といいます。詳しくは第4章，第5章で取り上げます。

POINT 0.5　政府・中央銀行
- 政府：外交・防衛など国家の統治を行う
- 中央銀行：銀行間の資金の受け払いの管理や紙幣発行などを行う

5 市場均衡

経済学においては，市場で価格や数量がどう決まるかを需要・供給という2つの要素の関係から分析します。以下ではこの関係について説明します。

市場と需要・供給

経済学では，財・サービスや生産要素など，さまざまな「もの」の取引を分析します。その際，取引される「もの」1つひとつについて，その売り手と買い手に着目します。そして，両者が取引しあっているところを市場といい，「しじょう」と読みます。市場を「いちば」と読むとき，通常それは売買が行われる地理的な場所を指します。一方，市場を「しじょう」と読む場合，それは売り手と買い手の集まり・ネットワークを示す抽象的な場を指しています。

経済学では，市場での取引量，価格（市場価格），そして取引額に注目します。

　買い手が市場で「もの」を欲しがること，あるいはその量を需要といいます。一方，売り手が市場で「もの」を生産・販売しようとすること，あるいはその量を供給といいます。市場においては，売り手と買い手が財・サービスを直接取引することもあれば，第三者がその取引の仲介をすることもあります。仲介者は，財をその売り手（供給者）からできるだけ安く入手し，そして財の買い手（需要者）に対しできるだけ高い値段で売ろうとします。そして，売値と買値の差額分が仲介者の儲けとなります。

｜均　衡｜

　市場において，需要と供給は一般的に異なります。例として，売り手がある財を 10 個生産し，供給している状況を考えます。このとき，もし買い手がその財を 8 個しか欲しがっていなかったら，つまり供給が 10 で需要が 8 なら，取引量は 8 個となり，10−8＝2 個の余りが出ます。供給が需要を上回る部分を超過供給といいます。一方，買い手の需要が 13 個だったとき，取引量は供給分の 10 個のみであり，13−10＝3 個の品が不足します。需要が供給を上回る部分を超過需要といいます。通常，需要と供給が異なる場合，取引量はそのうちの少ない方となります。これをショートサイドの原則といいます。

　需要量と供給量が等しい場合，その状況を均衡といいます。均衡とは，つりあっているという意味です。均衡における取引量（均衡取引量）は需要，そして供給の双方と一致します。均衡での価格を均衡価格といいます。野球などの試合の場合，均衡状態というと両チームの点数が同じ状況を指しますが，経済学では，需要と供給が同じという意味で均衡という言葉を用います。

> **POINT 0.6　市場均衡**
> ● 需要は買い手が欲しがる量を，供給は売り手が売りたい量を示す
> ● 需要と供給が一致する状況を均衡という

｜さまざまな市場｜

　1 つの国全体の経済状況を考えるマクロ経済学ではさまざまな市場を考えます。市場それぞれに，需要，供給があり，そして取引されるものに価格が付き

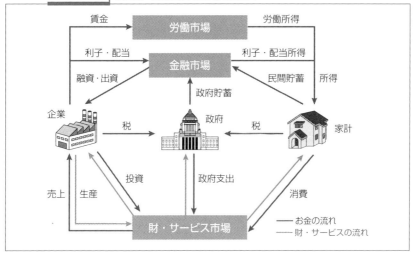

CHART 図 0.2 経済主体と市場の関わり

ます。最も基本的な市場は，財やサービスを売買する市場です。本書ではこの市場を財・サービス市場，あるいはサービスを略して単に財市場といいます。経済主体はそれぞれ財市場で支出を行います。

　マクロ経済学は財市場だけではなく，金融商品を取引する金融市場も分析対象としています。金融市場は，株式を売買する株式市場や，債券を売買する債券市場，そして異なる国のお金を売買する外国為替市場などから構成されます。本書ではお金自体を取引する貨幣市場も分析します。

　マクロ経済学においては，生産要素の市場も重要です。労働者は企業に労働力を供給し，その対価として企業から賃金を受け取ります。これは，労働者と企業が労働という生産要素を売買している状況と捉えることができます。企業と労働者が労働を取引する市場のことを労働市場といいます。

マクロ経済における経済主体・市場の関わり

　図 0.2 は，家計・企業・政府が 3 つの市場（財・サービス市場，金融市場，労働市場）で行う経済活動を簡素化して示したものです。以下では，この図に基づいて各経済主体が市場とどのように関わっているのかを確認します。

▶ **企業と市場**　企業は労働市場において生産要素として労働を調達し，生産を行い，生産物を財・サービス市場で販売し売上を得ます。そして，労働の提供

者である家計に対し対価として賃金を支払います。

　一方，企業は財・サービス市場で支出をし，投資のための財を手に入れます。支出に必要な資金は，金融市場において銀行から融資を受けたり，株式の発行によって出資を受けたり，あるいは社債を発行したりすることにより調達します。企業は，お金の貸し手に対して，借りたお金（元本）に利子を合わせて返済し，一方，株主に対しては利益を配当という形で配分します。

▶**家計と市場**　家計は労働市場において労働所得（賃金）を，そして金融市場において利子・配当所得を得ます。所得を得た家計は消費を行うため，財・サービス市場で支出を行い，財を手に入れます。所得のうち，税の支払いにも消費にも回らず残ったお金である貯蓄（家計貯蓄）は，運用のため金融市場において銀行に預けられたり，株式や債券の購入に充てられたりします。

▶**政府と市場**　政府は家計・企業から税を徴収し，これが政府にとっての収入になります。一方，政府は，家計や企業に公共サービスを提供するため，家計・企業と同様に，財・サービス市場において支出（政府支出）を行います。税収が支出を上回るとき，政府は余ったお金を貯蓄（政府貯蓄）として金融市場で運用します。

　政府支出が税収を上回るとき，つまり政府貯蓄がマイナスの場合は，支出をまかなうべく，企業と同様，債券を発行するなどして金融市場において資金を調達します。企業・家計と同様に，政府も金融市場とつながっています。

　家計や企業など，民間部門が行う貯蓄の額をまとめて民間貯蓄といいます。民間貯蓄と政府貯蓄を合わせたものは経済全体の貯蓄と考えることができます。以下ではこの合計を単に貯蓄と呼ぶことがあります。この貯蓄は，金融市場における資金供給の源泉の1つとして大切な役割を果たしています。以下では簡単化のため，家計貯蓄と民間貯蓄は同じものであると仮定します。

▌家計・企業・政府の相互関係▐

　企業はいろいろな財・サービスを生産します。生産活動を通して家計は所得を，そして企業は利益を受け取ります。一方，政府は公共サービスを生み出しますが，その財源として家計や企業から税を徴収します。生産活動に関わる経済主体の間で，所得や利益などのお金が分け与えられることを分配といいます。経済主体は分配されたお金を元手に財・サービスに対して支出を行います。生

Column ❶-2　金融市場の動向

　『日本経済新聞』は，株式市場，債券市場，外国為替市場，そして原油などの商品市場の動向を毎日，「市場体温計」という記事でまとめています。下の写真は，2022年5月14日の市場体温計の一部を示したものです。東京証券取引所の株式市場は，グローバルな事業を行う最優良企業の株式を扱う「プライム市場」，プライム市場の企業ほどではないものの実績のある国内企業を対象にした「スタンダード市場」，そして今後の成長を見込める新興企業などの企業の株式を扱う「グロース市場」の3つからなります。

　プライム市場に上場するためには，流通株式の時価総額やその売買のしやすさ（流動性），株主数などについて厳しい基準を満たす必要があります。プライム市場に上場している日本を代表する会社（225社）の株価の平均値を日経平均株価といいます。記事において売買代金とは株価に株式の売買数をかけたもの，そして時価総額とはこれまで発行された株式の価値の合計です。

　どの株式を購入するか決める際，私たちはそこから得られる収益に関する指標を参考にします。その1つにPER（Price Earnings Ratio；株価収益率）があります。これは，株価がその株を発行している企業の1株当たり利益の何倍の値を付けているかを示すものです。1株当たり利益は，配当金に影響を与えるため，PERは株価が割高か否かを示す指標といえます。（参考文献：2022年4月4日朝日新聞デジタル「東証の新3市場が始動　1部→プライム，大幅な市場再編は60年ぶり」，2022年4月4日NHKオンライン「東証『プライム市場』など新たな3市場できょうからスタート」，2022年1月11日日経電子版「東証プライム，1841社上場　基準厳格化で新陳代謝狙う4月に3市場に移行」）

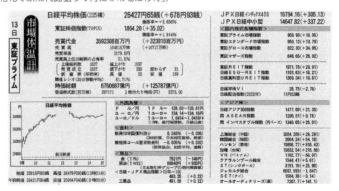

日本経済新聞の「市場体温計」（『日本経済新聞』2022年5月14日付朝刊）

産・分配・支出のどの面で見ても，経済主体は密接に関連しています。

　本書では，経済活動の活発さの程度のことを経済のパフォーマンスと呼ぶことがあります。パフォーマンスには，演技のほかに，業績・実績という意味があり，本書では後者の意味でこの言葉を用います。マクロ経済のパフォーマンスを評価・測定することはマクロ経済学の大きな目的の1つでありそのために経済主体の活動を生産・分配・支出の3つの面から分析します。

　本書では，次章以降，（日本）国内に限定してその経済パフォーマンスを分析することがあり，その際，国外の経済主体をまとめて「外国」といいます。この場合，ある国の経済パフォーマンスに影響を与える主な経済主体は，家計，企業，政府そして外国の4者となります。

 # 経 済 変 数

　経済学では，貯蓄をはじめとして，時間とともに値が変わる数量を多く取り扱います。一般に，これらの数量を変数ないし経済変数といいます。一方，値が一定の数量を定数といいます。以下では変数の種類や，その計算上の規則などについて説明します。

▌ フロー変数とストック変数 ▌

　1年間，あるいは3ヵ月間といったある一定期間の間に観測する数量を示した変数のことをフロー（変数），過去から今までに累積・蓄積してきた数量を示す変数のことをストック（変数）と呼びます。フローはストックの変化分ともいうことができます。

　経済学で学ぶ変数の多くは，フローかストックに分類することができます。例として100円玉硬貨の枚数を考えます。このとき，2022年の1年間に発行される100円玉の枚数はフローに，そして22年末の時点において社会に流通している100円玉の総枚数はストックにそれぞれ分類されます。家計の例でいえば，勤労者世帯の1ヵ月当たり貯蓄はフローであり，一方，金融資産残高はストックです。また，資本はストックであり，資本を増やす投資はフローです。そのため資本は資本ストックと呼ばれることがあります。

CHART | 図 0.3　可処分所得とその変化率の推移

(a)　可処分所得額の推移

(b)　変化率の推移

(出所)　総務省統計局「家計調査」。

ＰＯＩＮＴ 0.7　フローとストック

- フロー：ある一定期間内に観測される数量を示す変数
- ストック：過去からある時点までに累積・蓄積してきた数量を示す変数

例題 0.4　次の各変数がフローかストックか答えなさい。
(1) A 社の今月の売上 40 万円。(2) B 社が抱える商品の在庫総額 200 万円。
答　(1) 1 カ月という一定期間内の値なのでフロー。(2) これまで売れずに蓄積され
てきた商品の総額なのでストック（在庫ストックともいわれる）。

| 変数の変化量と変化率 |

　マクロ経済学においては，GDP や物価など，さまざまな経済変数が年ととも
もにどれくらいその値を変えるかという変化量，そしてその変化の程度を示す
変化率を計算します。以下では変数の変化は 1 年間での変化とします。今年の
段階における変数の変化量とは，今年の変数の値から昨年の変数の値を差し引
いたものであり，一方，変化率（年率）は，その変化量を昨年の段階での変数
の量で割ったものです。パーセント（％）表記の場合

$$変数の変化率（\%）＝\frac{今年の変数の値－昨年の変数の値}{昨年の変数の値}×100$$

として計算できます。**図 0.3**（a）は，日本における勤労者世帯（2 人以上）の 1
カ月当たり可処分所得の 2015 年から 20 年までの推移を示しています。この図
によれば，2019 年における可処分所得は 47.7 万円，そして 20 年における可処

分所得は 49.9 万円となっています。したがって，2020 年における可処分所得の変化量はプラス 2.2 万円となります。この増加が，所得の状況をどの程度変えているかを見るためには，スタート時点，この場合 1 年前の時点から所得が何 % 増えたかという変化率を見る必要があります。2019 年から 20 年にかけての所得の変化率はおおよそ 4.6 % となります。図 0.3 (b) は，この可処分所得の変化率の推移を示しています。

変数の計算でよく使う公式

　本書では，変数についてさまざまな計算を行います。その際とくに以下の 2 つの公式をよく利用します。

《積の近似計算の公式》　小さい数 a, b に対し以下の等式が近似的に成立する。

$$(1+a) \times (1+b) \fallingdotseq 1+a+b$$

《等比数列の和の公式》　初項 a，公比（隣り合う項の比）r の等比数列 $\{a, ar, ar^2, \cdots\}$ の各項を初項から順に無限に加えた値は，r の大きさが 1 未満の場合以下のように与えられる。

$$a + ar + ar^2 + \cdots = \frac{a}{1-r}$$

2 つの公式の詳しい説明については，巻末の数学付録で行います。

7　均衡と価格の関係（発展）

　市場が均衡に至る過程では，取引される財の価格の動きが重要な役割を果たします。この節では，均衡と価格の関係について考えます。

需要・供給と価格

　まず需要と価格の関係についてですが，経済学では通常，財の価格が上がるとその財への需要は減ると考えます。たとえば，これまで 1 個 100 円のリンゴを市場で買っていた人も，価格が 1 個 200 円に値上がりしたら，リンゴではなく別の果物を買うかもしれません。あるいは，リンゴを買う個数を減らすかもしれません。逆に，価格が下がるとその財への需要は増えます。

価格	10円	20円	30円	40円	50円
需要	5個	4個	3個	2個	1個
供給	1個	2個	3個	4個	5個
財の過不足	4個不足	2個不足	0個均衡	2個余り	4個余り

　一方，供給については財の価格が上がるとその財への供給は増えると考えます。リンゴの価格が1個100円から200円に値上がりしたら，リンゴの生産から利益をあげやすくなるので，リンゴ農家に転身する会社員が現れるかもしれません。逆に，リンゴが1個80円に値下がりしたら，これまでリンゴを作っていた農家が別の果物の栽培に切り替えるかもしれません。

均衡の決定

　いま述べた財への需要・供給と価格との関係が，表0.3のように表せたとします。価格が10円から20円，30円と10円ずつ上がるにつれ，需要が5，4，3個と減る一方，供給は1，2，3個と増えています。ここで，仮に財1個に50円の価格が付いたとします。この状況は，表の一番右の列に示されています。このとき，需要が1個しかないのに供給が5個もあるので，差し引き4個の財が余ります。この場合，売り手は値下げをして財を買ってもらおうとするでしょう。たとえば，価格が40円に値下がりしたとすると，需要は2個に増え，そして供給は4個に減ります。しかし，それでも余りが2個あるのでまた財の価格は下がります。もし価格が1個30円になったら，買い手が買いたい量（需要）と売り手が売りたい量（供給）とが一致します。この状況が均衡です。

　ここで均衡の状況から価格がさらに10円下がり，20円になったとしましょう。この場合，需要が4個に増える一方，供給は2個に減り，今度は需要の方が供給を上回ってしまいます。財の不足は2個となります。この場合，価格を上げてでも欲しいと考える買い手が現れますので価格が上がります。結局，30円のときだけが価格が変わらない状況であるといえます。

　経済学においては，需要，供給と価格の関係や均衡の状況について，量と価格の関係を示すグラフにして分析することが多くあります。このグラフによる需要・供給の分析については章末の付録で説明します。

(a) 需要増	価格	10円	20円	30円	40円	50円
需要	(増加前)	(5個)	(4個)	(3個)	(2個)	(1個)
	増加後	7個	6個	5個	4個	3個
	供給	1個	2個	3個	4個	5個
	均衡			増加前	増加後	

(b) 供給増	価格	10円	20円	30円	40円	50円
供給	(増加前)	(1個)	(2個)	(3個)	(4個)	(5個)
	増加後	3個	4個	5個	6個	7個
	需要	5個	4個	3個	2個	1個
	均衡		増加後	増加前		

現実の財の市場は，表0.3の状況より複雑です。財によっては，需要・供給の量が数万を超えます。上の例は，価格が決まるメカニズムを例示するため，実際の経済を簡素化，抽象化しています。経済が簡素化されて表現されたものを経済モデルといいます。本書ではさまざまな経済モデルを取り扱います。たとえば第1章，第2章では，2種類の財のみが取引されるような経済モデルを例として用いて経済パフォーマンスの測り方を説明します。

需要・供給の変化と均衡

需要・供給と価格の関係は，さまざまな要因によって変化します。たとえば，今まである財に関心のなかった人が，何かをきっかけにその財を需要するようになったとします。この場合，価格と需要の関係に変化が起き，すべての価格帯において需要が増えることになります。例として，表0.4（a）のように，表0.3の状況と比べすべての価格において需要が2個増えた場合を考えます（リンゴダイエットがブームになるといった状況を想定してみましょう）。このとき，新たな均衡価格は40円に，そして均衡取引量は4個になります。このように，価格以外の要因によって需要が増えると均衡価格は上がり，均衡取引量も増えます。逆に需要が減ると均衡価格は下がり，均衡取引量は減ります。

次に表0.4（b）のように，すべての価格において供給が2個増えた場合を考えます（技術革新が起きリンゴの害虫を簡単に駆除できるようになった状況を想定して

みましょう）。このとき，新たな均衡価格は20円に，また均衡取引量は4個に
なります。このように，価格以外の要因によって供給が増えると均衡価格は下
がり，均衡取引量は増えます。2つの表からもわかるように，需要・供給の増
加はともに取引量を増やしますが，価格への影響は反対になります。

一物一価の法則

質，量などの面において同じ財・サービスには市場において同じ値段が付く
という原理を経済学では一物一価の法則といいます。やや当たり前ともいえる
原理ですが，以下ではこの原理についての経済学的考え方を説明します。

例として，2つの町（渋谷と新宿）において，完全に同質の果物が多数取引さ
れている状況を考えます。その果物の値段が渋谷では1個100円であるのに対
し，新宿では1個120円であったとします。議論を簡単にするために，2つの
町の間の財・サービスの運搬には費用がかからないものとします。

この場合，渋谷で果物を100円で買って同じ果物を新宿において120円でい
わば転売することにより，果物1個当たり20円の利益を生むことができます。
リンゴを売買する量に比例して利益を増やすことができるため，この状況では
渋谷における果物への需要，そして新宿における果物の供給がそれぞれ増加す
ることになります。つまり，この転売行為は渋谷における果物の価格を上げ，
一方，新宿における価格を下げ，結果として両町における果物の価格の差額を
減らします。ただ，差額が縮まっても，その差がプラスであるかぎり財の転売
によって利益を上げようとする動機はなくならないため，価格の安い渋谷での
果物の価格は上がり続け，そして価格の高い新宿での価格は下がり続けます。

一般的に，同じ品物が2つの場所において異なる値段で売買されているとき，
品物が安く売られているところで買い，その品物を別のところで高く売ること
によりお金を儲けようとすることを裁定取引といいます。経済学においては，
もし2つの場所で同じ財に異なる価格が付いている場合，裁定取引を通して，
最終的には価格は同じになる，つまり一物一価の法則が成立するようになると
考えます。裁定には「物事の可否を判断して決めること」（出所：三省堂『大辞
林』）という意味があります。経済学における裁定の意味は，これらの意味と
少し異なります。この裁定取引を通した市場の価格決定は，金融市場の分析に
おいてもよく用いられます。

□ 1 経済学は，さまざまな個人・組織が，財・サービスを取引する社会の仕組み
を研究する学問である。そのなかで国・地域全体の経済を分析する分野がマ
クロ経済学である。

□ 2 所得を得て，消費や貯蓄を行い生活している人々を家計という。

□ 3 企業は利益（利潤）をあげることを目的とする組織である。

□ 4 政府とは，社会にとって必要な公的な業務を行う組織である。

□ 5 市場において需要と供給が一致する状況を均衡と呼ぶ。

EXERCISE ●練習問題

1 次の文章の ［ ① ］ から ［ ⑤ ］ について，当てはまる単語を下の語群か
ら選びなさい。

　マクロ経済学の主な経済主体としては，労働をし，その対価として所得をもら
い，消費や貯蓄をする私たち自身を指す ［ ① ］，生産要素を用いて財・サー
ビスを生産し，利益をあげる組織である ［ ② ］，そして公的なサービスを提
供する組織である ［ ③ ］ などがあげられる。生産要素には，財・サービスの
生産に必要な設備などを指す ［ ④ ］，あるいは労働などが含まれる。
［ ④ ］ を増やす行為を ［ ⑤ ］ という。

　［語群］ a. 企業　b. 家計　c. 資本　d. 政府　e. 投資　f. 金融資産　g. 工場

2 以下のうち，マクロ経済学における投資に入るものをすべて選びなさい。

① A 社が，従業員のために新たに社宅を 20 億円で建てた。

② B さんが，C さんの保有する株式を 500 万円分購入した。

③ D 社が，E 社の持っている土地を 1 億円で買った。

④ F 社が，新製品の生産のため，3 億円を費やして工場を新設した。

3 今年 3 月までに A 大学を卒業した学生の総数は 2 万人である。この大学では
4 月に新入生が 1000 人入学した。両人数をストックとフローに分けなさい。

4 毎年 10 ずつの設備投資を行う A 社を考える。今年の A 社の資本が 120 で
あったとする。来年には A 社の資本は投資により 10 増えるので 130 となる。
A 社の資本が 200 になるのは何年後か。

5 ある製粉所が 150 円分の小麦を使って 200 円分の小麦粉を作ったとする。
この製粉所が生み出す付加価値はいくらか求めなさい。簡単化のため，小麦粉の
原料は小麦だけであるとする。

⑥　右の表は財Ｘへの需要・供給と
価格の関係を示す。均衡取引量と均
衡価格を求めなさい。

価格	10円	20円	30円	40円	50円
需要	10個	8個	6個	4個	2個
供給	1個	2個	3個	4個	5個

⑦　問い⑥において，財Ｘへの人気
がなくなり，すべての価格において需要がこれまでの半分になったときの均衡取
引量と均衡価格を求めなさい。

⑧　問い⑥において，技術革新が進み，すべての価格において供給量がこれまで
の２倍になったときの均衡取引量と均衡価格を求めなさい。

付録：需要曲線・供給曲線

この付録では，第6節の**表0.3**および**表0.4**で学んだ需要・供給と価格の関係につい
てグラフにして分析する方法を説明します。

▶**需要曲線・供給曲線のグラフ**　図0.4 (a) は，横軸に需要を，縦軸に価格をとった平面
上に，**表0.3**で示された需要と価格の関係を●印の点で表したものです。たとえば図の
点Aは，価格が50のとき需要が1であることを示しています。一般に，平面上の点を
とったとき，その縦方向の座標を縦座標，横方向の座標を横座標といいます。たとえば，
点Aの縦座標は50，そして横座標は1です。これら●印の点は右下がりの方向に並ん
でいます。これは，価格が下がるにつれて需要が増えることを示しています。このグラ

CHART　図0.4　需要と価格の関係

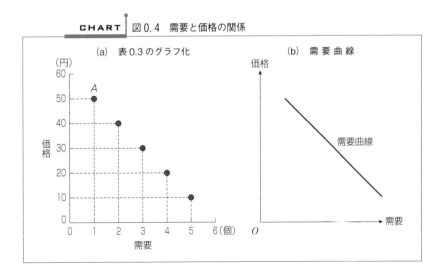

(a)　表0.3のグラフ化

(b)　需要曲線

需要曲線

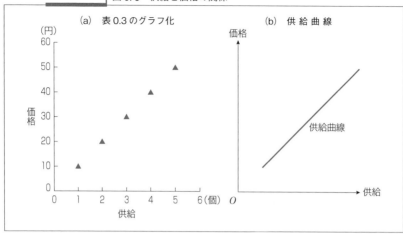

CHART 図 0.5　供給と価格の関係

(a)　表 0.3 のグラフ化　　　　　(b)　供 給 曲 線

フでは，価格が 50，40，30，20 のときの需要と価格の関係はわかりますが，価格がそ
れ以外，たとえば 45 のときの関係などはわかりません。価格と需要との関係をより細
かく調べたら，点が増えはじめ，徐々に図 0.4 (b) のような右下がりの線に近づきます。
この価格と需要との負の関係を示した曲線を需要曲線といいます。2 つの量の関係を，
線で表記することで，すべての価格に対し，対応する需要を定めることができます。

　次に，供給と価格の関係を考えます。横軸に供給を，縦軸に価格をとった平面上で，
表 0.3 で示された供給と価格の関係を▲印の点で表すと図 0.5 (a) のように右上がりの
方向に並びます。価格と供給の関係をより細かく調べると，この点の集まりは，図 0.5
(b) のような右上がりの線になります。この価格と供給との正の関係を示した曲線を供
給曲線といいます。

▶**市場均衡の図示**　図 0.6 (a) は，需要と価格の関係を示すグラフである図 0.4 (a) と，
供給と価格の関係を示すグラフである図 0.5 (a) とを重ね合わせたものです。この場合，
縦軸が価格を，そして横軸の値が需要と供給の双方を表します。需要を示す●印の点と
供給の示す▲印の点の重なったところが，需要と供給が一致するような状況，つまり均
衡を示しています。均衡点の縦座標 30 が均衡価格，そして横座標 3 が均衡取引量（需
要＝供給）となります。図 0.6 (b) は，同じように需要曲線（図 0.4 (b)）と供給曲線
（図 0.5 (b)）を重ね合わせたものです。この場合，両曲線の交点が均衡を示すことにな
ります。

　経済学では，需要と価格の関係，供給と価格の関係について簡単な式を仮定し，均衡
における取引量や価格を数値として求めるという問題を多く取り扱います。

例題 0.5　価格を P，需要を D，供給を S とする。需要と価格の関係が $D = 12 -$
P，そして供給と価格の関係が $S = 2P$ で与えられている。

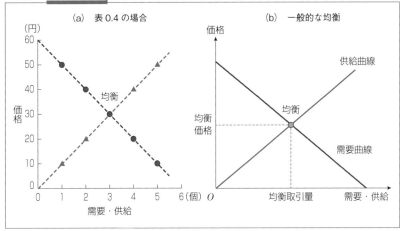

CHART 図0.6　均衡の図示

(a)　表0.4の場合　　　　　　　(b)　一般的な均衡

(1) 価格 P が2のときの需給の差を求めなさい。　(2) 均衡価格を求めなさい。

答　(1) 価格が2のとき、需要は $D=12-2=10$ であり、一方供給は $S=2\times2=4$ で
あるから、需給の差は **6** である。(2) 均衡において、需要 D と供給 S は一致する。
したがって、均衡価格について方程式 $12-P=2P$ が成立する。つまり均衡価格は
$P=4$ となる。なお、このとき均衡取引量は $12-4=8$ となる。

▶**需要・供給の変化と均衡のシフト**　価格以外の要因によって需要が変化する場合の経
済の動きも需要・供給曲線を用いてグラフで分析できます。表0.4(a)では、価格によ
らず需要が2個増えたケースを考えましたが、一般的にすべての価格水準において需要
が増える場合、図0.7(a)に示すように、価格と需要の関係を示す需要曲線は右方向に
シフトし、均衡は右上に移り、均衡価格、均衡取引量ともに増えます。

　一方、表0.4(b)では価格によらず供給が2個増えたケースを考えましたが、すべて
の価格水準において供給が増える場合、図0.7(b)に示すように、供給曲線は右方向に
シフトし均衡は右下に移ります。そして均衡価格は下がり均衡取引量は増えます。

　これまでは需要、供給がそれぞれ増える際の説明を行いましたが、反対に、すべての
価格について需要が減った場合、需要曲線が左にシフトし、均衡において価格、取引量
がともに減少します。一方、すべての価格について供給が減った場合、供給曲線が左に
シフトし、価格は上がり取引量が減少します。

　ところで、財の需要は、その財と関連する別の財の価格変動にも影響されます。同じ
区間（たとえば東京駅と上野駅の間）を行き来する電車とバスを考えましょう。両者は
似たサービスを提供していますが、ここで電車の運賃のみが値上がりしたとしましょう。
すると節約のため電車からバスでの移動に切り替える人が増える、つまりバスへの需要
が増えることが予想されます。一般に、財 A の値段が上昇したときに財 B への需要が

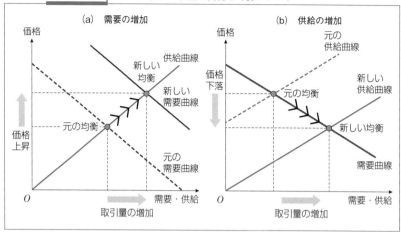

CHART 図0.7 需要・供給の変化と均衡のシフト

(a) 需要の増加

価格

供給曲線

新しい均衡

新しい需要曲線

元の均衡

価格上昇

元の需要曲線

O

需要・供給

取引量の増加

(b) 供給の増加

価格

元の供給曲線

価格下落

新しい供給曲線

元の均衡

新しい均衡

需要曲線

O

需要・供給

取引量の増加

増加するとき，財Aと財Bは代替財の関係にあるといいます。逆に，ある財の価格の上昇が，別の財の需要を減らす場合もあります。たとえば，ガソリンの価格が上がると，ガソリンを使わないと動かない自動車への需要が減る傾向があります。財Cの値段が上昇したときに財Dへの需要が減少するとき，財Cと財Dは補完財の関係にあるといいます。

　財の需要は，経済主体の持つ所得にも影響されます。所得が増えるにつれて需要が増えるような財を上級財といいます。宝石などのぜいたく品は上級財の典型的な例といえます。所得が増えて支出に余裕ができても需要が減るような財もあります。たとえば路線バスへの需要は，所得が上昇するにつれ，タクシーなど，価格は高いもののより便利なサービスへの需要に置き換わります。このような財を下級財といいます。

　一方，財の供給は，その財を作るのに必要な中間財の価格に影響されます。中間財の価格が上がれば，生産に必要な費用が上がり，企業はより利益を上げにくくなるため，生産を減らしたり，あるいは市場から撤退したりします。一般に，財の供給曲線は，その財の生産に投入される中間財の価格が上がると，左にシフトし，反対に中間財の価格が下がると供給曲線は右にシフトします。

第 **1** 部

マクロ経済学の基礎知識

PART **1**

第 **1** 章

マクロ経済を観察する I

GDP

INTRODUCTION

　本書では，第1章と第2章において，マクロ経済を観察するために必要な統計データを紹介します。マクロ経済学を学ぶ目的は，一国の経済が成長したり停滞したりするメカニズムやその要因を解明することにあります。しかし，一国全体の経済の状況を把握することは簡単ではありません。たとえ近所の商店街が繁盛していたとしても，それはたまたまその商店街に人気があるからだけなのかもしれません。一国の経済全体の状況を把握するには，家計・企業・政府の行うさまざまな経済活動を「集計」して計測する必要があります。本書では，経済全体の状況を把握するために，どのような統計データが使われているか，またそれらがどう作成されているかを学びます。第1章では，マクロ経済学が扱う統計データの中で最も基本的な指標である，国内総生産（GDP）を紹介します。

　Keywords：国内総生産（GDP），三面等価，名目と実質，GDP
デフレーター

1 マクロ経済のパフォーマンスを測る

　序章において，マクロ経済学とは一国の経済の全体を考察する学問であると説明しました。以下では，この国におけるマクロ経済のパフォーマンス（実績・成績）の計測について考えます。

マクロ経済のパフォーマンスを測る3つの指標

　マクロ経済のパフォーマンスは，どのようにしたら測ることができるでしょうか。マクロ経済のパフォーマンスを測る指標の候補を求めるため，以下の3つの側面から国の経済活動を測ることを考えてみましょう。ここでは，経済活動の計測期間は1年間とします。

1. 財・サービスの総生産
2. 経済主体の総所得
3. 財・サービスへの総支出

　1つ目の財・サービスの総生産とは，財・サービスの生産活動を通じて，経済全体で新しく生み出された付加価値の総額のことです。付加価値とは，序章で述べたように，「企業が生産した中間財を含む財・サービスの生産額から，その生産に使った中間財の費用を引いたもの」のことです。総生産が多ければ，たくさんの財・サービスが生産されたことを意味します。2つ目の総所得とは，その経済に参加する経済主体の所得をすべて足し合わせたもののことです。所得の合計が多くなれば，人々はより多くの買い物をすることができます。そして，3つ目の総支出とは，その国の経済主体が財・サービスを購入したり，食べたり，使ったりした総額のことをいいます。支出の合計が多いということは，人々がより多くの財・サービスを食べたり使用したりできたことを意味します。マクロ経済のパフォーマンスを測る指標として，総生産・総所得・総支出のどれもが妥当な候補と考えられます。

三面等価の原則

　前項で説明した総生産，総所得，総支出の3つの指標のうち，マクロ経済の

パフォーマンスを示す指標として最もふさわしいものはどれでしょうか。実は，これら3つの指標は同じ値を示します。つまり，どの指標を見ても，それらは同じくマクロ経済のパフォーマンスを示すのです。その理由を一国の経済全体で考えると，大きすぎてイメージを持ちにくいかもしれません。そこで，この項では1つの小さな島だけからなる国を想定し，その経済を考えることから説明します。この場合，島全体の経済を「マクロ経済」と見なすことができます。

▶**経済主体が1人の場合**　話を簡単にするために，まずはこの島にはカズキさんという人が1人だけ住んでいると仮定します。カズキさんは毎年，米を1000 kg生産し，それを1人で食べて生活しています（米の生産に中間投入は不要とします）。米1000 kgの価値を金額で表すと100万円であるとしましょう。現実には米以外にもいろいろなものを生産し，食べないと生活できませんが，簡単化のためにこの島における財は米だけとします。また，この島は陸地から遠いため，作った米を島外へと売ることはできず，したがってカズキさんはその作った米をすべて食べてしまうと仮定します。この場合，カズキさんは米の生産者であり，同時に消費者でもあります。ここでの消費とは，財・サービスを使用したり食べたりして費やすことを意味します。この島にはカズキさんしかいませんので，カズキさんの行う経済活動が，この島全体の経済活動，すなわちマクロの経済活動であるということができます。

　この経済において，総生産，総所得，総支出が等しいことを確認してみましょう。まず，この1年間にカズキさんは米100万円分を収穫しており，この島にはカズキさん1人しか住んでいませんから，島の総生産は100万円です。次に，カズキさんが作った100万円分の米は，カズキさんが働くことで得た所得ということができるため，総所得は100万円です。最後に，総支出を考えます。ここで仮定よりカズキさんは，手に入れた米100万円分をすべて食べて消費します。消費する金額は，消費支出とも呼ばれ，総支出に含まれます。したがって，この場合の島の総支出は100万円です。

　このように考えてみると，この経済では，総生産，総所得，総支出はどれも同じ100万円になることがわかります。一般に，一国経済の経済活動を生産，所得，支出の観点から見たものを，それぞれ生産面，分配面，支出面といいます。これら3つの側面のどちらから見ても経済活動の程度は一致しており，このことを三面等価の原則といいます。

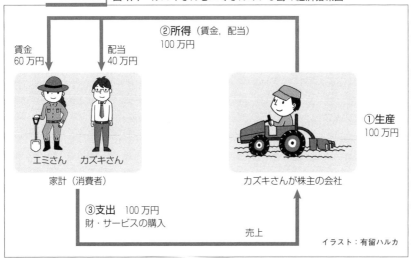

CHART 図1.1 カズキさんとエミさんのいる島の経済循環図

②所得（賃金，配当）
100万円

賃金
60万円

配当
40万円

①生産
100万円

エミさん　カズキさん

家計（消費者）

カズキさんが株主の会社

③支出　100万円
財・サービスの購入

売上

イラスト：有留ハルカ

▶**経済主体が複数人の場合**　さて，皆さんは，この島にカズキさん1人しかいないから三面等価の原則が成立しているのだと思うかもしれません。実は，複数の経済主体がいる状況においても三面等価の原則は成立しています。ここで，少しだけ設定を現実の経済に近づけて，カズキさんとエミさんの2人が住んでおり，さらに会社も存在しているような島の経済を考えましょう。この会社は島において米の生産をする会社であり，カズキさんはその会社の発行する株式を保有している株主だとします。一方，エミさんは，労働者としてその会社で働き，賃金をもらっているとします。つまり，会社は，エミさんを労働力として雇い，トラクター等を使うことにより米の生産を行い，さらにその米の販売をします。この経済には，エミさんの労働力を取引する労働市場と，米を取引する財・サービス市場があります。

　図1.1は，この経済のお金の流れを示したものです。この会社は，エミさんを雇い，1年間で米100万円分の生産をしたとします（図の①）。この例でも米の生産に中間投入は不要とします。この会社は，生産した米を売ることで100万円分の売上を得ることになります。売上については少し後に説明します。ここで労働者であるエミさんは会社から60万円の賃金（労働所得）を受け取り，また，株主であるカズキさんは，会社の売上から賃金を除いた40万円の利益を，配当（配当所得）として受け取ります（図の②）。さて，カズキさんとエミ

さんは 2 人とも，この経済における家計（消費者）でもあります。2 人はそれぞれが受け取った所得すべてを使って，財・サービス市場においてこの経済で生産された米を購入し，そして消費するとします（図の③）。このとき，2 人の米の購入金額の合計が，この会社の売上となります。

　さて，この島の経済において三面等価の原則は成立しているでしょうか。まず，この島の総生産は 100 万円です。次に，この島の総所得は，カズキさんとエミさんの所得の和，つまり 40 万円 + 60 万円 = 100 万円です。最後に，総支出を考えます。所得をすべて消費に回すという仮定より，カズキさんもエミさんもそれぞれ 40 万円と 60 万円の消費をするため，2 人の支出の合計である総支出は 100 万円です。以上から，総生産，総支出，総所得はすべて 100 万円であり，三面等価の原則の成立を確認することができました。

　現実の経済には，この節において考えてきた島の経済よりもはるかにたくさんの人や企業が参加していますが，それでも三面等価の原則は成立しており，経済全体で見ると総生産，総所得，総支出は等しくなります（所得をすべて消費しない場合も三面等価の原則は成立します。このことについては次の節で説明します）。

> **POINT 1.1　三面等価の原則**
> 経済全体で見ると，総生産・総所得・総支出はいずれも同じ値になる

2　国内総生産（GDP）の測り方

　この節では，マクロ経済のパフォーマンスを示す最も基本的な指標である国内総生産について詳しく説明します。

支出面から見た国内総生産（GDP）

　前節にて説明した三面等価の原則より，ある国のマクロ経済のパフォーマンスを計測する際，その国の総生産，総所得，総支出のどの観点から測っても，これらの値は同じとなります。実はこの値には，国内総生産（Gross Domestic Product：GDP）という名前が付いています。国内総生産（GDP）は，国民経済計算（System of National Accounts：SNA）と呼ばれる国際的な基準に基づいて

作成されています。この基準は一国経済全体の会計原則であり，日本を含めた世界の多くの国がこれに沿うことで，各国経済のパフォーマンスの国際比較ができるようになっています。最新の基準は 2008 年 SNA 体系（2008 SNA）と呼ばれます。以下では，国内総生産を GDP と表記することにします。

　はじめに，総生産，総所得，総支出の 3 つのうちで，総支出の観点から測る GDP，つまり「支出面から見た GDP」を紹介します。この支出面から見た GDP は次のように定義されます。

POINT 1.2　支出面から見た国内総生産（GDP）
一定期間に，国内で新しく生産された，最終的な財・サービスの取引総額を市場価格で計算したもの

　ここで考えている GDP は，国内における最終的な財・サービスの取引総額ですから，その国における支出の合計つまり「総支出」でもあります。そのため，「支出面から見た GDP」は国内総支出（Gross Domestic Expenditure：GDE）と呼ばれることもあります。GDP には国内総生産と名前が付いていますが，日本では統計データ作成上の都合により「支出面から見た GDP」，つまり GDE の数字を GDP として公表しています。本書でも支出面から見た GDP の数字を，GDP とすることにします。

　以下では，上記の GDP の定義を 1 つひとつ分解して，その意味を考えてみましょう。

▶**一定期間に**　GDP は，3 カ月間や 1 年間といった一定期間で測ります。3 カ月間のことを四半期とも呼びます。ある一定期間を考えることで，その期間内にどれだけ生産をし，所得を受け取り，そして支出をしたかを測ることができます。一定期間で測るため GDP はフロー変数です。

▶**国内で**　ある国の GDP を計測する際は，その国内で生産された財・サービスのみが対象となります。つまり外国で生産された財・サービスは対象にはなりません。その理由は，国外で作られたものも GDP の計測の対象としてしまうと，GDP がその国の国内のマクロ経済のパフォーマンスを正しく反映しなくなるためです。たとえば，アメリカ製の自動車は，それが日本に輸入され，日本国内で販売されたとしても，その販売（取引）額は日本の GDP には含まれません。

▶**新しく生産された**　ある期間のGDPには，その期間に新しく生産された財・サービスの取引額のみが計上されます。たとえば，今年のGDPには，昨年に生産された財・サービスの取引額は計上されません。なぜなら，昨年生産された財・サービスは，今年ではなく，昨年のマクロ経済のパフォーマンスに影響するものだからです。よって，今年1年間のマクロ経済のパフォーマンスを知るために，その1年間で新しく生産された財・サービスの取引額のみを今年のGDPに計上します。

　たとえば，5年前に製造された中古車が今年売買された場合，その取引額は今年のGDPには計上されません。中古車の取引においては，新しく車が作られるわけではなく，単にその車の所有者が変わるだけだからです（ただし，その取引を仲介したディーラーへの仲介手数料がある場合，仲介サービスへの支払いとしてこの手数料はGDPに含まれます）。また，土地や株式の売買は，新しく生産された財・サービスの取引ではなく，中古車と同様に所有者が変わるだけで，その取引額はGDPには計上されません（ただし，田んぼを宅地にしたり，地盤を改良したり，埋め立てたりというような，土地をその用途に合わせて変更する土地改良については，新たな価値を生産するため，その取引額はGDPに計上されます）。

▶**最終的な財・サービス**　GDPには，最終的な財・サービス（単に最終財ともいいます）の取引額のみが計上され，その財・サービスの生産に必要な中間的な財・サービス（単に中間財ともいいます）の取引額は計上されません。次のような3段階の取引の例を使ってその理由を考えてみましょう。

1. 農家は，小麦を生産し，50円で製粉所に販売する。
2. 製粉所は，農家から購入した小麦を使って小麦粉を作り，150円でパン屋に売る。
3. パン屋は，製粉所から購入した小麦粉を用いてパンを作り，200円でパンを消費者に販売する。

この例において，小麦の生産には中間投入（原材料の使用）は不要と仮定します。この取引をGDPに計上する場合，その金額は，中間財を含む3つの財（小麦，小麦粉，パン）の取引総額50＋150＋200＝400円とはなりません。この場合，最終的な財・サービスはパンのみですから，GDPの定義よりパンの取引額200円のみがGDPに計上されます。

　一般に，中間的な財・サービスは，GDPに計上されません。その理由は重

複計算を避けるためです。この例において製粉所は小麦を使って小麦粉を作るため，中間投入された小麦の価値は小麦粉の価値に含まれていると考えることができます。同じように，小麦粉の価値はパンの価値に含まれています。それにもかかわらず，誤って中間財を含む3つの財の取引総額400円をすべてGDPに計上してしまうと，財の価値が二重にも三重にも重複計算されてしまい，マクロ経済のパフォーマンスを正しく測ることができません。よって，GDPには最終的な財・サービスの取引額のみが計上されます。

　また，輸入された中間財が国内の最終財の生産に使われている場合は，その最終財の取引額から輸入された中間財の取引額を差し引いたものがGDPに計上されます。これによって，国内で生産された部分だけがGDPに計上されます。詳しくは次の「支出面から見たGDPの構成要素」の項で説明します。

▶**取引総額を市場価格で計算したもの**　GDPの計算では，市場において付いている価格と取引されている数量を用いて，財・サービスの取引額を合計します。市場価格を利用するということは，原則として市場で取引されている財・サービスの取引額のみをGDPに計上することを意味します。そして市場で取引されているとは，その財・サービスに値段が付き，売買されていることを意味します。たとえば，掃除などの家事サービスを家事代行業者に料金を支払って頼んだ場合，その料金はGDPに計上されます。しかし，もし同じ家事サービスを自分で行った場合，その行為は市場を介しておらず，したがってその家事サービスの価値はGDPには含まれません。ただし，市場を介さない財・サービスの取引でも，GDPに計上される場合があります。詳しくは次節の「帰属計算」の項で説明します。また，たとえ市場で取引されていても，非合法な財・サービスについての取引は，日本ではGDPに計上されません。

｜支出面から見たGDPの構成要素｜

　前項において，GDPは経済全体の支出合計でもあると説明しました。国民経済計算では，支出面から見たGDPを，家計，企業，政府，そして外国の計4種類の経済主体それぞれの支出に分類します。この項では，これらの経済主体がそれぞれどういう支出を行うのかを紹介します。

▶**家計と消費**　第1の経済主体である家計は，序章でも述べたとおり，家族あるいは単身者のことです。家計が行う財・サービスへの支出，およびその額を

　非合法な取引を GDP に含めるか否か，その取り扱いは国によって異なります。2014 年に，イギリスの国民経済計算を作成している機関であるイギリス国家統計局は，違法な薬物取引や売春といった経済活動を GDP に含めることを発表しています。この背景には，国連の国民経済計算の基準（1993 SNA・2008 SNA）では，原則としてすべての非合法生産および取引を含めることを勧めていることがあります。具体的には，非合法でも双方合意のある取引（例：薬物・盗品取引・密輸・売春）は含め，窃盗や暴力など双方の合意がないものは含めないとしています。この基準は，GDP は道徳性の指標ではなく，経済活動の指標であるという観点から設けられています。EU の基準（ESA 1995・ESA 2010）も同様の取り扱いをしています。また，イギリス国家統計局（Office of National Statistics, 2014）によれば，エストニア，オーストリア，スロベニア，フィンランド，スウェーデン，ノルウェーは 2012 年の段階ですでに違法な薬物取引や売春を GDP に含めています。

　非合法取引を GDP に計上する長所としては，経済活動を正しく把握できることや，国による合法・非合法の取り扱いの違いから生じる GDP の差を縮小できることなどがあげられます。一方で，短所としては，推計が難しいこと，当該取引が本当に双方の合意があるかについて意見が分かれることがあげられます。（参考文献：Office of National Statistics（2014）"Changes to National Accounts: Inclusion of Illegal Drugs and Prostitution in the UK National Accounts,"）

消費（consumption）と呼びます。たとえば，この章の最初の節で取り扱った島の例では，カズキさんとエミさんがそれぞれ家計に該当し，2 人が米を購入して食べた額が消費に相当します。本書では，消費を示す英語の consumption の頭文字をとって，消費を C で表します（日本の国民経済計算では，消費は消費税込みの消費額になっています。企業の取り扱いにより，財・サービスの価格に消費税が含まれる場合とそうでない場合とがあり，税と財・サービスの価格との分離が困難なため，一部を除いて消費税を含んだ価格を利用しています）。

▶**企業と投資**　第 2 の経済主体である企業とは，財・サービスを生産・販売する組織のことです。三面等価の原則の説明で用いた島の経済の例では，カズキさんが株主となっている米の生産を行う会社が企業に該当します。企業が生産

に使う資本の量を増やすために行う財・サービスへの支出，およびその額を投資（investment）と呼びます。投資は，設備投資，住宅投資，在庫投資から構成されます。設備投資には，工場や店舗，工作機械などの設備の新設だけでなく，1993年SNA体系からは無形固定資産であるソフトウェアへの支出が，また2008年SNA体系からは研究開発（R&D）活動がそれぞれ含まれるようになりました。また，企業は原材料購入など中間財への支出もしますが，前項の説明で解説したとおり，中間財はGDPには含まれません。投資を示す英語investmentの頭文字をとって，本書では投資をIで表記します。なお，現実には企業だけではなく，家計も住宅投資を行っています。国民経済計算における家計には自営業のような個人企業（個人事業主）が含まれており，家計が行う住宅投資は不動産業（住宅賃貸業）を営む個人企業が行う投資であると考えることができます。そこで本書では，投資は企業が行うと考えることにします。

▶**政府と政府支出**　第3の経済主体である政府は，国（中央政府）や地方自治体（地方政府）などが該当します。政府が行う支出およびその額は政府支出（government spending）と呼ばれます。政府支出には各種役所・警察・消防などによって提供される行政サービスの価値が含まれます。また，政府による道路整備・治水・防災や，学校・病院の建設などの公共事業にかかる支出も，本書では政府支出に含めることとします。以下では，政府支出を，英語の頭文字からGで表します。

▶**外国と純輸出**　第4の経済主体は外国です。日本国内で生産された財・サービスを購入する経済主体には，その国内の家計，企業，政府だけではなく，外国の経済主体も含まれます。国内で作られた財・サービスを外国の経済主体が購入すること，およびその額を輸出（export）と呼びます。反対に，外国で作られた財・サービスを国内の経済主体が購入すること，およびその額を輸入（import）と呼びます。そして，輸出から輸入を差し引いたものは純輸出（net export）と呼ばれます。国民経済計算では，純輸出を外国が行う支出として取り扱います。本書では純輸出をNXで表します。

　なぜ輸出から輸入を差し引いた純輸出（NX）を用いるのでしょうか。GDPの定義に「国内で……生産された」という文言があるとおり，GDPには海外で生産された輸入品の取引額は含まれません。しかし，消費（C），投資（I），政府支出（G），そして輸出には，輸入品，あるいは輸入された中間財が生産に

経済主体	家　計	企　業	政　府	外　国
支出項目	消費（C）	投資（I）	政府支出（G）	純輸出（NX）

使用された財・サービスが含まれています。たとえば，私たちが購入する外国産バナナは家計が行う消費（C）に含まれるように，家計の消費には輸入品が含まれています。そこで，国内経済のパフォーマンスを測るために，上述の支出項目（消費，投資，政府支出，輸出）の合計から，輸入を差し引いたものをGDP として計測します。このとき，輸出から輸入を引いた純輸出を外国の支出と考えます。

表1.1 は，家計，企業，政府，外国の4種の経済主体とそれぞれの支出項目をまとめたものです。総支出は，これら4種の経済主体が行うそれぞれの支出に分類して計測されます。そのため，消費・投資・政府支出・純輸出を合計すれば支出面から見たGDP になります。GDP を記号Yで表すと，この関係は次のように表すことができます。

POINT 1.3　支出面から見た GDP

$$\underset{\text{GDP}}{Y} = \underset{\text{消費}}{C} + \underset{\text{投資}}{I} + \underset{\text{政府支出}}{G} + \underset{\text{純輸出}}{NX}$$

GDP に関する三面等価の原則

ここでは実際の国民経済計算において，三面等価の原則が成り立つかどうか，つまり，総支出，総生産，総所得で見たGDP がそれぞれ等しくなるかについて，2020 年の統計データから確認します（以下，四捨五入による丸め誤差により，合計が合わないことがあります）。

▶**支出面から見た GDP**　図1.2 の一番上の棒グラフは，支出面から見た2020 年の日本のGDP（総額538.16 兆円）の内訳を示したものです。このグラフの最大の項目である民間最終消費支出289.50 兆円は，本書において家計が行う消費（C）に対応し，これはGDP の5割から6割を占める一番大きな項目です。次に，グラフにおいて2番目に大きい項目である総資本形成136.77 兆円は，民間の企業が行う民間総資本形成106.33 兆円と，政府あるいは政府系企業など

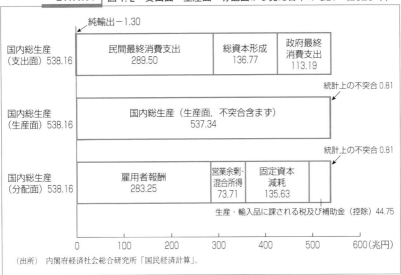

CHART 図 1.2 支出面・生産面・分配面から見た日本の GDP（2020 年）

（出所）　内閣府経済社会総合研究所「国民経済計算」。

が行う公的総資本形成（公共事業に相当）30.43 兆円から構成されています。総資本形成のうち民間総資本形成（106.33 兆円）が本書における投資（I）に対応します。そして，公的総資本形成（30.43 兆円）とグラフの政府最終消費支出（113.19 兆円）とを合計した額が，本書における政府支出（G）に対応します。最後に，純輸出（NX）は 2020 年においてマイナスであったため，グラフの左端の項目として示しました。その額は－1.30 兆円です。

　例題 1.1　日本に住む家計の A さんがアメリカ製の CD を 2000 円分購入した。この経済活動が日本の GDP およびその各支出項目（消費，投資，政府支出，純輸出）に与える効果を説明しなさい。
　答　海外で作られた財・サービスの輸入額は日本の GDP には影響を与えない。家計が購入した CD の 2000 円だけ消費が増加するが，同じ額だけ輸入が増えるので純輸出は 2000 円分減る。また，投資と政府支出には変化はないため GDP には変化がない。

▶**生産面から見た GDP**　次に，「生産面から見た GDP」は，中間財と最終財を合わせた財・サービスの生産額から，それらの生産に使われた中間財にかかる費用を引いた付加価値の合計として定義されます。三面等価の原則から，この生産面から見た GDP の値は，最終的な財・サービスの取引額の合計，つまり

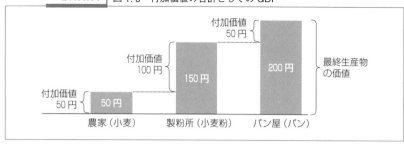

CHART 図1.3 付加価値の合計としてのGDP

付加価値
50円

付加価値
100円

付加価値
50円

50円

150円

200円

最終生産物
の価値

農家（小麦）　　製粉所（小麦粉）　　パン屋（パン）

支出面から見たGDPと一致します。本章の第1節で用いた，農家・製粉所・パン屋からなる例を用いて，このことを確認してみましょう。図1.3は，農家，製粉所，パン屋のそれぞれが生み出す生産額と付加価値を示したものです。まず，図の一番左側に示した，小麦を作る農家から考えます。先の例と同様に農家は中間財を利用せずに小麦を作ることができるとし，それを50円で売ります。よって，農家の生み出す付加価値は売上の50円です。次に，図の中央に示した製粉所の場合，その売上は小麦粉150円で，中間財である小麦の費用は50円ですから，製粉所の生み出す付加価値は売上150円から中間財購入費用50円を引いた100円です。最後に，図の一番右側に示したパン屋の場合は，売上がパン200円，そしてパンの中間財である小麦粉の購入費用は150円ですから，パン屋の生み出す付加価値は200−150＝50円です。これらの付加価値を合計すると，50＋100＋50＝200円になります。図からもわかるように，この付加価値の合計金額200円は，最終的な財・サービスであるパンの取引金額200円と一致します。

　実際の国民経済計算では，中間財と最終財を合わせた財・サービスの生産額である産出額から中間投入額を差し引くことにより付加価値を求めます（企業会計でいえば，売上総利益が産出額に，売上原価が中間投入額におおむね対応しています）。2020年においては，産出額は981.74兆円（「国民経済計算　フロー編　Ⅴ.付表(2)経済活動別の国内総生産・要素所得」の数値より）でした。中間投入額が444.39兆円だったため，2020年の付加価値額は産出額から中間投入額を引いて537.34兆円になります。この値が，図1.2における上から2つ目のグラフが示す，生産面から見たGDPです。ここで，生産面から見たGDPが支出面から見たGDPと数値が少しだけ違うのは，両者は異なる角度から推計されており，計測上の誤差である「統計上の不突合」があるためです。統計上の不突合の

0.81 兆円を加味すると，生産面から見た GDP は合計 538.16 兆円となり，支出面から見た GDP と一致します。

▶**分配面から見た GDP**　最後に，「分配面から見た GDP」を考えます。先ほどの生産面から見た GDP は，企業の売上から中間財の費用を引いた付加価値の合計であり，企業が得た収入と考えることもできます。この収入はさまざまな形で経済主体に分配され，それを受け取った側から見れば所得となります。つまり，分配面から見た GDP とは，生産面から見た GDP がどのように所得として分配されるか，その内訳を示したものになります。そのため「所得面から見た GDP」とも呼ばれることもあります。国民経済計算において，分配面から見た GDP は，雇用者報酬，営業余剰・混合所得，固定資本減耗，生産・輸入品に課される税及び補助金（控除）の 4 つから構成されます。

　1 つ目の「雇用者報酬」とは，企業が雇っている労働者（従業員や役員）に支払う賃金や報酬等のことです（雇用者報酬は企業会計でいえば，販売費および一般管理費における給与・賞与と役員報酬におおむね対応しています）。

　2 つ目の「営業余剰・混合所得」とは，企業の利益や個人事業主の所得などのことです。企業の利益は，たとえば出資者である株主に配当という形で分配されるため，株主にとっては所得となります。また，混合所得は，個人事業主の取り分であり，営業余剰であると同時に労働所得としての性質もあるため，このような名称になっています。

　3 つ目の「固定資本減耗」とは，生産設備等の資本が，生産活動に用いられるなかで老朽化・陳腐化・偶発的な損傷などによって使えなくなってしまう分を，評価した額のことです（固定資本減耗は企業会計における減価償却費におおむね相当します。減価償却とは，固定資産の取得に対して，その使える年数〔耐用年数〕に応じ，各年度に分けて費用として計上することをいいます）。生産活動により失われる資本は，生産に必要なある種の費用といえますが，中間財投入ではないため，付加価値を求めるときには差し引かれず，分配面の GDP の内訳に含まれています。

　4 つ目の「生産・輸入品に課される税及び補助金（控除）」は，財・サービスの生産・販売・輸入のときに生産者に課される税，および控除項目としての補助金のことです。ここで「控除」とは差し引くことを意味し，「生産・輸入品に課される税 − 補助金」のように税から補助金を引いたものを指します。生

産・輸入品に課される税の例としては，消費税，関税，固定資産税などがあげられます（これらの税は，企業会計における一般管理費のうちの租税公課におおむね対応しています）。生産・輸入品に課される税は，その税負担が最終的な購入者に転嫁されるような税であるため，付加価値（生産面から見た GDP）を求めるときの財・サービスの価格に含まれていると考えられます。そのため，生産面から見た GDP と同じ数値である分配面から見た GDP の内訳に，生産・輸入品に課される税及び補助金（控除）が含まれています。

　図1.2 における一番下のグラフに示した，分配面から見た GDP の 2020 年における数値を見てみましょう。図によれば，2020 年は，雇用者報酬 283.25 兆円，営業余剰・混合所得 73.71 兆円，固定資本減耗 135.63 兆円，生産・輸入品に課される税及び補助金（控除）44.75 兆円であり，合計金額は 537.34 兆円です。生産面と同様に統計上の不突合による調整を行うことにより，分配面から見た GDP も支出面から見た GDP と一致し，538.16 兆円になります。以上から，実際の日本の GDP について三面等価の原則が確認できました。

POINT 1.4　支出面・生産面・分配面から見た GDP の三面等価の原則
- 支出面から見た GDP：国内で生産された財・サービスへの支出の合計
- 生産面から見た GDP：国内で生産された財・サービスの付加価値の合計
- 分配面から見た GDP：国内の財・サービスの生産において生じる所得の合計

GDP に類似した指標

　この項では，経済全体の生産・所得を示す指標として，GDP 以外の指標を 3 つ紹介します。指標の 1 つ目は，GDP から固定資本減耗を差し引いた国内純生産（Net Domestic Product：NDP）です。国内純生産は，生産活動により失われる資本の減少分である固定資本減耗を，その資本の減少分を補うための費用とみなして除いた場合のネット（純）での生産額を表しています。

　指標の 2 つ目は，1 つの国の国民が稼いだ所得の合計を示す指標である国民総所得（Gross National Income：GNI）です。GDP は「国内」に注目した指標でしたが，GNI では「国民」に注目します。ここでいう国民とは国籍のことではなく，その国の居住者のことです。そのため，日本の国民総所得には，日本

の居住者が外国で稼いだ所得（海外からの所得の受取）が含まれます。一方で，たとえ日本国内であっても日本の居住者以外が稼いだ所得（海外への所得の支払）は除かれます。よって，国内に注目した指標である GDP と国民総所得との間には次のような関係があります。

国民総所得（GNI）= GDP + 海外からの所得の受取 − 海外への所得の支払

そして 3 つ目の指標は，国民総所得から固定資本減耗を引いた国民所得（National Income：NI）です。これらの指標はその定義が少しずつ異なっており，目的に応じて使い分けられています。

3 GDP 算出に関するさまざまな決まり

この節では，GDP の算出に関するさまざまな決まりを説明します。

売れ残りと三面等価の原則

三面等価の原則を説明するとき，生産された財・サービスがすべて購入されるという仮定をおきました。しかし，皆さんは「作ったからといって，売れるとは限らないのでは？」という疑問を持つかもしれません。ここで例として，ある年に新しく生産された財・サービス 100 万円分のうち，80 万円分は家計や企業によって消費されたものの，20 万円分が売れずに残ったとしましょう。

まず，売れ残った 20 万円分が保存できず腐ってしまう場合を考えます。この場合には，廃棄による損失という費用になるため，その分だけ付加価値を減らします。そのため，生産面から見た GDP は 100 万円から 20 万円を引き，80 万円になります。分配面から見た GDP は生産面から見た GDP を所得として配分するものですから，同じく 80 万円です。支出面から見た GDP は家計や企業による購入額である 80 万円ですから，三面が等価になります。

次に，売れ残った 20 万円分が翌年まで保存できる場合を考えます。この売れ残りの発生は，在庫が増えることを意味します。国民経済計算の会計原則で GDP を計算する際には，在庫の変化は在庫投資として扱われます。売れ残った財・サービスを，翌年以降の販売用在庫として保管するために企業が自ら購入したものと見なせば，その額は在庫投資という投資支出に分類され，その年

の総支出に含まれます。今の例では，支出面から見た GDP は，売れた 80 万円に在庫投資 20 万円を加えた 100 万円になります。またこの例では廃棄による損失もないため，生産面および分配面から見た GDP は 100 万円で，この場合も三面等価の原則が成立しています。

　企業にとって在庫とは，単に売れ残りだけを意味するわけではありません。私たちがスーパーなどに行って，いつでも欲しい財を手に入れることができるのは，店舗に在庫が（十分に）置かれているからです。また企業にとっては，在庫がなければ，すぐに販売して稼ぐ機会が失われてしまいます。その稼ぐ機会を逃さないために，企業は在庫投資を行い，在庫を戦略的に管理しています。

┃ 帰 属 計 算 ┃

　前節では，GDP の対象となる財・サービスは原則として市場で取引されるものであると説明しました。しかし，この原則には例外があります。現実の経済には，市場があってもその市場で取引されなかったり，あるいはそもそも市場がなかったりする財・サービスがあります。GDP が正確にマクロ経済のパフォーマンスを捉えるためには，これらの財・サービスの取引により発生する価値も GDP に反映されなくてはなりません。そのために国民経済計算においては帰属計算という手続きが行われます。

　帰属計算とは，市場で取引されない財・サービスの価値を求めて，GDP に計上する手続きのことです。ここで，市場で取引されていない財・サービスに属している価値のことを帰属価値と呼びます。この項では帰属計算が行われている代表的な 4 つの例として，農家の自家消費，持ち家住宅サービス，政府が提供する公共サービス，現物給与を紹介します。

▶**農家の自家消費**　1 つ目の例として，農家の自家消費の帰属計算を説明します。たとえば米を栽培する農家は，作った米を販売するという市場での取引を行っています。しかし，その農家自身が米を食べるときには，わざわざ米を市場で購入する必要はなく，自ら作った米の一部を，市場に出さずに自ら消費をします。このように自分で作った品物を自分自身で消費することを自家消費と呼びます。自家消費される米は，市場で取引されない財になっています。この米は生産されて，消費されていますが，もしも GDP の定義をそのまま当てはめてしまうと，市場で取引されないこの米の価値は GDP に反映されないことにな

ってしまいます。そこで，実際，市場に流通している米の価格を利用して帰属計算が行われ，農家自身が自家消費している米の総額を計算して，GDPに計上されます。自ら生産したものを，自身で購入したと考えれば，所得にも支出にも同額だけ計上されるため，三面等価の原則も成立しています。

▶**持ち家住宅サービス**　2つ目の帰属計算の例として，持ち家住宅サービスを説明します。もし皆さんが，自ら所有している住宅（これを持ち家といいます）に住んでいるならば，家賃を支払う必要はありません。一方で，持ち家がなければ，家や部屋を借りて，家賃を支払って住むことになります。どちらの場合にも，「住む」という住宅サービスが生産され，そして消費されています。後者の場合は，この住宅サービスに対し家賃という市場価格が付き，市場で取引されますから，その価値がGDPに計上されます。しかし，前者の場合は，持ち家から提供される住宅サービス（持ち家住宅サービス）は，市場で取引されずに消費されるため，そのままではGDPに計上されません。この持ち家住宅サービスの消費をGDPに計上するため，農家の自家消費と同様に帰属計算を行います。具体的には，家賃の市場価格を参考にして持ち家住宅サービスの価値を帰属計算によって求めます（これを帰属家賃といいます）。持ち家の所有者は，帰属家賃分の住宅サービスを生産し，自ら居住して自分に家賃を支払うと見なし，帰属家賃分の住宅サービスの価値が生産，所得，支出に計上されます。

▶**公共サービス**　3つ目の例として，政府が提供する公共サービスの帰属計算について説明します。たとえば，引っ越しや結婚や出産などの際，それらの手続きは役所で行います。役所が提供するこうしたサービスに対して，一部手数料が必要なものを除き，多くの場合は対価として料金を支払いません。つまり，一般的に公共サービスには市場価格がないため，その価値を測ることが困難です。このような公共サービスは，役所の手続きのほかにも警察，消防，国防など多岐にわたります。これらは社会に必要とされるサービスとして，価値を生み出しており，マクロ経済のパフォーマンスに貢献しているものの，その価値の計測は困難です。そこで，国民経済計算では，「公共サービスの価値は，そのサービスを提供するためにかかった費用（公務員の給料など）と同じである」と仮定する帰属計算を行います。それにより提供された公共サービス分が，生産，所得，支出に同額計上されます。

▶**現物給与**　4つ目の例として，現物給与があげられます。現物給与とは，雇

用者報酬に含まれる，現金ではなく現物で支給される生産された財・サービスのことをいいます。現物給与の価値は，帰属計算によって求め，所得，支出に同額が計上されます。

　以上，4つの帰属計算の例を紹介しましたが，市場で取引されていない財・サービスのすべてについて，帰属計算がなされているわけではありません。たとえば，家庭内における炊事・洗濯・掃除などの家事サービスを，自分で行う場合，その価値については，帰属計算は行われず，GDP に計上されません。また，無償で行われるボランティア活動に対しても帰属計算は行われず，GDP に計上されません。これらはサービスとして価値を生み出しているため，理想的には帰属計算をして，その価値を GDP に計上するのが望ましいといえます。しかし，実際には，それらの価値の計測が困難であることなどの理由で帰属計算は行われていません。

> **POINT 1.5　GDP 算出のさまざまな決まり**
> - 在庫の変化は，在庫投資として GDP に計上される
> - 市場で扱われない財・サービスの一部は帰属計算により GDP に算入される

4 名目 GDP と実質 GDP

　この節では，名目 GDP と実質 GDP の違いについて説明します。

名目 GDP

　各年の市場価格で最終的な財・サービスの生産（取引）額の合計を計算し求めた GDP のことを名目 GDP といいます。ここで名目とは，その時々の市場価格で計算したという意味です。財・サービスが1種類の場合は，簡単に名目 GDP を計算できます。例として，リンゴだけを最終財として生産・消費している経済を考えましょう。この経済においてある年に，リンゴの市場価格は1個 100 円であり，10 個生産されて，それらを家計が購入したとします。GDP は，最終的な財・サービスの市場価格を用いた取引総額ですから，この年の名目 GDP はリンゴ1個の価格 100（円）×10（個）＝1000（円）として計算でき

年	リンゴ		オレンジ	
	価 格	数 量	価 格	数 量
2021	100 円	10 個	200 円	5 個
2022	130 円	10 個	210 円	5 個

ます。

　財・サービスが 2 種類以上の場合も，同様に市場価格を用いて生産額（取引額）を合計することにより名目 GDP を求めることができます。例として，リンゴとオレンジの計 2 種類の財を最終財として生産・消費する経済を考えます。この経済では 2021 年と 22 年のそれぞれの年で，同じリンゴとオレンジが**表1.2**のように取引されたとしましょう。

　この経済において，各年の名目 GDP は，以下のように，その年の市場価格を用いて生産額を合計することで求めることができます。

- 2021 年の名目 GDP

　＝（リンゴ 1 個 100 円 ×10 個）+（オレンジ 1 個 200 円 ×5 個）＝2000 円

- 2022 年の名目 GDP ＝（130 円 ×10 個）+（210 円 ×5 個）＝2350 円

　実は名目 GDP にはマクロ経済のパフォーマンスを把握するにあたって問題点があります。上記で求めた 2021 年と 22 年の名目 GDP を比較してみましょう。2021 年の名目 GDP の 2000 円よりも 22 年の名目 GDP の 2350 円の方が大きくなっていますが，21 年に比べ 22 年のマクロ経済のパフォーマンスが上がったといえるでしょうか。両年のリンゴとオレンジの生産量はリンゴ 10 個，オレンジ 5 個であり，まったく同じ個数だけ生産されています。つまり生産量から見れば，マクロ経済のパフォーマンスはまったく変わっていません。生産量は変わらず，市場価格だけが上がっただけですから，名目 GDP が上がってもマクロ経済のパフォーマンスが上がったと判断することはできません。そこで，次の項では生産量の変化のみを評価できるような工夫を GDP に施す手法について説明していきます。

固定基準年方式による実質 GDP

　名目 GDP の問題は，その値の変化に価格の変化が含まれているため，生産

年	リンゴ		オレンジ	
	価　格	数　量	価　格	数　量
2021	100円	10個	200円	5個
2022	130円	20個	210円	10個

量の変化をきちんと評価できないことにありました。そこで，価格変化の影響を取り除いて，生産量の変化だけを計測できるように GDP の計算の際に工夫を施します。その工夫とは，「価格をある基準年の価格に固定し，各年の生産量を評価する」というものです。基準年の価格を用いて，各年の生産額の合計を計算して求めた GDP を固定基準年方式による実質 GDP と呼びます。

　一般に，次の手順により，固定基準年方式による実質 GDP を計算します。

1. 基準年を決める。
2. 基準年の価格を用いて，各年の財・サービスの生産額を計算する。
3. 2で計算した生産額を合計する。

再び**表1.2**で示される，リンゴとオレンジの2つの最終財からなる経済を例として説明しましょう。ここで，基準年を 2021 年とします。2021 年と 2022 年の実質 GDP は以下のように，基準年の価格を用いて計算することができます。

- 2021 年の実質 GDP = 100(円) × 10(個) + 200(円) × 5(個) = 2000(円)
- 2022 年の実質 GDP = 100(円) × 10(個) + 200(円) × 5(個) = 2000(円)

生産量が同じ 2021 年と 22 年の両年について実質 GDP を比較すると，名目 GDP のときと違い，どちらも同じ値になっています。このように，実質 GDP を用いれば，生産量が同じ経済については同じマクロ経済のパフォーマンスとして評価できます。

　次に，**表1.3**のように，2022 年にはリンゴが 20 個，オレンジが 10 個と，どちらも 21 年の2倍の量が生産されていた場合を考えてみましょう。

　この場合の実質 GDP は，2021 年は前と変わらず 2000 円である一方，22 年の実質 GDP は 100 × 20 + 200 × 10 = 4000（円）となり，21 年に対して2倍の値として計測されます。このように，実質 GDP を利用することで，実質的な経済のパフォーマンスを観察することができます。

P O I N T　1.6　名目 GDP と固定基準年方式による実質 GDP
- 名目 GDP：各年の市場価格で最終的な財・サービスの生産（取引）総額を計算し求めた GDP のこと
- 固定基準年方式による実質 GDP：基準年の価格を用いて最終的な財・サービスの生産（取引）総額を計算し求めた GDP のこと

GDP デフレーター

　名目 GDP は生産額を反映した指数であり，そして実質 GDP は生産量を反映した指数であると考えることができます。そこで，これらの指数を利用して生産額（取引金額）を生産量で割った値を求めれば，経済全体の財・サービスの価格，つまり物価水準を表す指数を得られそうです。この指数を GDP デフレーターと呼びます。

P O I N T　1.7　GDP デフレーター
経済全体の財・サービスの価格を表す物価指数の 1 つ

$$GDP デフレーター = \frac{名目\ GDP}{実質\ GDP} \times 100$$

　ここで，100 をかけるのは，基準年における GDP デフレーターの値を 100 にするためです。先ほどの，リンゴとオレンジの価格と数量の推移を示した**表 1.2** の例で，固定基準年方式の実質 GDP を利用して，2021 年を基準年とした各年の GDP デフレーターを求めると次のようになります（ここで GDP$_{**}$ とは，＊＊年における GDP の値を意味します）。

- 2021 年の GDP デフレーター：$\dfrac{名目\ GDP_{2021}}{実質\ GDP_{2021}} \times 100 = \dfrac{2000}{2000} \times 100 = 100$

- 2022 年の GDP デフレーター：$\dfrac{名目\ GDP_{2022}}{実質\ GDP_{2022}} \times 100 = \dfrac{2350}{2000} \times 100 = 117.5$

GDP デフレーターにより，経済全体の財・サービスの価格である物価水準がどのように変化したかを知ることができます。基準年の 2021 年は，名目 GDP と実質 GDP に違いがないため，GDP デフレーターは 100 になります。上で得られた数値は，2021 年に比べて，22 年の物価水準が（117.5 − 100 ＝）17.5％ 高

くなったことを意味します。

例題 1.2 2021 年の名目 GDP を 3000 円とする。また固定基準年方式の実質 GDP の基準年を 2021 年とする。いま，2022 年の名目 GDP が 21 年に対して 5% 増加し，そして実質 GDP が 21 年に対して 2% 増加したとしよう。この 1 年で GDP デフレーターは何 % 変化するか求めなさい。

答 基準年の 2021 年の実質 GDP は 3000 円，22 年の名目 GDP は 3000×1.05＝3150 円，実質 GDP は 3000×1.02＝3060 円となる。2021 年の GDP デフレーターは基準年であるため 100 であり，22 年の GDP デフレーターは，$\frac{3150}{3060}×100＝$ 約 102.94 となる。よって，GDP デフレーターは**約 2.94% 増加**する。

連鎖方式による実質 GDP（発展）

　これまで紹介した固定基準年方式による実質 GDP は，財・サービスの価格を基準年のものに固定して計測したものです。しかし，基準年から時間がたっても，価格を固定したまま変更しないでいると，その価格は時代遅れになってしまう場合があります。たとえばコンピューターの価格は，技術向上によって年々下落しています。それにもかかわらず，昔の基準年における高い価格のままでコンピューターの取引額を計測した場合には，その値が過大評価されてしまいます。そのため固定基準年方式の実質 GDP の計算においては，価格が時代遅れにならないように，基準年は 5 年ごとに変更されてきました。

　しかし，コンピューターなどの技術進歩は速く，5 年ごとの変更でもコンピューターをはじめとする多くの財・サービスの価格が時代遅れになります。そこで，近年では多くの国で実質 GDP として，連鎖方式による実質 GDP が利用されています。連鎖ウエイト指数を用いた実質 GDP とも呼ばれ，計算においては基準年が連続的に変化します。そのため，連鎖方式による実質 GDP には価格の時代遅れを防ぐメリットがあります。日本でも連鎖方式による実質 GDP が公式の指標として用いられ，固定基準年方式による実質 GDP は参考系列という扱いになりました。連鎖方式による実質 GDP の求め方は，少し難易度が高いため，本書のウェブサポートページにて説明しています。

日本の実質 GDP 成長率の推移

　図 1.4 は，日本の実質 GDP 成長率の推移をグラフにしたものです（期間に

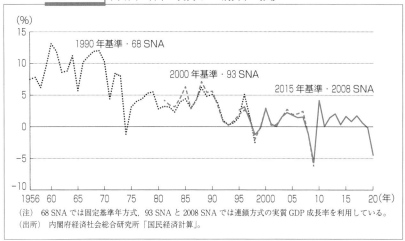

(注) 68 SNA では固定基準年方式，93 SNA と 2008 SNA では連鎖方式の実質 GDP 成長率を利用している。
(出所) 内閣府経済社会総合研究所「国民経済計算」。

より固定基準年方式による実質 GDP，あるいは連鎖方式による実質 GDP のいずれかを利用しています)。1950 年代から 70 年代初めまでは高度経済成長期と呼ばれ，成長率は年率で平均約 10% でした。その後，高度成長は終わり，1970 年代から成長率は落ち着き，80 年代までを含めて平均約 4% 前後で推移しました。1980 年代後半からは，資産価格の高騰に伴い景気が拡大し実質 GDP の成長率が上昇しました。1991 年からは高騰していた資産価格が大きく下落し，実質 GDP の成長率が低下しました。その後の日本経済は長く停滞を続けました。とくに 1997 年ごろの景気後退の時期においては，成長率が落ち込み，大手銀行が経営破綻するなど金融危機が発生しました。また，2008 年，09 年には成長率が大きくマイナスになりました。これはアメリカのサブプライム・ローン問題をきっかけに発生した世界金融危機によって，日本からの輸出が減少したことが主な原因とされています。2020 年はコロナ禍において緊急事態宣言が出され，経済活動が止まり消費や投資が大きく落ち込んだため，実質 GDP の成長率が再び大きくマイナスになりました。

SUMMARY ●まとめ

□ 1　経済全体では総所得・総生産・総支出の 3 つは等しい。

□ 2 マクロ経済のパフォーマンスは国内総生産（GDP）で測る。国内総生産とは，一定期間に，国内で新しく生産された，最終的な財・サービスについての市場価格の取引総額である。

□ 3 ある基準年に固定した価格を用いて，各年の生産量の価値を評価したものを，固定基準年方式の実質 GDP という。

□ 4 物価を示す指標である GDP デフレーターは名目 GDP を実質 GDP で割ったものとして求められる。

EXERCISE ●練習問題

1 次の文章の [①] から [⑦] について，当てはまる単語を下の語群から選びなさい。

GDP の支出項目は，家計が行う支出である [①]，企業が行う支出である [②]，政府が行う支出である [③]，そして外国による支出である [④] の4つに分類される。さらに [②] は，[⑤]，[⑥]，[⑦] の3つに分類される。そのうち [⑤] は，新しい工場を建てたり，機械を新設したりするような支出である。[⑥] は，新しい住宅建設にかかる支出である。そして [⑦] は，企業の保有する製品在庫などの増減にかかる支出である。

　[語群] a.株式投資　b.生産・輸入品に課される税及び補助金（控除）　c.設備投資　d.在庫投資　e.雇用者報酬　f.消費　g.固定資本減耗　h.投資　i.営業余剰・混合所得　j.政府支出　k.金融　l.付加価値　m.純輸出　n.産出額　o.中間投入　p.住宅投資

2 次の文章の [①] から [④] について，当てはまる単語を下の語群から選びなさい。

GDP から固定資本減耗を差し引いたものは，[①] と呼ばれる。また一国の国民が稼いだ所得の合計を示す国民総所得は，GDP に [②] を足し，[③] を差し引いたものとして求められる。国民総所得から固定資本減耗を差し引いたものは，[④] と呼ばれる。

　[語群] a.中間投入　b.国民所得　c.輸出　d.輸入　e.海外からの所得の受取　f.海外への所得の支払　g.国民総所得　h.国内総生産　i.国内純生産

3 GDP に関する次の記述のうち適切なものを選びなさい。

①生産面から見た GDP は，一国全体の付加価値の合計ではなく，原材料として使われた中間財と最終財を合わせた財・サービスの生産額の合計である。

②分配面から見た GDP は，雇用者報酬と営業余剰・混合所得の合計に補助金を加えて生産・輸入品に課される税を引いたものから，固定資本減耗を引いて得られる。

③支出面から見た GDP は，消費と投資と政府支出と輸入の合計から輸出を引いたものである。投資には，設備投資と住宅投資は含まれるが，在庫投資は含まれない。

④ GDP には，土地や株式の売買や中古品の売買は含まれるが，政府が提供する行政サービスや持ち家の住宅サービスは含まれない。

⑤海外からの所得の受取が海外への所得の支払よりも大きくなると，GDP よりも国民総所得（GNI）の方が大きくなる。

4 図 1.1 の例において，もしカズキさんとエミさんが受け取った所得合計 100 万円分を使って，財・サービス市場で 60 万円分を消費する場合は，三面等価の原則は成立しているか答えなさい。また成立しているとしたら，なぜか説明しなさい（ヒント：POINT 1.5 を参照）。

5 次の表のように，日本でミカンとナシが生産され取引が行われたとする。以下の問いに答えなさい。

年	ミカン		ナシ	
	価格	数量	価格	数量
2020	50	20	200	10
2021	70	30	210	5
2022	65	25	250	20

(1) 各年の名目 GDP を求めなさい。

(2) 2020 年を基準年として，各年の固定基準年方式の実質 GDP を求めなさい。

(3) （発展問題）本書ウェブサポートページの「連鎖方式による実質 GDP の計算方法」を読み，各年の連鎖方式の実質 GDP を求めなさい。

6 市場で取引されない財・サービスとして，私たちが自宅で行う家事があげられる。もし，今まで自分で家事をしていた人が，お金を支払って家事サービスを頼んだら，GDP にどのような影響を与えるか，説明しなさい。

7 次のような生産プロセスを通じた取引があるとする。「ある年に日本電産が 3 億円分のハードディスク用モーターを東芝に販売した。東芝は，そのモーターを用いてハードディスクを製造し，4 億円で Panasonic に販売した。そして Panasonic は，ハードディスクを用いてノートパソコンを製造し，消費者に総額 6 億円で販売した。」以下の問いに答えなさい。ただし，ここに記述された以

外には中間投入はないとする。また，生産・輸入品に課される税及び補助金（控除），固定資本減耗は無視するものとする。

(1) これらの取引により，GDP に計上される金額はいくらか，計算しなさい。

(2) 日本電産，東芝，Panasonic のそれぞれの企業の付加価値を求め，その金額を合計し，(1)の結果と同じであることを確認しなさい。

8 ある国で自動車を生産するために，部品メーカー A 社は，海外から原材料を 50 万円で調達して部品を生産し，それを 100 万円で完成車メーカー B 社に販売する。B 社はその部品から自動車 200 万円分を生産し，うち 170 万円は国内の消費者に，30 万円は外国へ輸出する。この一連の生産活動で生み出される A 社の従業員の報酬は 30 万円，営業利益は 20 万円である。また B 社の従業員の報酬は 70 万円，営業利益は 30 万円である。ただし，生産・輸入品に課される税及び補助金（控除）と固定資本減耗は無視する。

(1) この一連の生産活動から，当該国での生産面から見た GDP はどれだけ変化するか答えなさい。

(2) 支出面から見た GDP について，消費，投資，輸出および輸入はそれぞれどれだけ変化するか答えなさい。

(3) 分配面から見た GDP について，営業余剰・混合所得および雇用者報酬はそれぞれどれだけ変化するか答えなさい。

9 内閣府経済社会総合研究所「国民経済計算年次推計」の「2021 年度国民経済計算（2015 年基準・2008 SNA）」のデータを用いて，1994 年から 2021 年の暦年について，実質の民間最終消費支出の推移をグラフに描きなさい（ヒント：同ページ内の「IV. 主要系列表(1)国内総生産（支出側）」を利用する）。

第 **2** 章

マクロ経済を観察するⅡ

物価・労働・景気

INTRODUCTION

　この章ではマクロ経済を観察するうえで重要な「物価」「労働」「景気」の３つの指標を紹介します。はじめに，物価に関する指標について説明します。ある国の物価とは，その国で取引されている財・サービスの価格の総合的な動向を示したもので，一般物価水準ともいいます。物価が上がっているときに，もし給料が以前と同じままならば，買い物の量を減らすなどの対応をとる必要が生じます。このように，物価動向は，私たちの生活に直結するため，その計測をする物価指標は大切な指標です。この章では，物価指標の１つである消費者物価指数が，どのように作成されているかを紹介します。次に，労働に関する指標として，経済全体で働きたいにもかかわらず働くことができない人がどのくらいいるかを示す失業率や，求人の状況を示す有効求人倍率を紹介します。序章で説明したように，労働は生産要素の１つであり，物価同様その変動はマクロ経済に大きな影響を与えます。最後に，経済活動の強弱を意味する景気について説明し，そして景気動向指数や日銀短観などいくつかの景気指標を紹介します。

　Keywords：消費者物価指数（CPI），インフレ率，失業率，有効求人倍率，景気動向指数，日銀短観

1 消費者物価指数（CPI）

　この節では，物価水準を捉えるための代表的な指標である消費者物価指数（CPI）について説明します。

給料から得られる豊かさの比較

　今と昔で大卒初任給はどちらが高いのか，そしてその大卒初任給から得られる豊かさの程度が今と昔でどちらが大きいのかを比較するには，どうしたらよいでしょうか。ここで，2006年からの大卒初任給の推移を見ながらこの問題を考えてみましょう。大卒初任給として，「賃金構造基本統計調査」より，新規学卒者（大卒）について平均の所定内給与（月額）を利用します。ここで所定内給与とは，基本給や通勤手当などの各種手当を含み，時間外労働などの超過労働給与額は含まないものをいいます。表2.1の第2列目は2006年以降の一部の年について，大卒初任給の推移を表しています。この表によれば，2006年では20万6800円であったのに対し，21年では22万4000円と約1.08倍になったことがわかります。初任給が約1.08倍になったことから，それを受け取る人たちが昔より約1.08倍物質的な面で豊かになったと判断することができるでしょうか。その答えを求めるためには，各年の財・サービスの価格を考慮する必要があります。

　今と昔で豊かさを比較するためには，初任給でどれだけの財・サービスを購入できるかという「購買力」を比較することが大事です。簡単化のため，初任給を用いて購入できるガソリンの量（リットル）をもって，その購買力と考えます。そして，それぞれの年における 1ℓ 当たりのガソリン価格を用いて，初任給の購買力を計算・比較してみます。ここでは総務省統計局の「小売物価統計調査」に掲載されているガソリン（東京都区部）の価格を利用します。

　表2.1の第3列目はガソリン 1ℓ の価格，そしてその隣の第4列は大卒初任給の購買力，つまり初任給で購入できるガソリンの量について，いくつかの年の推移をそれぞれ示しています。表によれば，2006年における購買力は1436（ℓ）でしたが，08年には1157（ℓ）と大幅に減少しています。2006年から08

CHART 表2.1 大卒初任給とガソリンで測ったその購買力

年	大卒初任給（円）	ガソリン１ℓの価格（円）	購買力（ℓ）
2006	206,800	144	1,436
2008	210,600	182	1,157
2013	204,600	168	1,218
2016	214,700	126	1,704
2021	224,000	168	1,333

（注）初任給は，月額の所定内給与（大卒），男女計，産業計，企業規模計（10人以上）を用いた。ガソリン価格は，東京都区部より，その年の最大値を用いた。
（出所）厚生労働省「賃金構造基本調査」，総務省統計局「小売物価統計調査」。

年にかけて，初任給は増えたものの，それ以上にガソリン価格が上がったために，初任給の購買力が減っています。その後，2013年には初任給は下がったものの，それ以上にガソリン価格が下落しているため，初任給の購買力は1218（ℓ）に上昇しました。2016年は13年と比べて初任給はほぼ同じですが，ガソリン価格が大きく下落し，初任給の購買力がさらに1704（ℓ）まで上昇しました。2021年はコロナ禍における景気先行きが不透明であることから，OPEC（石油輸出国機構）が原油の増産を見送ったため，ガソリン価格が上昇し，初任給の購買力が1333（ℓ）に減少しました。「初任給を用いてガソリンを何リットル購入できるか」という購買力を仮に生活水準の指標として用いるならば，2006年と21年とを比較するとき，大卒初任給は名目上約1.08倍になったものの，購買力で見た実質的な生活水準は約0.93倍と少なくなったと考えることができます。

　このように，給与水準の変化だけでなく，購入する財・サービスの価格の変化によっても，生活水準は変化します。そのため，今と昔で給与から得られる豊かさを比較するには，財・サービスの価格の変化を考える必要があるのです。また，私たちが実際に生活する際には，上で例として用いたガソリンだけでなく多種多様な財・サービスを購入しています。そのため，初任給の持つ真の購買力を計算するためには，さまざまな財・サービスの価格を総合的に評価する指標，つまり物価に関する指標を用いる必要があります。次の項では物価に関する代表的な指標である消費者物価指数（CPI）について説明します。

消費者物価指数（CPI）とは

　消費者物価指数（Consumer Price Index：CPI）とは，消費者（家計）が購入す

る財・サービスの価格を総合した物価の動きを示す指標のことです。以下では
このCPIについて説明します。消費者が日常的に購入する財・サービスはさ
まざまです。それらの組み合わせは，その消費者が買い物の際に選んで買い物
カゴ（バスケット）の中に入れて購入するものと考えることができます。以後
この消費者が購入する財・サービスの（品目および量の）組み合わせのことを
「買い物バスケット」と呼ぶことにします。この中身は，たとえば「カップ麺
○○個，お米○○kg，携帯電話の契約プラン，……」のように構成されてい
ると考えてください。ただし，消費者が購入するといっても，ここでの買い物
バスケットには，所得税などの直接税や，公的年金保険料などの社会保険料，
預貯金や住宅・土地の購入などの貯蓄・財産購入のための支出は含まれません。

　消費者物価指数（CPI）は，標準的な消費者が購入する買い物バスケットに
ついて，それを購入するのに必要な費用およびその変化を計測する指標になっ
ています。ここで標準的な消費者とは，その国を代表するような一般的な消費
者または家計を意味します。また，購入するのに必要な費用とは，買い物バス
ケットの中に入っている財・サービスへの支払額の合計，つまり価格と数量の
積の合計のことです。財・サービスの価格が変化すれば，同じ買い物バスケッ
トの中身を買うための費用が変化するため，このCPIによって総合的な物価
の変化を捉えることができます。

> **POINT 2.1　消費者物価指数（CPI）**
> 消費者が購入する財・サービスの価格を総合した物価の指標のこと

┃ CPI作成の手順 ┃

　CPIは具体的にはどのように計算・作成されるのでしょうか。日本では総務
省統計局が多数の財・サービスの価格を調査して，CPIを作成しています。
CPIの作成は以下の4つの手順から構成されます。

1. 基準年を選び，その年における標準的な消費者の買い物バスケットを調
   査し決める。
2. 各年において，買い物バスケットを構成する財・サービスの価格を調査
   する。
3. 各年において，買い物バスケットの購入にかかる費用を計算する。

CHART 表2.2　小売物価統計調査の財・サービスの例

調査品目の例	銘　柄
カップ麺	カップヌードル
マヨネーズ	キユーピーマヨネーズ
カレールウ	バーモントカレー
シャンプー	メリット
殺虫剤	キンチョール
通信料	携帯電話，基本料金（データ通信料を含む）など
携帯電話機	iPhone 13
大学授業料	私立大学，昼間部，法文経系，授業料

（出所）　総務省統計局「小売物価統計調査」2022 年 1–2 月。

4. 各年において，買い物バスケットの購入費用を基準年における購入費用
で割り 100 をかけることで CPI を求める。

以下ではこれらの手順について，簡単な例を用いて詳しく説明します。

▶**手順 1：基準年を選び，買い物バスケットの中身を決める**　最初に，基準となる年を選び，標準的な消費者が，その基準年において日常的にどのような財・サービスをどれだけ購入するかを示す買い物バスケット（財・サービスの組み合わせ）を調べ，固定します。例として，基準年が 2020 年であり，その年に標準的な消費者は「リンゴ 2 個とオレンジ 4 個」を購入すると仮定をします。この場合，「リンゴ 2 個とオレンジ 4 個」という組み合わせが買い物バスケットになり，これは基準年が変わるまで原則として変更されません。実際には，消費者はさまざまな財・サービスを購入しているため，CPI の買い物バスケットに入る財・サービスの種類は多岐にわたり，2020 年基準の CPI では 582 品目が対象となっています。このうち，上位 300 品目への支出が消費支出全体の約 90％ を占めます。表 2.2 は，CPI の作成の基礎資料となる統計である「小売物価統計調査」において，調査対象となる銘柄の例を示しています。読者の皆さんがよく知っている銘柄も多いのではないでしょうか。

▶**手順 2：財・サービスの価格を各年について調査する**　次に，CPI の対象となる財・サービスの価格を各年について調査します。ここでは簡単化のため年次としていますが，実際の CPI の基礎となる「小売物価統計調査」においては，全国の 167 市町村（2022 年 1 月現在）を対象に，市町村ごとに数百人の調査員

年	リンゴ 1 個の価格（円）	オレンジ 1 個の価格（円）
2020	100	200
2021	120	250
2022	130	210

が店舗等に行き，価格を毎月調査しています（近年ではコンビニやスーパーで用いられることが多い，POS〔point of sales〕と呼ばれる，販売時点で情報を管理するシステムの価格情報を利用したり，インターネット上のサイトを自動巡回して価格情報等を収集するウェブ・スクレイピングを利用したりする品目も増えています）。手順1のリンゴとオレンジの例において，2020年から22年の3年間における調査では，それぞれの価格の推移が表2.3のようにまとめられたとします。

▶**手順3：買い物バスケットの購入費用を各年について計算する** 手順3では，各年における財・サービスの価格を用いて，買い物バスケットの購入に必要な費用を計算します。表2.3の例においては，「リンゴ2個とオレンジ4個」の購入に必要な費用は以下のとおりです。

- 2020 年：100（円）×2（個）+ 200（円）×4（個）= 1000（円）
- 2021 年：120×2 + 250×4 = 1240（円）
- 2022 年：130×2 + 210×4 = 1100（円）

▶**手順4：買い物バスケットの購入費用について，各年のものと基準年のものとの比率を計算し，CPIを求める** 最後に物価指数を計算します。買い物バスケットの購入費用が，基準年に比べてどれくらい変化したかによって，物価を捉えます。そのために，次のように各年における買い物バスケットの購入費用を，基準年における購入費用で割り，100をかけることでCPIを計算します（100をかけるのは，基準年におけるCPIの値を100とするためです）。

POINT 2.2 CPIの求め方

$$各年のCPI = \frac{各年における買い物バスケットの購入費用}{基準年における買い物バスケットの購入費用} \times 100$$

前述のリンゴとオレンジの例において，各年のCPIは以下のようになります。

- 2020 年の CPI ＝（1000/1000）×100 ＝ 100
- 2021 年の CPI ＝（1240/1000）×100 ＝ 124
- 2022 年の CPI ＝（1100/1000）×100 ＝ 110

基準年の 2020 年においては，分子と分母の値が同じになるため，CPI の値は必ず 100 になります。2021 年の CPI の値は 124 です。これは 2021 年において買い物バスケットの購入費用が基準年に比べ 24％ 高くなったということを意味します。同様にして，2022 年における CPI は 110 ですから，20 年と比較して購入費用が 10％ 高くなったとわかります。買い物バスケット，つまり数量の組み合わせが変わらないなかで，購入費用が上がるということは，財・サービスの価格が全体として上がることを意味します。このように，CPI を用いることで，一般的な消費者が購入する財・サービスの価格を総合した物価の変化を知ることができます。

例題 2.1　表 2.3 の例と同じく，買い物バスケットが「リンゴ 2 個とオレンジ 4 個」であるような経済を考え，基準年を 2020 年とする。2023 年のリンゴの価格が 200，オレンジの価格が 400 のとき，23 年の CPI を求めなさい。

答　2023 年の買い物バスケットの購入費用は 200×2＋400×4＝2000（円）となる。したがって 2023 年の CPI ＝（2000/1000）×100＝**200** となる。

物価指数の重要性

物価を計測することがなぜ大切なのでしょうか。この章のはじめの大卒初任給の話に戻りましょう。異なる時点における豊かさの程度を比較する際，先ほどの例ではガソリンの価格を用いて購買力を考えましたが，CPI を用いると消費者が購入する財・サービス全般を考慮して購買力を求めることができます。2006 年以降の実際の CPI の推移を見ると，図 2.1（a）に示すように，2008 年に上昇し，その後 12 年まで下落し，13 年以降上昇するなど変動があります。このような CPI の変化により購買力も変わります。

　ここで，各年の大卒初任給を各年の CPI で割り，基準年の CPI（常に 100）をかけることで，各年の大卒初任給の額を基準年の物価水準に換算して比較しましょう。同じ基準年の物価水準に換算することで，異なる年の大卒初任給の豊かさの違いを比較することができます。

　図 2.1（b）は，2020 年を基準年とした実際の CPI を用いて，大卒初任給の

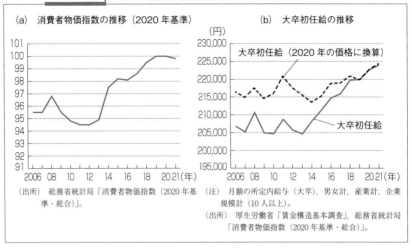

CHART 図2.1　消費者物価指数と大卒初任給の推移

(a)　消費者物価指数の推移（2020年基準）

（出所）　総務省統計局「消費者物価指数（2020年基準・総合）」。

(b)　大卒初任給の推移

（注）　月額の所定内給与（大卒），男女計，産業計，企業規模計（10人以上）。

（出所）　厚生労働省「賃金構造基本調査」，総務省統計局「消費者物価指数（2020年基準・総合）」。

名目額と，大卒初任給を20年の物価に換算したものについて，それぞれの推移を示したものです。2020年の物価水準への換算は，次の計算

$$\underset{\text{（2020年［基準年］の物価に換算）}}{\text{各年の大卒初任給}} = \frac{\text{各年の大卒初任給}}{\text{各年のCPI}} \times 100$$

によって求めることができます。

　このグラフによれば2006年と21年の大卒初任給の比は，物価を考慮しない場合は約1.08倍ですが，物価を考慮した場合の大卒初任給の比は約1.04倍に縮まることがわかります。これは**図2.1**(a)で見たように2006年から21年にかけて物価が上昇してきたためです。このように，物価を考慮することで，皆さんがもらっている給料に，以前と比較して実質的にどのくらいの購買力があるかを知ることができるのです。

　消費者物価指数の変化は購買力を変えるため，経済政策のための指標として重視されています。たとえば，生活保護基準の作成，年金給付額の改定，また児童扶養手当額の改定などの際に利用されています。

CPIの問題点（発展）

　このように丁寧に作られているCPIですが，必ずしも完璧な指標ではありません。CPIには以下にあげるような3つの問題点があります。

　1つ目の問題は，CPIの計算上，財・サービスの相対価格が変化する際に，

消費者が行うはずの代替行動が買い物バスケットの構成において考慮されないことにより，CPI の値が本来あるべき物価水準よりも高めに計算されてしまうという問題です。ここで相対価格とは，ある 2 つの異なる財・サービスについて，それらの価格の比率のことをいいます。また代替行動とは，消費者が相対的に価格が高くなった財・サービスを買い控え，そして相対的に価格が安くなった方を買い増すような行動のことです。

　再び前節のリンゴとオレンジの 2 財からなる経済の例で考えてみましょう。ある年において，前年と比べ，リンゴの価格が下がり，オレンジの価格が上がったとしましょう。オレンジの価格の方が相対的に高くなるため，消費者はオレンジを買い控えて，一方でリンゴをより多く買うことが考えられます。一般に，相対価格が変わると代替行動が生じます。しかし，CPI の計測においては，買い物バスケットは固定されたままであり，消費者の代替行動に伴う購入量の変化が反映されません。そのため，価格が上がったオレンジの買い控えも，価格の下がったリンゴの買い増しも反映されず，価格上昇の影響が強く出ます。結果として，買い物バスケットの購入費用が高めになるという偏りを持ってしまいます。つまり，この場合 CPI は本来あるべき物価水準より高めに値が計算されてしまいます。

　2 つ目は，CPI では買い物バスケットを基準年のものに固定し，すぐには変更しないため，「新しい財」が登場した際，その価格がすぐに CPI に反映されないという問題です。たとえば，近年音楽ダウンロード・サービスや，定額制のサブスクリプション音楽配信サービスといった新しいサービスが登場したことによって，音楽の利用方法が多様化しました。これらの登場により，消費者にとっては，選択肢が増えるという意味で音楽を聴くための費用が低下したと考えることができます。しかし，買い物バスケットは基準年のものに固定されているため，それが改定されるまでは，「新しい財」の登場によって費用が低下する影響が CPI には反映されません。この場合も，費用が高めに計算されるため，CPI は高めに値が出てしまいます。

　上で述べた 2 つの要因などにより，CPI が本来あるべき物価指数の水準よりも高めに計算されてしまうという問題を CPI の上方バイアスといいます。バイアスとは「偏り」のことですので，この場合は「上に偏りがある」という意味になります。この上方バイアスは，物価指数の水準だけでなく，その変化率

についても発生します。

　CPI の問題の３つ目は，財・サービスの品質変化に関するものです。これは，財・サービスの価格の変動には，その品質の変化による部分が含まれるため，その分についてなんらかの調整が必要となるという問題です。たとえばパソコンの場合，技術の進歩は目覚ましく，記憶容量や計算速度などの性能は毎年のように良くなり，品質は向上しています。もし，あるパソコンの値段が変わった要因が，記憶容量の変化だとすれば，それは品質の変化による価格変化になります。このままでは，性能の異なるパソコンの価格を比較していることになり，同じ性能のパソコンの価格を比較していることにはなりません。

　３つ目の問題については，さまざまな品質調整方法により改善が試みられています。ここではヘドニック法と呼ばれる品質調整方法について簡単に紹介します。ヘドニック法は，製品の価格がその製品の特徴によって決まると考え，製品価格に対し品質調整を行う統計的な手法です。たとえばノートパソコンの場合には，ハードディスクや SSD などの記憶媒体やメモリの容量，演算能力，重量，画面の大きさなどの特徴がそれぞれ価格に影響すると考えられます。ヘドニック法は，これらの特徴がどれだけ価格に影響するかを統計的に分析し，各特徴による価格への影響を考慮します。たとえば，統計的な分析の結果，記憶容量が 1TB 多いと，ノートパソコンの値段が 5% 高いことがわかったとします。このとき，記憶容量が 1TB 多いノートパソコンの新製品が出た場合には，本体の価格から 5% を差し引いた価格を記録します。これによって，品質変化の影響を取り除き，あたかも同じ品目を比較していると考えて，物価の変化を計測することができます。品質が変化する財・サービスについては，ほかにもいくつかの方法で品質の影響を調整しますが，すべての財・サービスについて品質の影響を除くのは困難であり，CPI に関する品質変化の問題は解消されているわけではありません。

▌CPI と GDP デフレーターの違い（発展）▌

　国内総生産（GDP）を説明した前章においては，物価を表す指標の１つとして名目 GDP と実質 GDP との比で表される GDP デフレーターを紹介しました。ともに物価指標である CPI と GDP デフレーターはどこが異なっているのでしょうか。主要な違いは以下の３点です。

POINT 2.3　CPI と GDP デフレーターの違い

① 対象となる財・サービスの購入者が異なる

② 対象となる財・サービスの品目が異なる

③ 指数の計算方法が異なる

　まず，①の「財・サービスの購入者が異なる」という点について考えてみましょう。CPI の場合，計測の対象となる財・サービスを購入するのは文字どおり消費者（家計）です。一方，GDP デフレーターの場合は，支出面から見た GDP の項目が消費・投資・政府支出・純輸出からなり，その計測の対象となる財・サービスの購入者は家計・企業・政府・外国です。つまり GDP デフレーターは，CPI に比べ対象となる財・サービスの購入者の範囲が広く，この点で両者には違いがあります。

　次に，②の「対象となる財・サービスの品目が異なる」という点について説明します。CPI では，私たち消費者が購入する財・サービスが計測の対象となります。消費者が購入する品目には，海外ブランドの化粧品や iPhone のような輸入品も含まれるため，CPI はこれらの輸入品も対象としています。一方，GDP デフレーターの場合は，GDP の定義から，計測の対象は国内で生産される財・サービスに限られます。そのため，輸入品は GDP デフレーター計算の対象に含まれません。また，企業が購入する設備や機械などの財（投資財）については，GDP デフレーターの計測対象になりますが，消費者はこういった財は購入しないため，CPI の対象とはなりません。

　最後に，③の「指数の計算方法が異なる」という点について説明します。CPI は購入する財・サービスの組み合わせを基準年のものに固定し，それを購入するのに必要な費用を各年について比較しています。この財・サービスの組み合わせの改定は 5 年ごとに行われるため，5 年間は同じ中身について計算をしています。一方の GDP デフレーターの場合，その分子の名目 GDP も分母の実質 GDP もともに各年における財・サービスの生産量を利用して計算します。生産量は毎年変わるため，GDP デフレーターを計算する際に用いる財・サービスの数量は毎年異なるものになります。GDP デフレーターと CPI では，計測に用いる財・サービスの組み合わせに関する数量が年によって変わるか否かという点でも違いがあるのです。

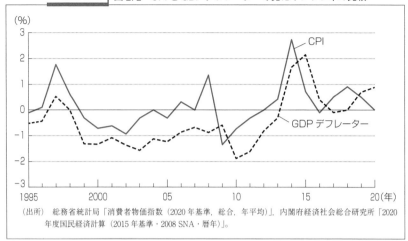

CHART 図 2.2 CPI と GDP デフレーターで見たインフレ率の比較

(出所) 総務省統計局「消費者物価指数 (2020 年基準, 総合, 年平均)」, 内閣府経済社会総合研究所「2020 年度国民経済計算 (2015 年基準・2008 SNA・暦年)」。

　CPI には上方バイアスがあると説明しましたが, GDP デフレーターにはその計算方法から本来あるべき物価水準よりも下方にバイアスがあるとされています。上方バイアスと下方バイアスを確認するために, 実際のデータを用いて CPI と GDP デフレーターについてインフレ率を比較してみましょう。インフレ率とは物価指数の変化率のことで, 物価上昇率ともいいます。たとえば, 昨年の物価指数が 100, 今年の物価指数が 102 だった場合, 今年のインフレ率は次のように求めます。

$$インフレ率 = \frac{今年の物価指数 - 昨年の物価指数}{昨年の物価指数} = \frac{102 - 100}{100} = 0.02 = 2\%$$

インフレ率は, 変化の割合ですからマイナスになることもあります。このようにして CPI と GDP デフレーターのインフレ率を 1995 年から 2020 年の間について求めて示したものが図 2.2 になります。この間のインフレ率を比較すると CPI の方が総じて GDP デフレーターを上回っており, CPI に上方バイアス, GDP デフレーターに下方バイアスがあることと整合的です (CPI と GDP デフレーターの計算方法には, それぞれラスパイレス型価格指数とパーシェ型価格指数という名前がついています。詳しくはウェブサポートページを参照してください)。

Column ❷-1　私たちの生活を反映する物価指数

　日本の CPI では，消費者の購買行動の変化に合わせて，さまざまな財・サービスの品目が計測の対象として追加されたり，廃止されたりしています。これは，私たちの生活様式の変化や新しい商品・サービスの登場に伴って，標準的な消費者が購入している財・サービスが変遷しているためです。

　下の表は，CPI における基準改定時の調査品目の入れ替えの例を示しています。1995 年にサッカー観戦料が調査品目に追加されました。これは 1993 年から開幕した J リーグが多くの人に観戦されるようになったためです。また 2000 年には，ビールに代わる飲料として広まった発泡酒や，携帯電話の普及によって移動電話通信料が追加されています。この年には，パソコンや携帯オーディオ機器が追加される一方で，小型電卓，テープレコーダー，カセットテープが廃止されました。2010 年には紙おむつ（大人用）が追加され，2015 年にはお子様ランチが廃止されました。これらの追加・廃止は，日本の少子高齢化を反映していると考えられます。2020 年には，車への搭載割合が高まったドライブレコーダーが追加されました。

　情報通信関係では，携帯電話機の主流がスマートフォンになったことを反映して，2013 年の中間見直しでスマートフォンが携帯電話機に追加されました。また 2014 年の中間見直しでは iPad や Surface などの普及を反映して，タブレット型端末がノート型パソコンに追加されました。

表　CPI における品目入れ替えの例

年	追加	廃止
1995	サッカー観戦料	
2000	発泡酒，温水洗浄便座，移動電話通信料，パソコン，携帯オーディオ機器	テープレコーダー，小型電卓，カセットテープ
2005	テレビ（薄型），DVD レコーダー，録画用 DVD	ビデオテープレコーダー，ビデオテープ
2008（中間見直し）	家庭用ゲーム機（携帯型），IP 電話の通信料を固定電話に合成	テレビ（ブラウン管）
2010	紙おむつ（大人用），メモリーカード	テレビ修理代，アルバム，フィルム
2013（中間見直し）	スマートフォンを携帯電話機に追加	
2014（中間見直し）	タブレット端末をノート型に合成	
2015	空気清浄機	お子様ランチ
2020	ノンアルコールビール，ドライブレコーダー	固定電話機，ビデオカメラ

（出所）　総務省統計局「2020 年基準消費者物価指数の解説」。

2　労働に関する統計

以下では労働に関するいくつかの統計を紹介します。

失業率とは

　この項では，労働者の就業状態がどのように定義され，計測されているかを説明し，失業率を正確に定義します。はじめに，日本において，労働力とはどのように定義されているかを説明します。

　総務省統計局による「労働力調査」は，約2900の対象地域の約4万世帯（2022年1月現在）に対して，15歳以上の人々が就業しているか否か（就業状態）を調査しています。15歳以上としている理由は，労働基準法において，使用者は原則として人々を，満15歳になった年の最初の3月31日をすぎてから労働者として雇うことができるためです。また，原則として毎月月末の1週間を調査週間としています。

　調査対象となる15歳以上人口は，就業状態によって**図2.3**のように分類さ

れます。「労働力調査」では、まず、15歳以上の人口が、労働力人口と非労働力人口とに分類されます。次に、労働力人口は、「仕事に就いている人」を指す就業者と、「仕事をしていないが、職を探している人」を指す失業者とに分けられます。ここで「仕事に就いている人」とは、調査週間中に1時間以上仕事をした人のことです。たとえば、ふだんは専業主婦（主夫）で非労働力人口に分類される人が、ある月の調査週間にたまたま1時間だけパートに出て働いた場合、この人はその月は労働力人口の就業者に分類されます。調査週間にアルバイトをした学生も、同様にその月は労働力人口の就業者に分類されます。

　また、失業者は日本においては「完全失業者」と呼ばれ、労働力人口のうちで、①「調査期間中に仕事に就いていない」、②「仕事があればすぐ就くことができる」、③「仕事を探す活動や事業を始める準備をしていた」という3つの条件を同時に満たすような人たちが分類されます。「労働力調査」では、③によって働く意思の有無を確認しています。

　最後に、非労働力人口には、仕事もせず、かつ仕事を探してもいない人、具体的には専業主婦（主夫）や学業に専念する学生、退職後の高齢者などが分類されます。

　以上のような15歳以上人口の就業状態に関する分類に基づいて、失業率は「労働力人口のうち失業者の占める割合」として、次のように定義されます。

POINT 2.4　失 業 率

$$失業率（\%）= \frac{失業者数}{労働力人口} \times 100$$

例題 2.2　2022年6月の「労働力調査」によると労働力人口が6945万人、就業者が6759万人であった。このとき失業率を求めなさい（小数第2位四捨五入）。

答　労働力人口から就業者数を引いた失業者数は186万人になる。よって、失業率は、$\frac{186}{6945} \times 100 =$ **約 2.7%** となる。

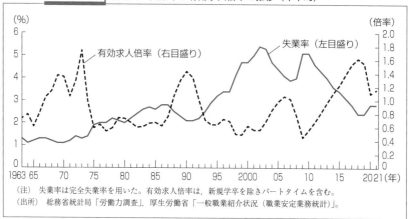

CHART 図2.4　失業率と有効求人倍率の推移（年平均）

（注）　失業率は完全失業率を用いた。有効求人倍率は，新規学卒を除きパートタイムを含む。
（出所）　総務省統計局「労働力調査」，厚生労働省「一般職業紹介状況（職業安定業務統計）」。

有効求人倍率とは

　この項では失業率以外に，労働市場およびマクロ経済の状況を判断するうえ
で重視される有効求人倍率を紹介します。

　まず，有効求人倍率とは，仕事を求めている人（求職者）1人当たりに対し
て，どのくらい企業からの求人数があるかを示す指標です。この指標は，厚生
労働省が公共職業安定所（ハローワーク）における求人・求職等の状況をまと
めた「一般職業紹介状況」で，毎月公表されています。有効求人倍率が高いと
いうことは，それだけ求職者は仕事を得やすくなることを意味します。

　図2.4は，日本における失業率と有効求人倍率の推移を示したものです。図
における青い線は，日本の失業率の推移を示したものです。図によれば，1960
年代の高度経済成長期における失業率は1％台と非常に低い水準でした。それ
以降も1990年代半ばまでは，失業率は比較的安定していました。その後，
1990年代後半から2000年代にかけて，経済状況が悪化するとともに失業率は
上昇し続け，02年には5.4％という高い水準に達します。その後は変動しつつ
も，かつてと比較すると高い水準で推移していることが確認できます。2009
年以降失業率は下落し続けたものの，20年以降のコロナ禍の影響により少し
上昇しました。

　また図2.4における黒い破線は，日本の有効求人倍率（右目盛り）の推移を
示したものです。近年は，失業率と有効求人倍率は反対方向に動くことが多く

なっています。2009年以降，有効求人倍率は上昇傾向にあったものの，19年と20年はコロナ禍の影響により大きく下落しています。

③ 景　気

　景気とは，経済活動の強さ・弱さの程度を指す言葉です。無数の企業や家計が経済活動を行っており，景気状況を把握するには，さまざまな指標を援用する必要があります。この節ではそれらの景気指標のうちいくつかを紹介します。

▌四半期別 GDP の成長率

　景気を見るうえで最も基本的な指標の1つに，四半期つまり3カ月ごとに測ったGDPである四半期別GDPがあります。これは，景気の現況をいち早く判断するための指標であり，国民経済計算のうち，支出の各系列と雇用者報酬に注目し，四半期ごとに内閣府経済社会総合研究所が作成・公表しています。同研究所は四半期別GDPの成長率，およびそれを年率に換算した値を公表しています。ただし，四半期の成長率を利用する場合には，季節による変動要因（季節性）を取り除く季節調整が必要になります。そのために，前年の同じ期と比較した前年同期比の値や，季節性を統計的に取り除いた季節調整済み系列の前期比の値が成長率として用いられます。

　新型コロナウイルス感染症対策として緊急事態宣言が発令され経済活動が止まったことなどから，日本の四半期別GDP成長率は2020年第2四半期において，季節調整済み系列で見た前期比の値が年率換算でマイナス28.1％となり，戦後最悪を記録しました。

　内閣府は寄与度分解という手法により，支出面から見たGDPの各要素（消費，投資など）が，GDPの成長率にどの程度貢献しているかを公表しています。ある要素のGDP成長率への寄与度は，その要素の変化分を，最初の時点のGDPで割ることによって得られます。寄与度の意味と計算手順については章末の付録で説明します。

Column ❷-3　Google Trends を用いた週次の GDP 成長率の把握

　四半期別 GDP を用いた GDP 成長率の場合は，更新頻度が 3 カ月おきであり，速報性にやや難があります。経済協力開発機構（OECD）のニコラス・ヴォロシュコは，検索サイト Google の検索頻度の変化を示す Google Trends の情報を用いて，リアルタイム（毎週）の GDP 成長率を推計する手法を構築しました。具体的には，失業給付（unemployment benefits）など，経済動向に関わる用語の検索頻度の変化を機械学習の手法を用いてまとめあげ，週次の GDP 成長率の推計に用いるというものです。その指標は OECD Weekly Tracker として OECD のウェブサイトで公開されています。下の図は，OECD Weekly Tracker から日本の週ごとに推計された GDP 成長率（前年同週比，年率）と，内閣府による四半期別 GDP の成長率（前年同期比，年率）との比較をしたものです。この図による比較から，推計が非常に正確であることがわかります。（参考文献：Woloszko, N. "Tracking activity in real time with Google Trends," OECD Economics Department Working Papers, No. 1634, 2022, https://dx.doi.org/10.1787/6b9c7518-en）

図　Weekly Tracker と四半期別 GDP 成長率の比較

（出所）　OECD Weekly Tracker of Economic Activity："Weekly Tracker (human-readable)," 内閣府経済社会総合研究所「国民経済計算（四半期別 GDP 速報・前年同期比・年率）」。

景気動向指数

　先述の四半期別 GDP には，その計測に時間がかかるなどの問題があります。内閣府は景気を把握するための指標をほかにも作成しています。その中で重要

なものが，複数の経済指標の動きを集計して作られた景気指標である景気動向指数です。この指数は，景気の現状を示す一致指数，景気の先行き（数カ月先）を示す先行指数，そして景気に何カ月か遅れて動く遅行指数の計3つの指数から構成されています。2022年1月現在，一致指数は労働投入量指数など10種類，先行指数は新規求人数，実質機械受注など11種類，そして遅行指数は法人税収入など9種類の指標から作られています。求人や受注の指数が先行指数に入っているのは，それらの「注文」が将来の経済活動の活発さを示していると考えられるからです。

　景気動向指数には，各指標の量的な動きを合成（composite）した指数であるCI（コンポジット・インデックス）と，改善した指標の割合を示す指数であり，経済各部門への景気の拡散・波及（diffusion）の程度を捉えたDI（ディフュージョン・インデックス）の2種類があります。いずれも，景気の良いときに改善（上昇）し，悪いときに悪化（下落）します。図2.5（a）は過去20年間の景気動向指数（CI）の推移を示しています。先行指数の動きが，おおむね一致指数の動きを先取りしているといえます。

　さらに，内閣府は，タクシー運転手といった，地域の景気を敏感に感じ取っている一般の人々（約2000人）の景気判断を調査し，それに基づいた景気指数を景気ウォッチャー調査において公表しています。同調査においては，自由記述回答による景気判断理由集も公表されており，人々の景気判断の詳細を知ることができるため，そのテキスト情報に基づいた景気動向の研究も行われています。

全国企業短期経済観測調査（日銀短観）

　内閣府だけでなく，日本銀行も景気指標を作成しています。日本銀行は，全国の企業約1万社を対象として3カ月おきに経済状況についてアンケート形式で調査を行っており，これを全国企業短期経済観測調査（日銀短観）といいます。

　日銀短観の調査項目の中で重要とされるものが，業況判断，つまり各企業を取り巻く経済状況についての評価に関する項目です。この項目では，対象企業に対し，今の経済状況について3つの選択肢「①良い・②さほど良くない・③悪い」から1つ選ばせるというものです。このアンケートから，日銀は業況判断DIと呼ばれる数値を計算します。この値は，今の経済状況として，①良い

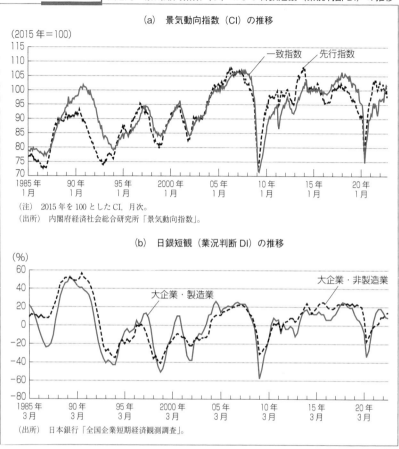

(a)　景気動向指数（CI）の推移

（2015年＝100）

一致指数　先行指数

（注）　2015年を100としたCI，月次。
（出所）　内閣府経済社会総合研究所「景気動向指数」。

(b)　日銀短観（業況判断 DI）の推移

(%)

大企業・非製造業

大企業・製造業

（出所）　日本銀行「全国企業短期経済観測調査」。

を選んだ企業数の割合から，③悪いを選んだ企業数の割合を引いたものです。たとえば，①を選んだ企業の割合が 30%，そして③を選んだ割合が 10% のとき，業況判断 DI は 30−10＝20 になります。この指標により，景気の良さがどれだけ多くの企業に波及しているかを知ることができます。

　業況判断 DI は，景気判断の重要な指標として扱われます。図2.6 (b) は，業況判断 DI について，大企業製造業と大企業非製造業の双方の動きを示したものです。短期的な動きや変動幅は若干異なりますが，両者は総じて似たような動きをしていることがわかります。

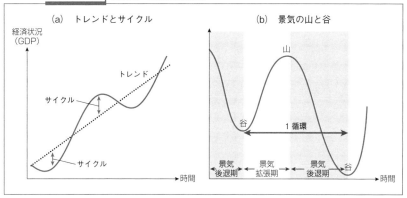

CHART 図2.6 景気の捉え方

(a) トレンドとサイクル

経済状況（GDP）

トレンド

サイクル

サイクル

時間

(b) 景気の山と谷

山

谷

1循環

谷

景気後退期　景気拡張期　景気後退期

時間

CHART 表2.4 近年の日本の景気の山と谷

景気	谷	山	谷	山	谷
日付	2009年3月	2012年3月	2012年11月	2018年10月	2020年5月

（出所）内閣府経済社会総合研究所「景気循環日付」。

景気循環

　景気が良くなったり悪くなったりを繰り返すことを景気循環といいます。経済学は，GDPに代表されるような国・地域全体の経済の状況（パフォーマンス）が，図2.6 (a) に示したように長期的な趨勢を示すトレンドの部分と，トレンドの周りを循環的に動くサイクルの部分に分かれると考えます。経済成長はトレンドの部分の増加，そして景気循環はサイクルの部分の変動として捉えることができます。サイクルといっても，景気に一定の周期があるわけではなくその動きは非常に不規則です。

　図2.6 (b) は，景気循環を示すサイクルの部分を取り出したグラフです。グラフの頂上のところを景気の山，そして底のところを景気の谷といいます。そしてある谷から次の谷までを1循環といいます。内閣府経済社会総合研究所では景気動向指数などを総合的に用いて景気の山，谷の日付を設定して発表しています。表2.4は，近年の景気の山と谷の日付を示したものです。

　景気が悪くなることを景気後退，そして景気が良くなることを景気拡張と呼びます。景気後退期とは，景気の山から谷に向かう期間のことをいいます。逆

に，景気拡張期とは，景気の谷から山に向かう期間を指します。**表2.4**によれば，2012年11月の谷から18年10月の山にかけての期間は景気拡張期，そして18年10月の山から20年5月の谷にかけての期間は景気後退期です。景気後退が長期化・深刻化する状況になると，多くの企業が倒産し，雇用状況も悪化します。この状況を不況といいます。

POINT 2.5
- 景気とは，経済活動の活発さの程度を指す用語である
- 景気が良くなったり悪くなったりを繰り返すことを景気循環と呼ぶ

SUMMARY ●まとめ

- ☐ 1　CPIは，消費者が購入する財・サービスの価格を総合した物価の尺度を表す。
- ☐ 2　CPIとGDPデフレーターでは，①財・サービスの購入者，②対象とする財・サービスの品目，③計算方法の3つが主に異なる。
- ☐ 3　失業率は，労働力人口のうち，失業者の占める割合である。

□ 4　経済状況の強弱の程度を景気といい，その改善や悪化が繰り返されることを
　　　景気循環という。

EXERCISE ●練習問題

① リンゴとオレンジの 2 つの最終的な財からなる経済を考える。2020 年と
　 21 年における取引状況は次の表のとおりとする。リンゴとオレンジは国内で生
　 産され，国内の消費者が購入したとする。以下の問いに答えなさい。

年	リンゴ		オレンジ	
	価格	数量	価格	数量
2020	100 円	20 個	200 円	10 個
2021	80 円	30 個	240 円	5 個

　(1)　基準年を 2020 年とするとき，基準年の数量を買い物バスケットとし，
　　　 2020 年と 21 年それぞれについての GDP デフレーターと CPI を求めなさ
　　　 い。
　(2)　(1)の結果から GDP デフレーターと CPI のそれぞれについて 2020 年から
　　　 21 年にかけてのインフレ率を求めなさい。

② 日本企業が製造した半導体製造装置の価格が上昇した場合，この価格上昇は
　 GDP デフレーターと CPI のどちらに直接影響を与えるか答えなさい。ここで，
　 この半導体製造装置は別の日本企業が設備投資として購入するものとする。

③ 財 1 と財 2 からなる経済を考える。t 年における財 1 の取引量を $Q_{1,t}$（個），
　 財 2 の取引量を $Q_{2,t}$（個）そして財 1 の価格を $P_{1,t}$（円），財 2 の価格を $P_{2,t}$
　（円）とする。いま基準年は T 年であり，標準的家計の買い物バスケットとして
　「財 1 の数量を $Q_{1,T}$，財 2 の数量を $Q_{2,T}$」とするとき，

　　　　　買い物バスケットの T 年の購入費用 $=P_{1,T}\times Q_{1,T}+P_{2,T}\times Q_{2,T}$

　 となる。また次の $T+1$ 年では，

　　　　　買い物バスケットの $T+1$ 年の購入費用 $=P_{1,T+1}\times Q_{1,T}+P_{2,T+1}\times Q_{2,T}$

　 となる。このとき，$T+1$ 年の CPI の計算式を求めなさい。

④ 総務省統計局が公表している消費者物価地域差指数を用いて，最新のデータに
　 基づけば物価が最も高い日本の都市はどこになるか，調べなさい。

⑤ 現在の日本の完全失業者数は何人か，また失業率は何パーセントか，総務省統
　 計局の労働力調査のホームページより調べなさい。

⑥ ある国の就業者数が 400，失業者数が 100，そして非労働力人口が 200 の
　 とき，この国の失業率（%）を計算しなさい。

⑦ 日銀短観において，今の経済状況を良いと答えた企業の割合が 40% で，悪いと答えた企業の割合が 10% のとき，業況判断 DI はいくらか答えなさい。

⑧ 次の文章の ［ ① ］ から ［ ⑤ ］ について，当てはまる単語を下の語群から選びなさい。

景気が良くなったり悪くなったりを繰り返すことを景気 ［ ① ］ と呼ぶ。また，景気が悪くなることを景気 ［ ② ］，そして景気が良くなることを景気 ［ ③ ］ と呼ぶ。景気 ［ ② ］ 期とは，景気の ［ ④ ］ から ［ ⑤ ］ に向かう期間のことを指す。

［語群］ a.破産　b.予測　c.生産　d.循環　e.底　f.頂上　g.谷　h.山
　　i.拡張　j.後退

付録：寄与度分解

この付録では寄与度分解の手法について説明します。ある要素の寄与度は，

$$\text{ある } X \text{ の要素の寄与度} = \frac{\text{ある } X \text{ の要素の前期からの増加分}}{\text{前期の全体の値}}$$

のように求めることができます。ここでは簡単化のため，政府支出や純輸出がゼロであり，GDP が消費と投資の和に等しい（$Y = C + I$）ことを仮定し，GDP の成長率を，消費，投資の寄与度に「分解」する方法について，例を用いて説明します。下の表は，ある期（今期）とその前期の GDP，消費，投資を示したものです。このとき表の 4 行目が示すように GDP の増加分は 10 ですから，その成長率は 5% になります。消費と投資の増加分は，それぞれ 8 と 2 であり，その合計は GDP の増加分の 10 と一致します。

ここで消費と投資が GDP の成長にどれだけ寄与したか，寄与度を求めてみましょう。寄与度の計算式より，消費の寄与度 = 消費の増加（8）÷ 前期の GDP（200）= 4%，投資の寄与度 = 投資の増加（2）÷ 前期の GDP（200）= 1% となります。両者の合計は定義上 GDP の成長率 5% に一致します。つまり，以下の等式が成立します。

表　GDP，消費，投資

	GDP	消費	投資
前期	200	120	80
今期	210	128	82
増加分	10	8	2

$$\underbrace{\frac{\text{GDP の増加分}}{\text{前期の GDP}}}_{\text{GDP の成長率}} = \underbrace{\frac{\text{消費の増加分}}{\text{前期の GDP}}}_{\text{消費の寄与度}} + \underbrace{\frac{\text{投資の増加分}}{\text{前期の GDP}}}_{\text{投資の寄与度}}$$

この寄与度分解の式は，次のように書き換えることができます。

$$\underbrace{\frac{\text{GDP の増加分}}{\text{前期の GDP}}}_{} = \underbrace{\frac{\text{消費の増加分}}{\text{前期の消費}}}_{\text{消費の増加率}} \times \underbrace{\frac{\text{前期の消費}}{\text{前期の GDP}}}_{\text{消費の割合}} + \underbrace{\frac{\text{投資の増加分}}{\text{前期の投資}}}_{\text{投資の増加率}} \times \underbrace{\frac{\text{前期の投資}}{\text{前期の GDP}}}_{\text{投資の割合}}$$

この式から，ある要素の増加率が高ければ高いほど，またその要素が GDP に占める割合が高いほど，その要素の増加は GDP の成長により大きく貢献することがわかります。

第 **3** 章

マクロ経済を支える金融市場

INTRODUCTION

　経済活動がスムーズに行われるためには，資金の貸し借りをする金融市場が機能しなくてはなりません。この章では，「金融」およびその活動を行う場である「金融市場」の意味と役割を解説します。金融市場における資金の貸し借りには，さまざまな方法があります。お金の貸し手と借り手が直接交渉することもあれば，銀行といった仲介者が貸し手と借り手との間に入ることもあります。また，お金の貸借というサービスに付く価格といえる金利にもさまざまなものがあります。この章では金融市場の役割を理解し，その理解を通してマクロ経済の全体像の把握をすることを目的とします。

　Keywords：貯蓄と投資，金利（利子率），長期金利，短期金利，金融市場，直接金融，間接金融

1 マクロ経済における金融市場

　金融とは，余分な資金を持つ経済主体から資金が不足している経済主体へと，「資金を融通すること」です。また，さまざまな経済主体が資金を貸し借りする市場を金融市場といいます。この節では，マクロ経済において金融市場がどのような役割を持っているかを説明していきます。

金融の重要性

　はじめに，なぜ金融が大切なのかについて，簡単な例を使って説明します。いま，カズキさんは，高所得で資金に余裕があり，自分ではお金を使い切れないため，その余裕資金を誰かに貸してもよいと考えているとしましょう。カズキさんが貸してもよいと考えている余裕資金は，金融市場における資金供給の一例といえます。また，エミさんはパン屋の開業を考えているのですが，自己資金がないために，開業資金を借りてまかなおうと考えているとします。エミさんが必要としている資金は，金融市場における資金需要の一例といえます。

　ここで，金融市場を通じて両者が出会い，エミさんがカズキさんからお金を借りることになったとしましょう。エミさんは，パン屋を開業して営業することで売上を得て，その売上をもとに，借りたお金に利子をつけてカズキさんに返済することができます。売上が十分大きい場合，エミさんは，お金を借りることで，パン屋を開業して儲けることができるようになります。一方のカズキさんは，お金をエミさんに貸すことで利子収入を得ることができ，持っているお金を何もせず保管しておくよりも得することができます。

　このように，金融市場において資金の貸し借りが行われることで，お金の貸し手のカズキさんも，借り手のエミさんも両方得をする，つまり win-win の関係が生まれるのです。

財・サービス市場と金融市場

　ここでは，マクロ経済において，財・サービス市場と金融市場には非常に密接な関係があることを確認してみましょう。まずは支出面から見た GDP の式

を使って財・サービス市場を考えます。ここでは，簡単化のため外国との取引はなく，純輸出 $NX=0$ と仮定します。このとき，支出面から見た GDP の式は以下のように書けます。

$$\underbrace{Y}_{\text{GDP}} = \underbrace{C}_{\text{消費}} + \underbrace{I}_{\text{投資}} + \underbrace{G}_{\text{政府支出}}$$

この式は第 1 章で解説したとおり，国民経済計算という会計ルール上では常に等式で成立しています。

　今度は同じ式を金融市場の観点から考えてみましょう。国民経済計算の三面等価の原則から，Y を総所得であると読み替えることができます。経済全体の所得 Y から，消費 C と政府支出 G とを引いて，あとに残る分 $Y-C-G$ を考えます。これは総所得から，家計や政府が使ってしまった分を除いた残りですから，経済全体の貯蓄に相当しています。以下では経済全体の貯蓄を単に貯蓄と呼び，saving の頭文字を取り S で表します。

　先ほどの支出面から見た GDP の式において，両辺から消費 C と政府支出 G を差し引くと，左辺は貯蓄 S，そして右辺は投資 I となります。つまり，

$$Y-C-G = I \ \Rightarrow \ S = I$$

となり，貯蓄 S は投資 I と等しいという関係を導き出すことができます。貯蓄は所得のうちで使われなかった余裕資金であるため，金融市場における資金供給を意味します。一方の投資は，企業が設備投資などを行うために必要としている資金であり，金融市場における資金需要を意味します。よって，この関係式は，金融市場における資金供給と資金需要とが一致しているという金融市場の均衡と解釈できます。このように財・サービス市場において成立する支出面から見た GDP の式の見方を変えると，金融市場において資金需給が一致する式に読み替えることができます。このケースでは，一方の市場の需給だけを考えると，もう一方の市場の需給も同時に考えていることになります。

　ここで租税を T とすると，経済全体の貯蓄 S は，次のように民間貯蓄と政府貯蓄に分けることができます。

$$S = Y-C-G = \underbrace{(Y-T-C)}_{\text{民間貯蓄}} + \underbrace{(T-G)}_{\text{政府貯蓄}}$$

民間貯蓄は可処分所得 $Y-T$ から消費 C を引いたものであり，その値は $Y-T$ $-C$ です。また政府貯蓄は，政府の収入である租税 T から政府支出 G を引い

たものであり，その値は $T-G$ です。家計からの民間貯蓄と政府からの政府貯蓄とを合わせた貯蓄が，金融市場への資金供給になっています。

金融市場の役割

　これまでの話から，金融市場は資金の借り手と貸し手をつなぎ，そして貯蓄と投資を結びつける役割を持っていることがわかります。所得以上に消費をせず余分にお金を持っている人は，たとえば銀行などの金融機関にそのお金を預けて貯蓄をします。一方で，ある投資プロジェクトを検討している企業は，そのための投資資金を確保しなくてはなりません。しかし，十分な自己資金がない場合には，お金を借りる必要があります。このとき企業はたとえば銀行に行くことによって金融市場に参加し，必要な資金を借りることができるようになります。資金調達の方法は銀行からの借入だけとは限りません。企業は金融市場において債券や株式の発行により資金を調達することもできます。金融市場における資金調達方法の実際については，第2節で説明します。

　もしも，2008年にアメリカなどで起こった金融危機（第4章参照）のように，多くの金融機関が経営破綻するなど金融市場に問題が発生すれば，家計にとって安心して貯蓄を預けられるところが減ってしまうでしょう。その場合，家計は望むだけの貯蓄ができないという事態が生じます。一方で企業にとっても，お金を十分に借りることができず，望むだけの投資ができなくなってしまい，この状況は経済活動にマイナスの影響をもたらします。その意味で，金融市場はマクロ経済において重要な役割を果たしているのです。

> **POINT 3.1　金融市場の役割**
> - 資金の借り手と貸し手をつなぐ
> - マクロ経済において，貯蓄と投資を結びつける

例題3.1　GDP（Y）が50，消費（C）が30，租税（T）が5，また政府支出（G）が10のとき，民間貯蓄と政府貯蓄をそれぞれ求めなさい。

答　民間貯蓄は $Y-C-T=50-30-5=15$，政府貯蓄は $T-G=5-10=-5$ となる。

金融市場における資金調達の実際

　この節では，金融市場を通じて企業が資金を調達する仕組みとして，間接金融と直接金融を紹介します。

間接金融

　金融は貸し手と借り手に win-win の関係をもたらすため，資金が余っている人と必要としている人がいれば，すぐに貸し借りは成立しそうです。しかし，現実の金融はそれほど簡単ではありません。たとえば，読者の皆さんの手元にいま余裕資金 1000 万円があり，それを誰かに貸して利子を得たいと考えているとします。この場合，たとえお金を貸す相手が親しい友人であっても，きちんと返してくれるかどうか不安に感じる方も少なくないのではないでしょうか。その友人に貸したお金を返済する能力が本当にあるかどうかを判断するのは容易ではありません。ましてや見知らぬ他人であれば，判断はより難しくなります。お金を貸す相手は誰彼かまわずというわけにはいかず，私たちがお金を貸す際には相手の返済能力を正しく判断することが重要です。

　今度は，皆さんが商売を始めるために，1000 万円の資金を必要としているとしてみましょう。このとき，すぐに 1000 万円貸してくれる人は周りにいるでしょうか。多くの読者にとってそのような人を見つけることは簡単ではないと思います。借入の難しさの程度は借り手の返済能力によって異なります。日本中の誰もが知っているような財力のある人であれば，借入金の返済能力があると見なされやすく，すぐに誰かが貸してくれるかもしれません。しかし，逆に返済能力がどの程度あるのかわかりにくい場合，1000 万円ものお金を貸してくれる人はなかなか現れない可能性が高いでしょう。

　これまで見たように，貸し手にとってはお金を貸す相手の返済能力を知る必要があり，そして借り手にとっては自分の返済能力を示す必要がありますが，個人や一般の企業がこれらを行うのは簡単ではありません。この問題を解決するのが，金融（仲介）機関です。金融機関は，資金の貸し手と借り手との間の仲介者となり，両者を結びつける役割を担っています。私たちにとって最も身

近な金融機関が銀行です。銀行のような金融機関が仲介する金融の仕組みを，間接金融と呼びます。間接金融では，お金の貸し手である預金者と借り手である企業との間に直接の貸借関係はありません。預金者と銀行，銀行と企業のそれぞれの間に貸借関係があり，銀行が間接的に預金者と銀行との間の資金の融通を行っています。

▶**間接金融のメリット**　間接金融には，資金の貸し手と借り手との間に銀行などの金融機関が入ることによって，金融がスムーズに行われるというメリットがあります。お金を貸す側の立場に立って，その理由を考えてみましょう。貸し手が，返済能力の不明な個人や企業にお金を貸すことはなかなかできません。しかし，銀行に預金する，つまり銀行に貸し出すのであれば，比較的安心してできます。銀行であれば，私たちが貸した資金が持ち逃げされる恐れはほぼありません。さらに銀行預金は，そこから利子を受け取ることができるため，ただ手元に置いておくより良い資金の運用方法といえます。

　今度はお金を借りる側の立場に立って考えてみましょう。先ほどの例でも説明したように，自らの返済能力を客観的に示すことが難しい人が，別の人からお金を借りるのは容易ではありません。しかし，銀行からであれば，このような個人でも借りられる場合があります。その理由は，銀行には２つのアドバンテージがあるためです。１つは，銀行は資金の貸付を専門にしているため，借り手である個人や企業のビジネスの将来性や財務状態などの返済能力に対する専門的な審査能力を持っていることです。融資審査の専門家集団である銀行は，融資審査に関する素人よりも正確に借り手の返済能力を審査することができます。もう１つは，銀行は返済リスクの分散を図ることができるということです。多額の資金を持っている銀行は，リスクの低い人から高い人までさまざまな借り手にお金を貸すことができます。これにより，貸したお金が戻ってこないというリスクを分散し，平均的には利益を得られるようにできます。銀行が持つこれらのアドバンテージにより，資金の貸付もスムーズに行われるようになります。このように，私たちは余分な資金を貸す先や，必要な資金を借りる先を求めて日本中探す必要はなく，銀行に行くだけでよくなるのです。

▶**間接金融における金利**　銀行をはじめとする金融機関を通じた間接金融において付く金利（利子率）には，預金金利と貸出金利の２つがあります。預金金利とは，私たちが銀行に預けた預金に付く金利のことです。預金金利には，預金

の種類に応じてさまざまな種類があります。たとえば、ATM でいつでもお金を引き出せる普通預金と、定まった期間（預入期間）は銀行に預け続けなければならない定期預金とでは利率が異なります。定期預金には、お金の引き出しに制限があり、長く預け続けなくてはならないというデメリットがあるため、その分を補うメリットとして通常利率が高く設定されています。大手金融機関のみずほ銀行では、2022 年 9 月現在、普通預金金利が年利 0.001% であるのに対して、1 年物（預入期間が 1 年間）の定期預金金利（預け金 300 万円未満）は年利 0.002% です。

　もう 1 つの貸出金利とは、銀行が企業にお金を貸し出すときの金利のことです。貸出金利は預金金利よりも高く設定されており、銀行は貸出金利と預金金利の差による利益、すなわち利ざやを稼いでいます。貸出金利の利率は、誰がお金を借りるかによって異なります。信用度の最も高い企業、つまり倒産するなど返済が滞る可能性が最も低い企業に対しては、利率は低く優遇されます。このような金利をプライムレートと呼び、主に貸出期間が 1 年以内の短期プライムレートと、1 年超の長期プライムレートとに分かれます。2022 年 1 月現在、みずほ銀行が設定している長期プライムレートは年利 1.25% です。一方、普通の企業が銀行からお金を借りる場合には相対的に高い金利になります。この場合、優良な企業であっても、プライムレート対象の最優良企業よりも返済が滞る可能性が高くなるため、そのリスクに見合うだけ年利が上乗せされます。この上乗せ部分をリスク・プレミアムと呼びます。最優良企業以外の企業に対してはプライムレートにリスク・プレミアムを加えた値が貸出金利になります。

　本書において考える経済モデルでは、簡単化のため利ざやがなく、貸出金利と預金金利が等しいことを仮定します。

> ## POINT 3.2 間接金融
> 貸し手と借り手の間を金融機関が仲介して、資金が融通される仕組み

┃ 直接金融 ┃

　債券や株式といった有価証券を発行することで、企業が市場から資金を調達する仕組みを直接金融と呼びます。私たちが企業の発行した債券や株式などの有価証券を購入することにより、これら証券の発行企業は直接的に必要な資金

を調達することができます。ここでは，直接金融を代表する市場である，債券市場と株式市場の2つを紹介します。

▶**債券市場**　債券とは利払いや，元本の支払いなどの契約を示す紙片（証券）のことです。私たちは，お金を借りるとき通常借用証書を書いて貸し手に渡します。これと同じように，企業や国がお金を調達（借入）するときに，その貸し手に発行する借用証書の一種が債券です。企業が発行する債券を社債，そして政府が財政資金を調達するために発行する債券を国債といいます。

　債券を売り買いする市場を債券市場，そして債券市場で決まる債券の価格を債券価格と呼びます。債券市場には発行市場（1次市場またはプライマリー・マーケット）と流通市場（2次市場またはセカンダリー・マーケット）の2つがあります。発行市場とは，企業や国によって新たに発行された債券（新発債）を取り扱う市場のことです。企業や国は，発行市場において新発債を発行し，証券会社などを介して，投資家に売却することで，資金を調達しています。また流通市場とは，すでに発行された債券（既発債）を売買する市場をいいます。流通市場における債券の売買では，その持ち主がある投資家から別の投資家に変わるだけで，その債券の発行者が新たに資金を調達できるわけではありません。

　債券価格がいくらになるかは，その債券に設定されている条件，金融市場における金利，お金を借りる企業の信用リスクの程度などによって変わってきます。ここで，信用とは，資金貸借の関係を意味する金融用語であり，信用リスクとは借り手がお金を返せず，貸し手にとって元本が一部または全額戻らないような損失（元本割れ）が発生する危険性のことです。なお，債券の売買において，多くの場合は証券会社が介在しますが，単に売買を仲介するだけであり，直接的な貸借関係は債券の購入者と発行企業の間にあります。

　ここでは債券の例として，利付債の仕組みを説明します。利付債には通常，額面金額，表面利率，そして満期となる償還期日が記載されています。利付債の購入者は，額面金額に表面利率をかけた金額を利子として一定期間ごとに受け取り，そして償還期限になったときに，額面金額を受け取ることができます。次のページの写真の利付債（利付国庫債券）を例に記載内容を解説します。この債券には額面金額が「壱百万円」（100万円）と書かれています。償還期日は，写真では見えにくいですが，発行時（平成8年）から10年後の日付の平成18年6月20日です。そして表面利率は3.3%です。この債券には，写真の下部

利付債の例：利付国庫債券 （写真提供：時事通信フォト）

にも見えるように，クーポンと呼ばれる紙片が付いており，利付債の所有者は，それと交換に毎年 6 月と 12 月に 16,500 円ずつ，年間合計 33,000 円の利子をもらうことができます。利子 33,000 円を額面金額 100 万円で割った値は確かに表面利率 3.3% に一致しています。利付債の発行が始まった当時，クーポンに利子が書かれていたため，表面利率はクーポンレートとも呼ばれます。

　債券や株券のような有価証券は，2003 年以降，順次電子化されてペーパーレス化が進んだため，具体的に印刷されたものを手にすることはありませんが，クーポンの名残がクーポンレートという名前に残っています。

▶**株式市場**　企業は設備投資の資金などをまかなうため，新たに株式を発行して，それを売ることによってもその資金を調達することができます。株式が売買される市場を株式市場といいます。債券市場と同様に，株式市場にも発行市場と流通市場があります。株式市場における発行市場とは，企業が新規に発行する株式を，直接または証券会社などを介して，投資家（株主）に売る市場のことです。もう 1 つの流通市場とは，投資家同士で発行済みの株式を売買する市場のことです。流通市場における株式売買は，株式所有者が変わるだけで，その株式を発行した企業にとって新たな資金の調達手段にはなりません。

　株式の価格である株価は日々変動するため，株式の保有には損失を受けるリスクがあります。たとえば，ある投資家が今日，ある企業の株式を 1 株 1000

円で買ったとしましょう。この投資家は，1年後にその企業から配当として50円をもらえることと，さらにそのとき株価は1050円になることを予想しているとします。ここで投資家は1年後にこの株式を売却するとします。この場合この投資家は，「配当からの利益であるインカム・ゲイン50円」と「株価の値上がりにより得られる利益であるキャピタル・ゲイン1050−1000＝50円」を合わせた100円を株式からの収益として得られると予想しています。しかし，株価の予想がいつも当たるとは限りません。株式を1000円で購入したとしても，予想が外れ，1年後の株価が購入価格の1000円以下になってしまうこともあります。このように株式は，その保有・売買により損失を受ける可能性，つまりリスクがある危険資産なのです。株価の下落に伴う損失をキャピタル・ロスといいます。株価がどのような要因によって決まり，変動するかについての詳しい説明は，第11章で行います。

　債券も株式と同様に，保有・売買から損失を受けるリスクがある危険資産です。損失が発生するのは，債券を発行してお金を借りた企業が利息や元本などを支払えなくなるような場合です。なお，ある企業の業績が悪化し，借りたお金が返せなくなり倒産した場合，その企業の持っている資産などが債券保有者などの債権者や株主に配分されます。このとき，通常，資産の配分は，債券保有者などの債権者の方が株主より優先され，その後もし残った資産があれば株主に配分されます。

▶**直接金融のメリット**　ここでは，直接金融のメリットについて，投資家側と資金調達をする企業側の観点から考えてみましょう。直接金融である株式や債券などを購入する側のメリットは，一般にこれら危険資産の収益の割合（収益率）が，元本割れなどのリスクがある分だけ銀行預金等の金利よりも高いことです。このリスクにより収益率が高くなる部分が危険資産のリスク・プレミアムです（詳しくは第11章で説明します）。

　次に企業側にとっての直接金融のメリットは，銀行借入の場合に必要な，銀行に支払う手数料が不要なため，資金調達のコストが銀行借入に比べて低いことです。ただし，先ほど述べたように，危険資産である株式や債券を発行することによって資金調達できる企業は，たとえば大企業のように信用力のある企業です。

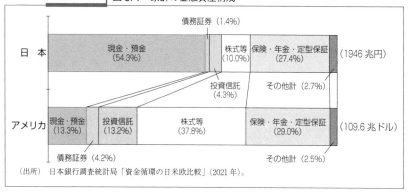

CHART 図3.1 家計の金融資産構成

日 本 ——

| 現金・預金 (54.3%) | 債務証券 (1.4%) | 株式等 (10.0%) | 保険・年金・定型保証 (27.4%) | (1946兆円) |

投資信託 (4.3%)　　その他計 (2.7%)

アメリカ ——

| 現金・預金 (13.3%) | 投資信託 (13.2%) | 株式等 (37.8%) | 保険・年金・定型保証 (29.0%) | (109.6兆ドル) |

債務証券 (4.2%)　　その他計 (2.5%)

(出所)　日本銀行調査統計局「資金循環の日米欧比較」(2021年)。

POINT 3.3　直接金融
債券や株式といった有価証券を発行することで，企業が市場から直接資金を
調達する仕組み

間接金融と直接金融の比率

　ある国における間接金融と直接金融の利用額の割合は，その国の制度や，
人々がどういう資産を好むかによって異なることがあります。ここでは，家計
の金融資産の構成と，企業の資金調達の構成という2つの視点から，間接金融
と直接金融の比率について日本とアメリカで比較してみましょう。

　はじめに，家計の金融資産の構成について比較をします。図3.1は，2021
年3月における日本とアメリカの家計の金融資産の構成を示したものです。こ
の資料では現金と預金を分けていないため，グラフの「現金・預金」を間接金
融に関連する資産と考えます。一方，「債務証券（債券）」「投資信託」「株式
等」は直接金融に関連する資産です。これを見ると日本の家計は現金・預金と
いう比較的安全な間接金融関連の資産を選ぶ傾向があり，株式等の直接金融関
連の資産の割合が小さいこと，一方のアメリカの家計は債券・投資信託・株式
等のような危険資産の保有割合が高いことがわかります。

　次に，企業の資金調達の視点から，間接金融と直接金融の割合を日米で比較
してみましょう。図3.2は2021年3月において日本とアメリカの企業がどの
ように資金を調達しているかがわかる，金融負債の構成を示しています。これ

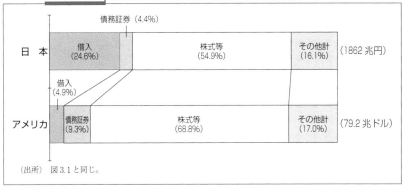

（出所） 図3.1 と同じ。

を見ると日本はアメリカに比べて債券や株式等の直接金融による資金調達の割合が小さく，（銀行などからの）借入という間接金融による資金調達の割合が大きくなっています。このように，家計の資産選択と企業の資金調達のどちらで見ても，日本はアメリカに比べて間接金融の割合が大きいことがわかります。

③　金利（利子率）

この節では，資金貸借において生じる金利（利子率）について説明します。

金利とは何か？

　金利とは，資金貸借の際にかかる利子が元本に占める割合のことです。お金の貸し借りには，貸し手と借り手がおり，貸し手は利子を受け取る立場，借り手は利子（利息）を支払う立場になります。利子の元本に対する割合という意味で，金利のことを利子率ともいいます。たとえば，金融市場で100円を1年間借りて，返済のときに元本である100円のほかに，1円の利子を返すという契約をした場合，金利は，

$$金利 = \frac{利子}{元本} = \frac{1}{100} = 0.01$$

すなわち，1% となります。期間が1年間の金利のことを年利といいます。もし金利が年利2% で100円を借りた場合，1年後に支払わなくてはならない利

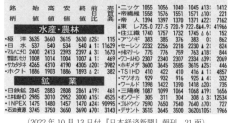

Column ❸-1　新聞の株式欄の見方

　ここは，株式欄の見方を，『日本経済新聞』を例に紹介します。この欄には，東京証券取引所・プライム市場に上場している企業の株価についての情報が書かれています。

　この株式欄の左上に縦書きで並んでいる用語にはそれぞれ以下の意味があります。

(2022年10月13日付『日本経済新聞』朝刊，21面)

- 銘柄：株を発行している企業名
- 始値（はじめね）：取引時間の最初に付く株価
- 終値（おわりね）：取引時間の最後に付く株価
- 前日比：前日の終値と当日の終値との差
  - ・白三角△は株価上昇　　・黒三角▲は株価下落
  - ・0は変わらず　　　　　・―は商いができず，前日比なし

より詳細な内容は株式欄に掲載されています。（参考文献：『日本経済新聞』「株式欄の見方」より）

子は，元本100円に金利をかけることにより，

$$利子 = 元本 \times 金利 = 100 \times 0.02 = 2$$

となり，2円であることがわかります。

> **POINT 3.4　金利（利子率）**
> 資金の貸し借りにおいて，元本に対する利子の割合のこと。
> $$金利 = \frac{利子}{元本}$$

マクロ経済における金利の重要性

　なぜマクロ経済において金利は重要な変数として扱われるのでしょうか。そ

の1つの理由は，金利の高低が住宅投資や設備投資などの投資行動に影響を与えるからです。たとえば，私たちが住宅を新築する場合は多額の資金が必要なため，多くの場合は住宅ローンとして銀行からお金を借ります。もし金利が高ければ住宅ローンの返済の際に多くの利子を支払わなくてはならなくなるため，住宅新築をあきらめる人が増えるでしょう。逆にもし金利が低ければ，住宅ローンを組んで住宅を新築する人が増えるでしょう。このように，金利が変化すると，実行される住宅投資の量が変化します。住宅投資だけではなく，企業の設備投資の量も同じように金利に影響を受けます。このように，金利は投資に大きな影響を与えるため，金利はマクロ経済において重要な変数なのです。

　投資資金として自己資金が用いられる場合であっても，投資と金利の関係についての上の結論は変わりません。自己資金を使える場合には，企業や家計は投資の資金を銀行などから借りなくても済むため，その投資量の決定に金利は関係ないと思う人もいるかもしれません。しかし，経済学的にはやはり金利は関係します。たとえば，エミさんが自己資金を3000万円持っており，この資金で住宅の新築を考えているとしましょう。この3000万円の使い道はほかにもあります。たとえば，住宅建築の代わりに，3000万円を用いて債券など金利の付く金融商品を購入すれば，元本の3000万円に対する利子を得ることができます。3000万円を使って住宅新築を選択する場合には，「もしも金融商品を購入すれば得られたはずの利子」をあきらめるという一種のコストが発生するのです。もし金利が高く，あきらめる利子が大きければ，エミさんは住宅新築をやめるかもしれません。逆にもし金利が低く，あきらめる利子が小さくなれば，エミさんは住宅を新築しやすくなります。このように，投資の資金が自己資金であっても，エミさんの投資行動に金利が影響してくるのです。一般に，ある行為を選択することにより，あきらめることとなる別の行為からの利益のことを機会費用と呼びます。利子は，投資の機会費用ということができます。

単利と複利

　利子の計算方法には，単利と複利があります。単利の場合は，最初に預けた元本に対してのみ利子が付きます。一方の複利の場合は，最初の元本だけでなく，途中で得た利子に対してもさらに利子が付きます。

　たとえば，100万円を年利10%で銀行預金として2年間預ける（運用する）

場合を考えましょう。単利の場合には，毎年受け取る利子は最初に預けた元本に金利をかけた値になります。この例では，1年後には10万円の利子が付き，そして2年後にも同じく10万円の利子が付きます。つまり単利の場合，元利合計（元本と利子の合計）は，1年後と2年後のそれぞれにおいて，

- 1年後の元利合計 $= 100 + 100 \times 0.1 = 110$（万円）
- 2年後の元利合計 $= 100 + 100 \times 0.1 + 100 \times 0.1 = 120$（万円）

になります。先ほど写真で紹介した利付国庫債券は額面金額100万円に対して，毎年3万3000円の利子をもらえるような単利の例になっています。

　一方の複利の場合には，元本だけでなく，利子も再度運用されて，その利子にも新たに利子が付きます。この例の場合では，1年後に10万円の利子が付いた後，次の1年間に元本（100万円）と利子（10万円）を合わせた110万円が，再度運用されて，2年後にはその元利合計110万円に対して利子が付きます。この複利の場合には，1年後，2年後の元利合計はそれぞれ，

- 1年後の元利合計 $= 100 \times (1 + 0.1) = 110$（万円）
- 2年後の元利合計 $=$ 1年後の元利合計 $\times (1 + 0.1) = 100 \times (1 + 0.1)^2$
  $$= 121 \text{（万円）}$$

になります。銀行預金は複利で利子が付く代表例です。

　このように，単利に比べると利子にも利子が付く分だけ複利の方が受け取る利子の金額が大きくなります。一般に，単利の場合，2年後の元利合計は，元本 $\times (1 + 2 \times$ 金利$)$ に等しくなります。一方，複利の場合，2年後の元利合計は，元本 $\times (1 +$ 金利$)^2$ に等しくなります。もし3年間複利で預ける場合には，3年後に元利合計は元本 $\times (1 +$ 金利$)^3$ になります。一般に，預ける年数を t 年間とすると，複利の場合 t 年後の元利合計は，

$$t \text{ 年後の元利合計} = \text{元本} \times (1 + \text{金利})^t$$

によって求めることができます。

　本書では，これ以降原則として利子の付き方は複利に基づくと仮定します。複利の考え方は，第11章で資産価格を考えるときにも必要になります。

POINT 3.5 単利と複利
- 単利：元本にだけ利子が付くような計算方法
- 複利：元本だけでなく，利子にも利子が付くような計算方法

例題 3.2 1000 円を金利 2% の複利で 10 年間運用した場合，10 年後の元利合計はおよそいくらになるか求めなさい。ただし，$(1 + 0.02)^{10} \fallingdotseq 1.219$ とする。

答 $1000 \times (1 + 0.02)^{10} \fallingdotseq 1219$ より，10 年後の元利合計は**約 1219 円**となる。

短期金利と長期金利

　レンタルショップで DVD を借りる際，レンタルの期間が 1 泊 2 日か 1 週間かで 1 日当たりの料金は通常異なります。これと同じように，資金を貸し借りする期間の長さによって，その資金貸借にかかる金利は異なります。一般に，期間が 1 年以内の資金貸借に付く金利を短期金利，そして 1 年を超えるものを長期金利と呼びます。代表的な短期金利としては，銀行間で，借りたお金をその翌日に返す金融取引に付く金利である，無担保コール翌日物金利（コールレート）があります。一方，長期金利として代表的なものは，長期国債の金利，および最優良な企業への貸出金利である長期プライムレートなどです。

短期金利と長期金利の関係（発展）

　この項では，短期金利と長期金利が密接に関わって変動していることを説明します。これに先立ち，資金需給と金利の関係について考えます。金利とは，資金の貸借にかかる対価，つまり価格といえます。リンゴの市場を考えたとき，リンゴの供給が変わらない状況において，リンゴへの需要が増えるとリンゴの価格は上がります。これと同じように，金融市場においては，資金の供給量を一定としたときに，資金需要が増えると，資金の価格である金利は上がる傾向にあります。逆に，資金需要が減ったら，金利は下がる傾向にあります。

　以下では，簡単な例を用いて，短期金利と長期金利の間には密接な関係があり，両者が連動して動くことを説明します。いま，今年から来年までの 1 年契約でお金を貸し借りする際にかかる短期金利が年利 1% ＝0.01 であるとしましょう。また実際の短期金利は年によって変化することを考慮して，この例では，来年から再来年までの短期金利は今年から来年までの金利よりも高く年利 3% ＝0.03 であるとします。一方，長期金利として今年から再来年までの 2 年契約での資金貸借にかかる金利を年利 r としましょう（パーセント表示の場合には $100 \times r\%$ です）。この 2 年契約の資金貸借は途中で解約ができず，その間にかかる長期金利 r は固定しているとします。また，これらの金利は，お金を貸

	短期金利での運用		長期金利での運用
今年	1円		1円
	⇩短期金利年率1%		⇩長期金利年率 $100 \times r$%
1年後	1.01円	裁定によりどちらで運用して	⇩
	⇩短期金利年率3%	も元利合計の値は等しくなる	⇩長期金利年率 $100 \times r$%
2年後	1.01×1.03円	⟷	$(1+r)^2$円

すときと借りるときとで同じ値であるとします。

　ここでカズキさんが1円のお金を今年から再来年までの計2年間運用する場合を考えます。表3.1のように運用の仕方には2通りあります。1つ目は，「1年契約の短期金利による運用を繰り返す方法」です。具体的には，今年1年契約（年利1%）で1円のお金を貸し，来年に元本と利子を受け取って，さらに受け取った元利合計のお金（1.01円）を，もう1回1年契約（年利3%）で2年後の再来年まで貸すという運用です。この場合，再来年に受け取る元利合計は1.01×1.03＝約1.04円となります。もう一方は，「2年契約の長期金利による運用を1回行う方法」です。年利 r の長期金利で1円のお金を2年間運用した後の元利合計は $(1+r)^2$ 円となります。

▶**裁定取引**　実は，お金の貸し借りを金融市場で自由に行える場合，短期金利と長期金利のどちらで運用しても同じ元利合計を得られることになり，結果として各金利の間には $1.01 \times 1.03 = (1+r)^2$ という等式が成立します。その理由は，人々が裁定取引を行うためです。裁定取引とは，「低い金利で借りて，高い金利で運用する」あるいは「安く買って，高く売る」ように，金利差や価格差を利用して利益を得る取引のことです。利益を見込めるならば，合理的な人々は裁定取引を行います。この例では，人々が元利合計の低い方法でお金を借りて，それを元利合計が高い方法で運用して，金利差から利益を得ようと裁定取引をする結果，金利が調整され，先ほどの等号が成立するようになります。下記で詳しく説明します。

　いま等式 $1.01 \times 1.03 = (1+r)^2$ が成立せず，不等式 $1.01 \times 1.03 > (1+r)^2$ が成立しているとしましょう。これは短期金利で2年間運用したときの元利合計である左辺の方が，長期金利で運用するときの元利合計である右辺の場合より大きく，短期金利の運用の方が得であることを意味します。この場合には，長期金利で1円を借りて，それを短期金利で運用する裁定取引をすることにより，

$1.01 \times 1.03 - (1+r)^2$ 円の利ざやを稼ぐことができます。この場合，利払いの少ない長期金利でお金を借りたいという資金の需要が増えます。その一方で，資金の貸し手は，お金を貸すのであれば運用益が高い短期金利で貸そうとするため，長期金利での資金の供給が減ります。つまり，このことは長期資金の需要が増え，一方供給が減ることを意味します。この場合，長期資金を需要したい人や企業は，資金を調達しにくくなるため，これまでより高い長期金利を受け入れるようになります。その結果として，長期金利 r が上昇するため，利ざや $1.01 \times 1.03 - (1+r)^2$ が減少します。これは，最初の不等式における左辺と右辺の差が縮まることを意味します。最終的には，このような裁定取引を通して，$1.01 \times 1.03 = (1+r)^2$ と等号が成立するまで長期金利 r が上昇します。

　一方，上の不等式の不等号が逆の場合，つまり $1.01 \times 1.03 < (1+r)^2$ の場合を考えましょう。今度は長期金利で運用する方が，短期金利での運用（の繰り返し）よりも得をします。このとき人々は短期金利でお金を借りて，そのお金を長期金利で運用する裁定取引を行うため，長期資金の需要は減り，長期資金の供給が増えます。結果として，長期資金の貸し手は，長期金利を高く設定していると，借り手が見つからなくなるため，金利を下げます。このような裁定行動の結果として，最終的に長期金利 r は，$1.01 \times 1.03 = (1+r)^2$ と等号が成立するまで下落します。

　以上の説明のように，経済主体による裁定取引が行われる結果として，貸借期間1年の短期金利（1%，3%）と2年の長期金利（r）との間には，等式 $1.01 \times 1.03 = (1+r)^2$ が成立します（$r \fallingdotseq 0.02$）。

▶**短期金利と長期金利の関係と無裁定条件**　一般に，今年から来年まで1年間の資金貸借に付く短期金利を年利 r_1，来年行う1年契約の資金貸借に付く短期金利を年利 r_2，今年行う2年契約の資金貸借に付く長期金利を年利 r とします。このとき，裁定取引によって短期金利と長期金利のどちらで運用しても同じ収益を得られるようになり，結果としてこれらの金利は，

$$(1+r_1) \times (1+r_2) = (1+r)^2$$

という関係を満たします。この関係を，短期金利でも長期金利でも収益が同じため，これ以上の裁定取引の機会がないという意味で，無裁定条件とも呼びます。このように短期金利と長期金利は互いに関わり合っているのです。

　上の無裁定条件の式は，序章で紹介した積の近似計算の公式を両辺に当ては

めることにより，$1+r_1+r_2=1+2r$ と簡略化できます。この式を長期金利 r について解くと，

$$r=\frac{r_1+r_2}{2}$$

と簡単になります。この簡略化した無裁定条件によれば，長期金利は短期金利の平均に近似的に等しくなります。また，この式より，今の短期金利 r_1 や，将来の金利 r_2 が変わると，長期金利 r もそれに応じて変化することがわかります。現実の経済では，さまざまな不確実な要因があるため，必ずしも等式が成立するとは限りませんが，おおむね短期金利と長期金利は連動して動いているといえます。

> ### POINT 3.6 短期金利と長期金利の関係
> - 短期金利：資金貸借の期間が 1 年以内の金利
> - 長期金利：資金貸借の期間が 1 年を超える金利
> - 裁定取引の結果，短期金利と長期金利は連動して動く

新聞記事や銀行の金利を表記する場合には，短期金利と長期金利はともに年利で表されます。たとえば翌日物金利が 3.6％ となっているときに，資金を 1 万円借りて，翌日返す場合を考えましょう。この場合の金利は年利ですので，このまま 1 万円のお金を 1 年間借り続ける場合にかかる利子は $10000\times0.036=360$ 円となります。いま，1 日（＝1/365 年）分の利率（これを日歩〔ひぶ〕ともいいます）を r とすると，$r\times365=0.036$ という関係式を得ます。よって，$r=\frac{0.036}{365}=$ 約 0.0001（＝$\frac{1}{10000}$）となります。この場合，1 万円分のお金に対する 1 日分の利払いは約 1 円となります。

金利の実際

実際の経済において，金利の種類には，さまざまなものがあります。ここでは代表的なものをいくつか紹介します。

私たちにとって最も身近な金利は，銀行の預金金利でしょう。銀行の窓口やホームページなどには，普通預金や定期預金の金利一覧が掲載されています。また，銀行からお金を借りる場合に付く金利には，貸出金利があります。お金を借りる人や企業の信用力によって，銀行は異なる貸出金利の値を付けること

があります。また金融機関同士の貸し借りに対して付けられる金利もあり，その代表的なものが無担保コール翌日物金利（コールレート）です。

　また，金利の一種として債券の利回りもあげられます。これはすでに紹介した表面利率とは異なります。債券の利回りにはその目的によって複数の計算方法があり，ここでは単利の最終利回りの求め方を紹介します。最終利回りとは，その債券を償還期日まで保有することにより得られる収益率（年利）のことです。以下，単に利回りと呼びます。額面価格が 1000 円，表面利率が 5%，つまり利子（＝額面価格×表面利率）が年 50 円で，償還期日までの残存期間が 1 年の国債が流通市場で取引されている状況を考えます。この国債を A さんが流通市場において 750 円で買ったとします。A さんはこの国債を買うことで，来年，利子 50 円に加え，国債の額面価格 1000 円を受け取ることができます。最初に投じたお金が 750 円ですので，収益は合計 50 ＋ 1000 － 750 ＝ 300 円となります。この場合，国債から得る収益率は，国債の購入価格（750 円）に占める収益（300 円）の割合ですので，40% となります。この値が国債の利回りであり，確かに表面利率 5% と異なります。残存期間が複数年の場合，利回りは 1 年当たりの収益と購入価格との比になります。具体的には，

$$\text{利回り} = \frac{\text{利子} \times \text{残存期間} + (\text{額面価格} - \text{購入価格})}{\text{残存期間}} \times \frac{1}{\text{購入価格}}$$

のように計算できます。上の例において，国債の利回りが表面利率より高いのは，国債の購入価格が額面価格より安いためです。一般に，国債価格が下がる（上がる）と，利回りは上がり（下がり）ます。国債発行が累積するなどにより，その償還が疑問視された国の発行する国債は需要が減るため国債価格が値下がりし，利回りが高くなる傾向があります。債券の金利は，この利回りのことを指します。

　図 3.3 には，2015 年と 22 年のそれぞれについて，国債が償還されるまでの残存期間とその残存期間に応じた金利の関係を示したイールド・カーブ（利回り曲線）が描かれています（財務省「国債金利情報」では複利の利回りを公表しています。詳しくはウェブサポートページを参照のこと）。残存期間が短いものが短期金利，長いものが長期金利にそれぞれ対応します。2015 年に比べると 22 年は短期金利・長期金利ともに下落しており，両者が連動していることが確認できます。なお，2022 年に短期金利がマイナスになっています。金融機関は国債の

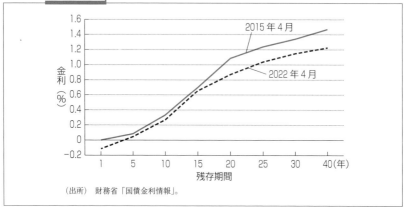

（出所）　財務省「国債金利情報」。

信用力や換金性（流動性）を考慮するため，たとえ金利がマイナスとなる債券でも保有する場合があります。

SUMMARY ●まとめ

- □ 1　金融市場は，貸し手と借り手をつなぎ，貯蓄と投資を結びつける役割を持つ。
- □ 2　金利とは資金の貸し借りの際に生じる元本に対する利子（利息）の割合のこと。資金を需要する投資の意思決定に影響する。
- □ 3　金融市場において企業の資金調達方法は大きく間接金融と直接金融に分かれる。間接金融では，金融機関を通じた資金貸借が行われる。直接金融では，債券や株式などの売買を通して貸し手と借り手の間で直接資金の貸借が行われる。
- □ 4　利子の計算方法には単利と複利がある。単利とは元本にのみ利子が付く計算方法のこと。複利とは元本以外に，利子も再度運用され，それらに利子が付く計算方法のこと。
- □ 5　期間が1年以内の資金貸借にかかる金利を短期金利，そして1年を超えるものを長期金利といい，両者は連動して動く。

1 次の文章の〔 ① 〕から〔 ④ 〕について，当てはまる単語を下の語群から選びなさい。

　　低い金利でお金を調達し，高い金利で運用して利ざやを稼ぐ取引を〔 ① 〕という。お金の貸し借りが自由に行える場合には，このような〔 ① 〕の機会がなくなるまで金利が調整されるため，短期金利と長期金利による運用方法の間には，〔 ② 〕が成立する。短期金利の代表例は〔 ③ 〕であり，長期金利の代表例は〔 ④ 〕である。

　〔語群〕a. 機会費用　b. 裁定取引　c. 無担保コール翌日物金利　d. 為替レート
　　　　e. 日経平均株価　f. 長期プライムレート　g. 無裁定条件　h. 需要　i. 供給
　　　　j. 一般物価水準

2 自己資金で投資を行う場合においても，金利はその投資額の決定に影響する。その理由を答えなさい。

3 マクロ経済学において，財・サービス市場と金融市場は密接な関係があるといわれる。なぜそのようにいわれるのか，説明しなさい。

4 間接金融と直接金融に関する次の記述について，誤っているものを選びなさい。

　① 間接金融において代表的な金融仲介機関である銀行は，貸し手から預金を集め，借り手に資金を貸すことで利ざやを稼いでいる。

　② 株式発行による資金調達は，その購入者である株主から直接資金を調達するため，直接金融と呼ばれる。

　③ 株式市場で売り買いされる株式は，その需給によって株価が変動するリスクがあるため，危険資産である。

　④ 企業の社債を償還期限まで持ち続ける場合には，債券価格の変動も影響せずリスクは発生しない。

5 2年間の資産運用にあたって，2種類の運用方法を考える。第1の方法は，長期で2年間運用する方法である。以下ではこの長期の運用で得られる金利を長期金利と呼ぶ。いま長期金利は複利かつ年利 r で，2年間一定とする。第2の方法は，1年間の短期での運用を1年ごとに繰り返す方法である。以下ではこの短期の運用で得られる金利を短期金利と呼ぶ。この短期金利は毎年変動することがわかっており，その値は，今年運用する場合は年利2%であり，来年に運用する場合は年利1%である。

　(1) 2つの運用方法の間に成立する無裁定条件を求めなさい。

　(2) 簡略化した無裁定条件から長期金利 r を求めなさい。

6 3年間の資産運用にあたって，2種類の運用方法を考える。第1の方法は，

長期で3年間運用する方法である。以下ではこの長期の運用で得られる金利を長期金利と呼ぶ。いま長期金利は複利かつ年利 r で、3年間一定とする。第2の方法は、1年間の短期での運用を1年ごとに繰り返す方法である。以下ではこの短期の運用で得られる金利を短期金利と呼ぶ。この短期金利は毎年変動することがわかっており、その値は、今年運用する場合は年利2%、来年に運用する場合は年利1%、再来年運用する場合は年利3%である。

(1) 2つの運用方法の間に成立する無裁定条件を求めなさい（小数第3位四捨五入）。

(2) 無裁定条件を、序章で説明した積の近似公式を用いて簡略化し、その式から長期金利 r を求めなさい。

(3) 仮に再来年運用する場合の金利が年率3%から5%に上昇した場合、長期金利 r はいくらになるか簡略化した無裁定条件から求めなさい。

CHAPTER

第 **4** 章

貨幣の機能と中央銀行の役割

INTRODUCTION

　前章では，お金の貸し借りが金融市場で行われることを説明しました。この章では市場で取引されるお金そのものについて考えます。経済学ではお金のことを貨幣あるいは通貨といいます。貨幣にはさまざまな機能があります。そして，貨幣の発行やその総量の調節は中央銀行が行っています。中央銀行はそのほかにも準備預金制度の維持，金融政策の企画立案，金融システムの安定化など，経済においてさまざまな役割を担っています。この章では貨幣の持つ機能と中央銀行の果たす役割について学びます。

　Keywords：貨幣の機能，貨幣供給量，貨幣需要，準備預金制度，中央銀行，金融政策，金融システムの安定化

1 貨幣（通貨）とは

　経済学では，お金のことを貨幣，ないし通貨といいます。本書では「貨幣」の表記を主に使いますが，貨幣の構成要素，あるいは貨幣の国際的取引を説明する場合などは「通貨」の表記を用います。より正確にいえば，貨幣とは，決済手段・値段の単位の提供・価値の貯蔵（保存）という３つの機能を持つ資産として定義されます。この節では，これらの機能を説明します。

貨幣の機能①──決済手段としての機能

　財・サービスと代金を交換することで取引を完結させることを決済と呼びますが，貨幣はこの決済において重要な役割を果たします。貨幣がない社会で欲しい品物を手に入れるには物々交換をしなくてはなりません。たとえば，果物農家のAさんが病院で診察を受けたいとしましょう。もし貨幣がなければ，Aさんは診察の対価として自分がいま持っているもの，たとえば自らが作る果物を病院に渡すしかありません。この場合，その果物を欲しいと思う医師がいる病院を見つけないかぎり，Aさんは診察を受けられません。

　一般に，自分の手に入れたい財・サービスがあり，かつ自分の所有物を欲しいと思うような相手が見つかることを欲望の二重の一致といいます。このような一致は偶然でしかなく，Aさんは条件を満たす病院を探して莫大な時間をかけなくてはなりません。もし貨幣があれば，人々はその貨幣を利用して欲しい財・サービスを買えます。先の例に戻ると，どの病院も貨幣を診療の対価として受け取りますので，農家のAさんは収穫した果物を売って得た貨幣を使うことで，どの病院でも診療を受けられます。

貨幣の機能②──値段の単位の提供

　日本において，品物に付く値段や，労働者の受け取る賃金などは，通常円を単位として表記されます。これにより異なる品物の価格を比較したり，あるいは買い物の際に，予算の範囲内で品物が何個買えるかなど計算したりすることが容易にできます。貨幣は，市場において価値尺度と呼ばれる価格の単位を提

供しています。この機能は，長さの単位のメートルが持つ機能と似ています。

　一般に，価値尺度となるものの価値自体が頻繁に変わる場合，物価の変動が大きくなり，経済が混乱します。一方，貨幣の場合は発行機関の中央銀行が価値の安定化を図っています。このことについては次節で詳しく説明します。

貨幣の機能③──価値の貯蔵機能

　序章で学んだように，私たちが資産を蓄える方法には銀行預金や株の購入などさまざまな種類があります。しかし，最も簡単な方法は，貨幣のまま，つまり現金として保管することです。紙幣や硬貨などの現金には，物理的に劣化しにくく，価値を変えずに資産を保蔵できるという利点があります。このように，貨幣は金融資産，とくに安全資産として富を貯蔵する手段を提供します。

POINT 4.1　貨幣（通貨）の持つ3機能
①決済手段，②価値尺度，③価値の貯蔵

現金通貨・預金通貨

　貨幣といってまず思いつくのは硬貨や紙幣等の現金です。これを現金通貨といいます。日本においては政府が硬貨を，そして中央銀行である日本銀行（日

銀）が紙幣をそれぞれ発行します。この紙幣は日本銀行券とも呼ばれ、法律（日本銀行法）により強制通用力が与えられた法定通貨です。したがって日本国内では、商品代金の支払手段として日本銀行券を何枚でも使用できます。

経済学は、貨幣を現金通貨よりも広く捉えます。家計はATM（現金自動預け払い機）を各地の銀行やコンビニで利用できます。そのため、銀行口座、とくに普通預金口座に預けたお金は簡単に現金化できます。この意味で普通預金は現金と性質が非常に似ており、貨幣に含めます。

また、企業は、決済の際、普通預金口座に加え、当座預金の口座にあるお金も用います。企業は当座預金を用いて小切手や手形による決済を行います。当座預金口座にあるお金も現金化しやすいため、貨幣に含めます。これら現金化しやすい預金である普通預金、当座預金を合わせて預金通貨といいます。

ある金融資産を現金に交換しようとする際、その交換しやすさの程度のことを、その金融資産の流動性といいます。その定義から、現金は最も流動性の高い金融資産ですが、預金通貨も高い流動性を持っています。

なお、普通預金と違い、定期預金を（満期前に）現金化するには口座を解約する必要があるなど、手間とコストがかかります。したがって、定期預金は流動性が低く、預金通貨には入りません。

貨幣供給量

本書では、貨幣を現金通貨と預金通貨の合計として定義します。国全体に流通する貨幣の総量のことを貨幣供給量といい、貨幣の英語moneyの頭文字Mを用いて表記します。この貨幣供給量は、マネーサプライ、マネーストック、あるいは通貨供給量といわれることもあります。

なお、貨幣供給を示す統計量には、M1、M2、M3などいくつか種類があります。まず、M1とは、上で定義した、現金通貨と預金通貨の和としての貨幣供給量のことです。次に、M1に定期預金や外貨預金、あるいや譲渡性預金などを加えたものをM3といいます。ここで譲渡性預金とは、第三者に売却可能な無記名の定期預金のことで、CD（certificate of deposit）とも呼ばれます。さらに、M3からゆうちょ銀行などの預金を除外したものをM2といいます。表4.1はこれらの統計量の違いをまとめたものです。

M3に、国債や投資信託など、相対的に流動性の低い金融資産を加えた指標

CHART 表4.1　貨幣の統計量の種類

| | 通貨・預金の種類 | | 対象金融機関 | |
	現金通貨 預金通貨	定期預金・ 外貨預金等	すべての預金 取扱機関	国内銀行等
M1	○	—	○	—
M2	○	○	—	○
M3	○	○	○	—

(注)　「国内銀行等」は「すべての預金取扱機関」からゆうちょ銀行など
を除いたもの。
(出所)　日本銀行ホームページ「マネーストック統計のFAQ」。

を広義流動性といいます（投資信託とは，複数の出資者から集めたお金を銀行などの専門家が金融市場において運用し，その利益が出資者に対し分配されるような金融商品の総称です）。この指標は元の貨幣の定義からは相当離れますが，広い意味でのお金がどの程度社会に流通しているかを示したものです。

　社会全体で見ると，さまざまな財・サービスの取引の決済手段として，同じ紙幣や硬貨が毎年何回も使用されます。同じ貨幣が1年間で何回決済に使われたかという値を貨幣の流通速度といいます。1000円分の貨幣が流通する経済を考えたとき，この経済において1年で計20000円分の取引が成立したとすると，この貨幣は1年で20000/1000＝20回行き来したことになります。この20が流通速度です。ある国における貨幣の流通速度を計算する際は通常，年間総取引額である名目GDPを貨幣供給量で割って求めます。

POINT 4.2　貨幣供給量（マネーサプライ）の定義
貨幣供給量（M）＝ 現金通貨＋預金通貨

2　中央銀行とは

この節では中央銀行の持つ目的やさまざまな業務内容について説明します。

中央銀行の使命

銀行の銀行である中央銀行は，都市銀行や地方銀行などの民間企業の金融機

関と違い，利益をあげることが目的ではありません。たとえば，日本の中央銀行である日本銀行の理念は，「物価の安定を図ることを通じて国民経済の健全な発展に資すること」（日本銀行法第2条）として定められています。また，アメリカの中央銀行は，連邦準備制度理事会（Federal Reserve Board：FRB）およびその傘下の連邦準備銀行から構成されていますが，その目的は，物価の安定および，雇用の最大化を図ることと規定されています。

　日米の中央銀行の理念・目的を踏まえて，本書において中央銀行の使命は，物価の安定とそれを通した（マクロ）経済の成長・発展にあると考えます。物価が安定するとは，1円で買える品物の量が時間とともに変わらないということ，すなわち貨幣（通貨）の価値が安定するということです。日銀は物価指標の中で，日常生活で取引する品物の値段の動きを反映し，速報性も高いCPI（消費者物価指数）を重視し，その安定を目標にしています。

中央銀行の諸業務

　中央銀行は，その使命を果たすため，さまざまな業務を行っています。次節以降では，主な業務として，準備預金制度の維持，現金通貨の発行，金融政策の実行，そして金融システム安定化の4点について説明します。

　なお，中央銀行には上記の役割のほかに，外国為替市場において，外国通貨との比較で見た貨幣の価値すなわち為替レートを安定化させるため，政府の命令を受け，外国通貨の売買（為替介入）を行う役割などもあります。為替政策を担当する政府部門（財務省）と中央銀行を合わせて通貨当局と呼びます。

　政府・中央銀行は通貨介入の資金の確保などを目的に外国通貨を保有しており，それらを外貨準備といいます。たとえば，円の価値をドルに対して上げたい場合，通貨当局は外貨準備を元手にドルを売却し円を買います。財への需要が増えると財の価格が上がるのと同様に，ある国の通貨への需要が増えるとその通貨の価値は上がります（外国為替市場については第9章で説明します）。

> **POINT 4.3　中央銀行の使命と業務**
> ● 使命：物価の安定およびそれを通した経済の成長・発展
> ● 主な業務：準備預金制度の維持，現金通貨の発行，金融政策の実行，金融システムの安定化など

3　中央銀行の業務①

この節では，準備預金に関する中央銀行の業務について説明します。

「銀行の銀行」としての中央銀行

序章でも説明しましたが，金融機関は中央銀行に中央銀行当座預金口座と呼ばれる預金口座を保有しています。金融機関には顧客から預かった預金総額の一定割合（預金準備率）を法定準備金として，その口座に最低限預ける義務があります。その1つの理由は，金融機関が預かった預金をすべて貸出に回したら，預金の引き出しなどに対応できなくなる恐れがあるからです。この制度を準備預金制度，そして金融機関が中央銀行に預けるお金を準備預金といいます（この章では銀行など預貯金取扱機関として金融機関という表現を用いますが，一般には保険会社などを含む意味で用いられる場合もあります）。

預金準備制度の一環として，預金準備率は中央銀行が決定します。その値は預金の種類や金額によって異なりますが，日本では 2022 年現在 1% 程度です。金融機関が法定準備金以上の準備預金を中央銀行に預けることも可能で，この額を超過準備といいます。

準備預金は，金融機関のバランスシート（貸借対照表）に現れます。バランスシートとは企業等の財務状況を示す表の1つであり，主に調達したお金の使い道を示す資産，お金を外からどう調達したかを示す負債，そして資産の総額から負債の総額を除いた純資産の3つの項目からなります。**表 4.2** は，このバランスシートを簡略化したものです。金融機関の資産は個人や企業への貸出金，保有する証券，準備預金などから，そして負債は顧客から預かった預金などからなります（中央銀行のバランスシートは第4節で触れます）。

> **POINT 4.4　準備預金制度**
> 金融機関が預金額の一定割合（預金準備率）を中央銀行に預ける制度

資　産		負　債	
貸出金		預金	
現金預け金（準備預金）など		譲渡性預金　など	
国　債		純資産	
社　債			
株　式　など		資本金　など	

（出所）　みずほフィナンシャルグループウェブサイト「決算短信」を
　　　　　参考に筆者作成。

決済システム

　金融機関同士の決済は，最終的には中央銀行当座預金口座を介して行われます。日本において，この決済に用いるネットワークは日銀が管理しており，日銀ネット（日本銀行金融ネットワーク・システム）と呼ばれます。金融機関同士の決済が円滑になされるためには，各銀行がこの口座に十分な額のお金を預ける必要があります。つまり準備預金には金融機関の決済を円滑にする役割もあります。東日本大震災の際，日銀はこの日銀ネットが通常どおりに機能するように尽力し，経済活動の維持に貢献しました。

　一般に，経済主体の間でスムーズにお金や証券の受け渡しが行われるための仕組み全体を決済システムといいます。中央銀行にはこのシステムの安定化を図る責務があります。

信用創造

　金融機関が預かった預金を貸出に回すと，貸し出されたお金は財・サービスの支出（消費・投資）に用いられ，結果としてそのお金は必ず誰かの所得になります。そして，その所得の一部は新たに金融機関に預金として預けられるため，結果的に預金が増えます。このように，金融機関が，預かった預金を貸出に回すことにより自ら預金を増やしていく仕組みのことを信用創造といいます。ここで信用とは，お金の貸借に関する関係という意味です。

　信用創造の程度には，預金準備率の水準が影響を与えます。以下ではこのことについて，2つの銀行のバランスシートを示した図4.1の例を用いて考えます。簡単化のため，人々は資産として現金を持たず，支出に回さないお金をす

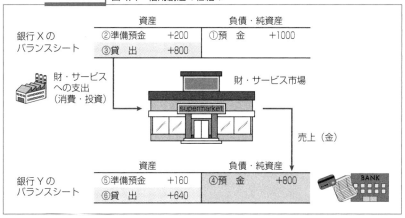

CHART 図4.1　信用創造の仕組み

いま A さんが銀行 X に新たに 1000 円を預金として預けたとします（図4.1
の①）。銀行 X は，預金の 20% 分の 200 円を準備預金（図の②）として中央銀
行に預け，残りの 80% 分，つまり 800 円を別の個人（B さんとします）への貸
出（図の③）に回します。B さんは借りた 800 円を店での財の購入に使います。
この支出は店の売上になりますが，店の店主はその売上 800 円を別の銀行 Y
に預金（図の④）します。最初の 1000 円の預金が，新たな預金（800 円）を生
んでおり，確かに信用創造が起きていることがわかります。

信用創造はまだ続きます。銀行 Y の預金増 800 円は，新たな貸出（図の⑥）
を通してその 80%，つまり元の預金の 80%×80%＝64% 分の 640 円の預金増
をさらに別の銀行 Z にもたらします。こういった預金の増加の連鎖は無限に
続きます。増える預金は，1000, 1000×0.8, 1000×0.8^2, … というように初項が
1000 で公比が 0.8 の等比数列として表現できます。最終的に発生する預金の総
額は，等比数列の和の公式（序章参照のこと）より，以下のように預金総額
1000 円を 0.2 で割って得られる値の 5000 円となります（預金増が派生的〔追加
的〕に生み出した預金額は，この 5000 から最初の預金 1000 を除いた 4000 となります）。

$$1000 + 1000 \times 0.8 + 1000 \times 0.8^2 + \cdots = \frac{1000}{1-0.8} = \frac{1000}{0.2} = 5000$$

ここで数字の 0.2 は預金準備率そのものです。一般に，預金増の総額は最初の

預金増を預金準備率で割ったものとなります。よって預金準備率が下がると信用創造の効果は強まることがわかります。

> ### POINT 4.5 信用創造
> 金融機関が貸出を通して預金を自ら増やす仕組みのこと

例題 4.1 預金準備率を 25% とする。新規に 2000 円の預金がなされたとすると，最終的に預金はいくら増加するか求めなさい。

答 信用創造を通して生み出される預金総額は $\frac{2000}{0.25} = $ **8000 円**である。

4 中央銀行の業務②

⟫ 現金通貨の発行

この節では，中央銀行の発券業務について説明します。

発券銀行としての中央銀行

中央銀行は発券銀行とも呼ばれ，現金通貨（紙幣）を独占的に発行する権利を持ちます（硬貨が現金に占める割合が低く，紙幣と現金通貨は以下同じとします）。その理由として，1 つの国で現金通貨が何種類もある場合，品物の値札を併記したりする必要が出て，取引が混乱するということがあげられます。

また，現金通貨の自由な発行を認めると，粗悪で偽造可能なものも出回る恐れがあるということも理由としてあげられます。どの現金通貨が信用できるかを各個人が判断するのは困難です。その結果，通貨制度そのものへの信頼が失われる恐れがあります。確かに経済学者のフリードリヒ・ハイエクがいったように，さまざまな現金通貨が流通した場合，競争を通して優れたもののみが最終的に残るかもしれません。しかし，その優れた通貨が決まるまでに，いろいろな不便が生じます。よって多くの国において，現金通貨はその国を管轄する中央銀行が発行するもののみとなっています。日銀は円を，そしてアメリカのFRB はドルを発行しています。一方，EU では，欧州中央銀行（European Central Bank：ECB）が統一通貨ユーロを発行しています。

中央銀行が現金通貨を供給する際は，金融機関を介して行われます。まず，

金融機関は自らが中央銀行当座預金口座に預けた準備預金の一部と交換に中央銀行から現金を受け取ります。次に，消費者や企業は，自らが金融機関に持つ預金を引き出すことにより金融機関から現金を受け取ります。中央銀行が家計や企業に直接現金を供給することは原則としてありません。

電子決済が進むなか，日米など世界各国の中央銀行は，紙でなく，オンライン上で使える中央銀行デジタル通貨（Central Bank Digital Currency：CBDC）の発行を検討しています。これについては Column ❹-2 で説明します。

┃ インフレ・デフレと貨幣供給

物価が増加し続けることをインフレーション（インフレ）といいます。インフレは，貨幣の持つ購買力を減らし，結果として貨幣価値を下げます。ここで，貨幣の購買力とは，1単位の貨幣を用いて購入できる財・サービスの量のことです。たとえば，インフレによりリンゴの値段が1個100円から1個200円になったら，1000円札1枚で買えるリンゴの数は10個から5個に減ります。これは貨幣の購買力が下がったことを意味します。インフレとは反対に，物価が下落し続けることをデフレーション（デフレ）といいます。デフレが起きると貨幣の購買力は増え，貨幣価値は上がります。

物価の安定を使命とする中央銀行は，インフレ，デフレを避け，貨幣価値を安定化させようとします。貨幣価値の決定には，貨幣供給量が密接に関わっています。需要が一定のもと，財の供給が増えたらその財の価格は下がりますが，それと同様に貨幣供給量が増えたら貨幣価値が下がりインフレが起きます。逆に，貨幣供給量が減るとデフレになります。中央銀行は，貨幣供給量を調節して貨幣価値が過度に変動しないようにします。

第2章でも説明したように，物価水準が変化する割合を物価上昇率またはインフレ率といいます。中央銀行は主に，CPI（消費者物価指数）が前年（または前月）に比べて何％変化したかによりインフレ率を捉えます。なお，日本銀行は，一時的な変動要因を除いた物価の動きを把握するため，値動きの変動の大きい生鮮食品を対象から外した指数（生鮮食品を除く総合指数，コアCPI）も政策運営の際に重視しています。

図4.2は，世界各国の貨幣供給量の増加率とインフレ率との関係を散布図で示したものです。確かに両者の間には正の関係があることがわかります。それ

Column❹-2　中央銀行デジタル通貨（CBDC）

日本銀行によれば CBDC とは以下の３つの条件を満たす通貨のことです。
(1)　デジタル化されている
(2)　法定通貨建て（日本の場合円建て）である
(3)　中央銀行（日本の場合日銀）の債務として発行される

　中国ではすでに，中央銀行（中国人民銀行）がデジタル人民元を試験的に発行しています。2022 年の冬季オリンピック北京大会期間中は，選手村などでその試験利用が行われました。このデジタル人民元は，まずスマートフォンに専用のアプリをダウンロードし，そのアプリに金融機関の預金口座などからチャージすることで利用が可能になる仕組みとなっています。

　アメリカの FRB は，2022 年に CBDC に関する報告書を発表しました。この報告書において FRB は，CBDC 発行のメリットの１つとして，より多くの人が送金などの金融サービスを安く利用できるようになり，金融包摂が進むことをあげています。そのほかにも CBDC には現金と異なり利子を付けることができるため，金融政策手段の幅が広がると指摘する研究者もいます。一方，FRB はデメリットとして，銀行預金のお金が，決済などに便利な CBDC に移行することで，間接金融の機能が低下する恐れがあることなどをあげています。

　日本銀行も CBDC に関し，発行するかは決めていないものの，さまざまな検証や論点整理を進めています。なお，以上の記述は 2022 年５月現在のことで，状況は今後変化する可能性があります。（参考文献：FRB, "Money and Payments: The U.S. Dollar in the Age of Digital Transformation" 2022，朝日新聞電子版 2022 年１月 28 日「北京五輪で『デジタル人民元』使ってみた　アプリやカードで支払い」，ロイター通信 2022 年１月 18 日「デジタル人民元のウォレットアプリ急拡大，決済利用は限定的」，『日本経済新聞』2022 年１月 21 日付夕刊「デジタルドル初の報告書　FRB 初の意見公募へ」。日銀ホームページ「教えてにちぎん！（中央銀行デジタル通貨とはなんですか。）」）

　と同時にこの図は，日本のインフレ率，そして貨幣供給量増加率が相対的に低いことも示しています。物価を安定させるため，中央銀行は貨幣供給量を調節しようとします。インフレが起きているときには，物価を下げる，つまり貨幣価値を上げるため貨幣供給量を減らそうとし，デフレが起きているときには貨幣供給量を増やそうとします。具体的な方法については次節で説明します。

CHART | 図4.2 物価上昇と貨幣供給量との関係

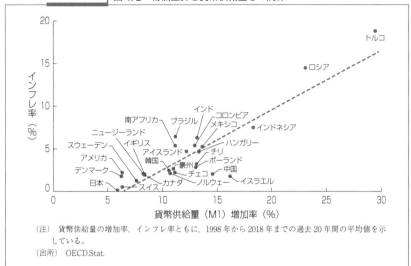

(注) 貨幣供給量の増加率，インフレ率ともに，1998年から2018年までの過去20年間の平均値を示している。
(出所) OECD.Stat.

POINT 4.6 貨幣供給量と物価上昇
貨幣供給量の増加率とインフレ率との間には正の関係がある

マネタリーベース

　前項では貨幣供給量が物価水準に影響を及ぼすことを示しましたが，物価の番人である中央銀行は貨幣供給量を「直接」操作することができません。貨幣供給量のうち現金通貨の量は中央銀行の裁量で増減できますが，預金通貨の量は，預金者と金融機関との間の取引により決まり，中央銀行がその値をコントロールすることはできません。

　一方，中央銀行は，預金準備率を上下させることにより準備預金の量を調節できます。準備預金と現金通貨との和を，中央銀行が直接供給できる貨幣としてマネタリーベース（ハイパワードマネー）といいます。中央銀行はマネタリーベースの値の操作を通して貨幣供給量を（間接的に）調節しようとします。

　表4.3は中央銀行のバランスシートを簡略化したものです。左側の資産は，金融機関への貸出金や保有する有価証券などからなります。一方，右側の負債は主に現金通貨と準備預金からなります。これはマネタリーベースそのものです。中央銀行が金融機関から預かった準備預金は要求に応じて返す義務があり，

資　産	負　債
貸出金	現金通貨（発行銀行券）
コマーシャルペーパー	準備預金　など
国　債	**純資産**
社　債	
投資信託　など	資本金　など

（注）　コマーシャルペーパー（CP）とは，企業が短期
　　　の資金繰りのために発行する無担保の約束手形のこ
　　　とである。

（出所）　日本銀行ウェブサイト「営業毎旬報告（令和4
　　　年9月20日現在）」をもとに筆者作成。

そのため負債に入ります。

POINT 4.7　マネタリーベースの定義

マネタリーベース＝現金通貨＋準備預金

例題4.2　現金通貨が30兆円，普通預金が100兆円，（企業の）当座預金が20兆円，定期預金が60兆円，準備預金が10兆円のとき，①貨幣供給量（M1），②マネタリーベースの値はそれぞれ何兆円か求めなさい。

答　①貨幣供給量は現金通貨と預金通貨（＝普通預金＋当座預金）の和なので30＋100＋20＝**150兆円**となる。②マネタリーベースは現金通貨と準備預金の和なので30＋10＝**40兆円**に等しい。

5　中央銀行の業務③

▶ 金融政策の実行

　中央銀行の役割の3つ目は，物価と経済の安定のため，さまざまな策を立案し，実行することです。中央銀行のとる施策を金融政策といいます。前節で物価変動と貨幣供給量の関わりを説明しましたが，金融政策は，この貨幣供給量に影響をもたらします。この節では金融政策の主な手段を説明します。

政策手段①──公開市場操作

　金融政策の主要な手段は，中央銀行が金融市場において債券などを売買する

公開市場操作です。ここでの公開とは，中央銀行が，資金をやりとりする金融機関を市場で決めるという意味です。公開市場操作は，中央銀行が金融機関から債券などを購入する買いオペ（資金供給オペ）と，金融機関に対し自らが持つ債券などを売却する売りオペ（資金吸収オペ）からなります。オペとは操作を意味するオペレーションの略語です。オペを通して中央銀行は金融市場への資金の供給量を調整します。この調整を日銀は金融市場調節といいます。

　公開市場操作は貨幣供給量に影響を与えます。たとえば，中央銀行が買いオペをして金融機関から債券を1億円分購入する場合，その代金は，新たに貨幣を1億円発行することでまかないます。債券を売った側の金融機関は，代金を企業への融資などに充てるため，社会に流通する貨幣量が増えます。つまり，買いオペは貨幣供給量を増やします。反対に，売りオペは貨幣供給量を減らします。中央銀行はインフレの際，売りオペにより貨幣供給量を減らして物価を下げようとし，反対にデフレの際には買いオペをして物価を上げようとします。

　中央銀行が公開市場操作を行う対象は通常，資金貸借の期間，債券でいうと償還期間が1年以内である短期金融市場が中心です。中央銀行が長期の資金貸借にまで影響を及ぼすようになると，民間の金融機関と違い中央銀行は企業融資の専門知識がないため，将来性のない企業に資金が提供されてしまうなど金融市場の健全な発展が阻害される可能性があります。したがって，通常中央銀行は公開市場操作の対象を短期に限定しています。ただ，第3章で学んだように，長期金利は，短期金利と連動しています。したがって，短期金融市場を対象とした公開市場操作は間接的に長期金利にも影響を与えます。

┃ 政策手段②──公定歩合操作

　私たちが金融機関からお金を借りるのと同様に，金融機関は中央銀行からお金を借りることがあります。この場合にかかる金利を公定歩合といい，中央銀行は政策手段としてこの値も決めます。ここで公定とは公的組織が定めるという意味の言葉であり，一方歩合とは割合を指す言葉です。日銀では公定歩合のことを「基準割引率および基準貸付利率」と呼びます。中央銀行からお金を借りられる相手は金融機関のみであり，また，お金を借りる場合は通常，担保の提供が必要です（担保とは，借りた金を返せなくなったときに備え，返済の代わりとして前もって借り手が貸し手に差し出す資産のことです）。

公定歩合が下がると，金融機関は中央銀行からお金を借りやすくなるため，企業への貸出が増え，貨幣供給量は増加する傾向にあります。逆に，公定歩合の上昇は，貨幣供給量を減らす方向に働きます。

日銀は，1995年の阪神・淡路大震災の発生後，復興支援貸出として，被災金融機関に対し公定歩合の利率で資金を供給しました（一般に，災害時の貸出の際の利率は公定歩合と異なる場合もあります）。また，2008年の世界金融危機の際，経営健全化のため，FRB傘下のニューヨーク連邦準備銀行は金融機関のJPモルガンに対し公定歩合の利率で資金を貸しました。

金融機関が中央銀行からお金を借りるのは上記のように災害が起きたときや経営が悪化したときなどの非常時が主であり，通常は金融市場から直接お金を調達します。したがって現在，日銀など多くの中央銀行は，公定歩合操作よりも公開市場操作を金融政策として重要視しています。

政策手段③──預金準備率操作

中央銀行は金融政策の一環として，預金準備率（法定準備率）も決定します。中央銀行はマネタリーベースをコントロールできますが，預金準備率は，このマネタリーベースが貨幣供給量に与える程度に影響を与えます。貨幣供給量をマネタリーベースで割ったものを貨幣乗数（信用乗数）といいます。貨幣乗数は，マネタリーベースが増えたときに貨幣供給量がその何倍増えるかを示したものです。預金準備率はこの貨幣乗数と関係しています。

これから貨幣乗数と預金準備率との関係を考えます。ここでは簡単化のため，預金と預金通貨は同じものとします。現金通貨，預金通貨，準備預金を用いて貨幣乗数は以下のように表現できます。

$$貨幣乗数 = \frac{貨幣供給量}{マネタリーベース} = \frac{現金通貨 + 預金通貨}{現金通貨 + 準備預金}$$

ここで，現金通貨と預金通貨の比を現金預金比率と呼ぶことにすると，準備預金と預金（＝預金通貨）の比は預金準備率に等しいため，上式の分母と分子をともに預金通貨で割ると以下のような式を得ます。

$$貨幣乗数 = \frac{現金預金比率 + 1}{現金預金比率 + 預金準備率}$$

この式から，現金預金比率が一定のもとで預金準備率を下げると，貨幣乗数の

値が増えることがわかります。これは，預金準備率が減れば，金融機関が貸出に回せるお金の割合が増え，貨幣供給量が増えやすくなるからです。中央銀行が物価を下げようとするときは預金準備率を上げて貨幣供給量の増加を抑えようとします。反対に物価を上げる場合，中央銀行は預金準備率を下げます。

貨幣乗数の式の分母に現れる預金準備率は 1 以下のため，乗数の値は常に 1 以上となります。中央銀行がマネタリーベースを増やしたら，金融機関の持つ信用創造の機能を通してそれ以上に貨幣供給量は増加します。

> **例題 4.3** 現金預金比率が 50%，預金準備率が 25% のとき，貨幣乗数はいくらか求めなさい。また，この状況でマネタリーベースが 100 増えるとき，貨幣供給量はいくら増加するか求めなさい。
>
> **答** 貨幣乗数は $\frac{0.5+1}{0.5+0.25}=2$ である。貨幣供給量の増加は $100 \times 2 = \mathbf{200}$ である。

政策手段④──超過準備預金金利の操作

中央銀行は金融政策の一環として，準備預金のうち法定準備金を超えた部分を指す超過準備の一部に金利を付けることがあり，この金利を超過準備預金金利といいます。中央銀行はこの金利の値も決定します。超過準備に付く金利が高くなった場合，金融機関にとっては，中央銀行にお金を預けることにより収益が上がりやすくなり，その分企業へ貸出をするメリットが少なくなるため，結果として融資額が減ります。一方，超過準備に付く金利が下がった場合，金融機関にとって，企業に融資をするメリットが相対的に高まります。したがって，超過準備への金利の低下は，貨幣供給量を増やす方向に働きます。

日本銀行が超過準備に金利を付ける仕組みを補完当座預金制度といいます。一方，アメリカの FRB は準備預金（Reserve Balances）に利子（interest）を付ける制度を IORB（Interest on Reserve Balances）と呼びます。超過準備に付く金利はマイナスになることもありますが，この政策については後述します。

> **POINT 4.8　金融政策の主な手段**
> ①公開市場操作：債券などの売買を通した金融市場への資金供給量の調節
> ②公定歩合操作：金融機関にお金を直接貸すときの金利の調節
> ③預金準備率操作：預金と準備預金との比率の操作
> ④超過準備預金金利操作：超過準備に付く金利の操作

政策金利

　政府が各種の税率を決めるのと同様，中央銀行は金融政策の一環として1種類，あるいは複数種類の金利の値を決めます。この金利を政策金利といいます。また，政策金利を上げることを利上げ，下げることを利下げといいます。中央銀行の多くは短期金利を政策金利に設定しています。日銀は通常，短期金利の1つ，無担保コール翌日物金利を政策金利としています。ただ近年日銀は政策金利を超過準備預金金利など別の金利に設定しています。一方FRBは，金融機関の間で準備預金の過不足分の資金を短期間融通しあう市場（フェデラル・ファンド市場）に付くフェデラル・ファンド金利を政策金利としています。

　以下では無担保コール翌日物金利について説明します。短期金融市場は，金融機関同士がお金の貸借をするインターバンク市場と，一般企業が参加できるオープン市場とに分かれます。インターバンク市場の中で，資金を1日程度貸借する市場をコール市場，そしてその市場に付く短期金利をコール金利（コールレート）といいます。無担保コール翌日物金利とは，借りたお金を翌日に返す，担保を取らない取引にかかるコール金利のことです。

　中央銀行は公開市場操作などを通してコール金利をコントロールします。たとえば中央銀行が買いオペにより金融機関に資金を供給する場合，金融機関はそのお金を，長期の融資先を決めるまでの間コール市場で運用します。コール市場において資金供給量が増えたら，その市場でお金を借りる際の値段といえるコール金利は下がります。逆に売りオペはコール金利を下げます。このような操作を通して中央銀行はコール金利の値を定めることができます。

金融緩和と金融引き締め

　一般に，貨幣供給量を増やし，物価を押し上げようとする金融政策を金融緩和政策，その逆に，貨幣供給量を減らし，物価を下げるような金融政策を金融引き締め政策と呼びます。政策金利，公定歩合，預金準備率，そして超過準備預金金利の引き下げや公開市場操作における買いオペは金融緩和政策に，そして政策金利，公定歩合，預金準備率，超過準備預金金利の引き上げや売りオペは金融引き締め政策にそれぞれ分類されます。

　金融政策は物価だけでなく，実体経済，具体的には国内総生産（GDP）の値

にも影響を与えます。たとえば，金融緩和がなされると，金融機関は資金を調達しやすくなり，その結果として金融機関から企業への融資が行われやすくなります。融資が増えればそれだけ企業は設備投資などに多く支出するようになり，経済活動が活発化し，GDP が増えます。反対に，金融引き締めは経済活動を鎮静化させ GDP を減らす方向に働きます。

> **POINT 4.9　金融政策の分類**
> ●金融緩和：貨幣供給量を増やし，物価を押し上げ経済活動を活発化させる
> ●金融引き締め：貨幣供給量を減らし，物価を下げ経済活動を鎮静化させる

政策決定の独立性

　政府が財源を増税で調達しようとすると，負担が増えるため有権者から反対される場合が少なくありません。そのため，もし通貨発行権を持つ中央銀行を政府が支配下に置いていれば，財源を紙幣の増刷に頼りがちとなります。現金通貨発行により政府が得る利益，つまり通貨の発行額から発行費用を引いたものを通貨発行益（シニョレッジ）といいます。しかし，財源を通貨発行に頼りすぎると貨幣供給量が増え，貨幣価値の下落，つまりインフレを招く可能性が高くなります。

　紙幣乱発によるインフレを避けるため，多くの国において，中央銀行は政府や国会に影響されずに政策決定を行います。このことを中央銀行の独立性といいます。日本の金融政策は日銀の金融政策決定会合において，日銀政策委員の多数決により決定されます。FRB は連邦公開市場委員会（Federal Open Market Committee：FOMC）で政策を決定します。

　また，財政法（第5条）は，日本銀行が政府から国債を直接引き受けることを，特別な理由があり，国会で議決された場合を除き禁止しています。これは財政規律を守り，インフレを防ぐためです。なお，公開市場操作の一環として，日本銀行が金融市場において国債を購入することは認められています。

日本の非伝統的金融政策（発展）

　日本は1990年代以降，長引く不況やデフレに苦しみました。そのため，日銀は，これまで行われなかったような金融緩和政策をいくつか実行しました。

この項ではこの政策について説明します。

▶**ゼロ金利政策と量的金融緩和政策**　日銀は 1999 年，政策金利である無担保コール翌日物金利を 0% 近くに誘導するゼロ金利政策を先進国で初めて実施しました。通常，市場金利はゼロ以上の値をとるため，当時この政策は公開市場操作による金融緩和の一種の限界と考えられていました。ゼロ金利政策はいったん 2000 年に解除されましたが，その後も経済状況は改善しませんでした。

　日銀は 2001 年，金融政策の目標を短期金利から，日銀当座預金の残高に変更し，その残高が目標値に達するように買いオペを行うなどの政策を実施しました。日銀当座預金残高が増えるということは，それだけ金融機関に潤沢な資金があるということであり，企業への融資の増加が期待されます。一般に，政策の目標を金利ではなく，預金残高などの「量」に設定する金融緩和政策を量的金融緩和政策といいます。この政策により短期金利は再び 0% 近くに下落しました。なお，量的緩和政策の逆の政策，つまり中央銀行が保有金融資産の売却を行い，バランスシートを縮小する政策を量的引き締め政策といいます。

　ゼロ金利政策，ならびに量的金融緩和政策は，2020 年，新型コロナウイルス感染拡大に伴う景気・物価低迷に対応するため，アメリカの FRB によっても実行されました。ただ日本と違い，アメリカでは 2021 年以降，物価上昇が始まったため，金融政策の正常化のため，FRB は量的緩和政策の規模を（徐々に）減らす，テーパリングと呼ばれる政策を実行しました。

▶**量的・質的金融緩和政策**　日銀は量的金融緩和政策を 2006 年にいったん解除しますが，物価と経済の低迷は続きました。そのため，日銀は 2013 年，マネタリーベース，および長期国債と ETF（Exchange Traded Funds：上場投資信託）の保有額をそれぞれ 2 年で 2 倍にすることなどを柱とする新たな金融政策である量的・質的金融緩和政策を実施しました。ここで ETF とは証券取引所に上場されている投資信託のことで，主なものに，日経平均株価に連動するように複数の株式を購入・運用する ETF などがあります。同時に日銀は CPI 上昇率が年 2% を超えることを政策目標にしました。

▶**マイナス金利政策**　図 4.3 は，貨幣供給量（M1），マネタリーベース，そしてマネタリーベースを構成する準備預金額の推移を示しています。この図を見ると，2013 年ごろからマネタリーベースが急増していること，そしてその主な原因が準備預金額の増加であることがわかります。これは，量的・質的金融緩

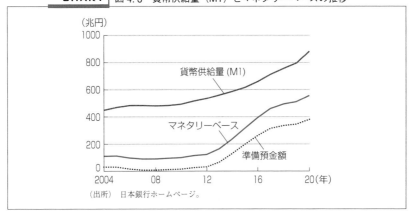

（兆円）

貨幣供給量(M1)

マネタリーベース

準備預金額

（出所）　日本銀行ホームページ。

和政策による大規模な国債の買いオペにより，金融機関の持つ超過準備の額が急増したためです。しかし，この超過準備が新規の貸出に回る効果は弱い状態が続きました。金融機関に対し，超過準備を企業への融資に回すよう促すべく，2016年，日銀は超過準備の一部に負の金利（−0.1%）をかけるマイナス金利政策を実施しました。

マイナス金利導入後，イールド・カーブが大きく下方にシフトし，短期金利だけでなく長期金利も0%を下回るようになり，金融機関が融資業務などで長期的な利益を上げることが難しくなる恐れが出始めました。そのため，日銀は2016年，10年物国債の利回りを長期金利の目標とし，その目標値を0%に設定しました。日銀が保有する10年物国債を金融市場で売却すると，国債の供給が増え，その価格が下がり，結果国債の利回り（＝収益率）は上がります。逆に日銀が国債を買えば利回りは下がります。このようにして日銀は長期金利を調節できます。一方，短期金利の目標としては，引き続き超過準備の一部にマイナスの金利（−0.1%）をかけることとしました。この政策は長短金利操作付き量的・質的金融緩和またはイールド・カーブ・コントロールと呼びます。中央銀行が長期金利に政策目標を設定するのは異例といえます。

マイナス金利政策や先述の量的金融緩和政策など，（短期金利の利下げをはじめとする）従来の金融緩和政策とは異なる金融緩和政策を非伝統的金融緩和政策といいます。図4.4は，日本のさまざまな金利の推移を示していますが，一貫して金利が低下傾向にあることがわかります。

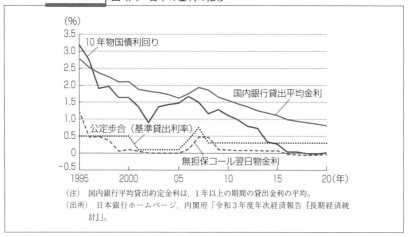

CHART 図4.4 日本の金利の推移

(%)

(注) 国内銀行平均貸出約定金利は，1年以上の期間の貸出金利の平均。
(出所) 日本銀行ホームページ，内閣府「令和3年度年次経済報告『長期経済統計』」。

 ## 中央銀行の業務④

▶▶ 金融システムの安定化

　この節では，中央銀行が金融システムの安定化に果たす役割を学びます。

金融機関に対する検査

　多数の金融機関が参加する資金貸借の仕組み全体を金融システムといいます。中央銀行には，金融システムを安定的に機能させる役割があります。日本銀行法は信用秩序の維持が日銀の役割の1つであると明記しています。

　金融システムが機能するには，まず金融機関の経営状況が良好でなくてはなりません。中央銀行は，電話による聞き取り調査（モニタリング），あるいは立ち入り検査などを通して，金融機関の検査を定期的に行い経営状態の把握を行います。日銀が行う検査を考査といいます。なお，日本では日銀だけでなく，政府組織の1つである金融庁も検査を行っています。

　日本を含む主要国の中央銀行は検査の一環として，金融機関に対しストレス・テストを行います。これは国全体の景気が著しく悪化した場合にも経営が健全であり続けるかを問う厳しい検査です。たとえば，国際的な業務を行う金

融機関に対しては，自己資本比率（資本金など返済義務のない資金を意味する自己資本の額と，株式や住宅ローン貸出などのリスク資産保有額との比率）が8% 以上を超えなくてはならないという国際的な規制がありますが，ストレス・テストではこの規制が不況時にクリアできるかもチェックします。テストに不合格となった場合，金融機関は増資（株などを発行して元手のお金を増やすこと）など，経営を健全にする対応をとらなくてはなりません。

最後の貸し手としての中央銀行

　金融機関の経営が悪化すると，預金者は財産を守るべくその金融機関に預けたお金を引き出そうとします。これを銀行取り付けといいます。日本ではたとえば1995 年に木津信用組合の経営が悪化し，下の写真のように預金者が取り付けのため店に殺到しました。

　金融機関は通常，預金の大半を貸出に回していて，準備預金だけでは預金者全員の引き出しに対応できません。取り付けを放っておくと金融機関は資金が枯渇して倒産し，結果，預金者の資産が失われます。日本では，預金保険制度により預金が保護されています。預金保険制度とは，金融機関がお金を出し合い，万が一どこかの金融機関が破綻した場合にその預金の一定額を保護する制度のことです。しかし，保護される預金の額には限度があり，また外貨預金等は対象外であるなど，完全に取り付けを防止できる制度ではありません。

　金融機関が破綻して困るのは預金者だけではありません。破綻した金融機関から融資を受けていた企業は，この先お金を借りにくくなるため，経営が悪化する可能性が高まります。もし，その企業が倒産すると，今度はその企業にお金を貸していた別の金融機関の経営も悪化します。一般に，1 つの金融機関の破綻がほかの金融機関の連鎖的な破綻を招く危険性をシステミック・リスクといいます。

木津信用組合の預金引き出し（写真提供：共同通信社）

金融システムが機能しなくなると経済活動全体に甚大な悪影響が及びます。このような事態を金融危機といいます。預金者保護のため，また金融システムの破綻やそれに伴う金融危機を避けるため，中央銀行は最後の貸し手として金融機関に資金を供給することがあります。日本では，緊急時に日銀が金融機関に対し無担保の融資を行います。これを日銀特融といいます。前述の木津信用組合にも日銀は特融により資金を供給しました。

> **ＰＯＩＮＴ 4.10 中央銀行による金融システム安定化の施策**
> ● 金融機関の検査・監督
> ● 経営危機に陥った金融機関への融資

▎金融機関のモラル・ハザードの防止 ▎

　中央銀行は，経営状態の悪い金融機関を見つけてもすぐには救済しません。中央銀行からいつでも助けてもらえるとなれば，金融機関は，融資先の選定などの経営努力を怠り，その結果，金融全体の発展が妨げられる恐れがあります。一般に，救済の仕組みがあるせいで個人や企業の規律が乱れることをモラル・ハザードといいます。しかし，金融機関の努力にもかかわらず経営悪化が深刻化したり，経営が破綻したりした場合には，金融システムの安定化を図るため，中央銀行がその金融機関に融資を行います。

　経済の安定を目標とする政府・中央銀行から見ると，とくに大規模の金融機関を破綻させることは避けなくてはならず，たとえ経営難の原因が金融機関側の過失であったとしても政府・中央銀行は最終的に支援せざるをえないという問題を，大きすぎてつぶせない（too big to fail）問題といいます。この問題を民間金融機関から見ると，自らは絶対に破綻しないことが事前にわかっているため，経営が緩む恐れがあります。日本銀行は，モラル・ハザードの発生を防ぐため，特融に際し，対象金融機関の経営陣の責任を明確化するという原則を掲げています（参考文献：日本銀行政策委員会「『信用秩序維持のためのいわゆる特融等に関する4原則の適用について』に関する件」1999年6月16日）。

▎世界金融危機（リーマン・ショック）とＦＲＢの対応 ▎

　金融危機として有名なものに，2008年におけるアメリカの大手投資銀行，

リーマン・ブラザーズの経営破綻に端を発した世界金融危機（リーマン・ショック）があります。2000 年代前半においてアメリカの多くの金融機関は，住宅価格が上昇していることを背景として，低所得者向け住宅ローン（サブプライム・ローン）や，住宅ローンの元本と利子を裏付けとして発行された証券である不動産担保証券（Mortgage Backed Securities：MBS）を扱っていました。しかし，このサブプライム・ローンの借り手の返済が滞り始め，また担保である住宅の値段も下がった結果，住宅ローンの多くは，貸出金の回収が困難な不良債権となりました。このようななか，リーマン・ブラザーズの経営が破綻し，その後，ほかの金融機関も経営危機に陥りました。

　とくに事態が深刻だったのが，世界最大の保険会社である AIG です。AIG はサブプライム・ローン関連の損失を補塡する金融商品（クレジット・デフォルト・スワップ）を販売していたため，その購入者に対し巨額の支払いを強いられ，その結果，経営危機を迎えました。リーマン・ブラザーズに続き，AIG まで破綻すると経済全体が苦境に陥ると考えた FRB は，AIG に対し 9 兆円以上の融資を行いました。FRB はほかにも，アメリカ政府と共同で大手銀行のシティグループの救済も行いました。その後 AIG は経営が改善し，融資として受け取った公的資金も FRB に返済しました。

　世界金融危機を経て，中央銀行は，個々の金融機関の検査のみでは不十分で

あり，システミック・リスクの状況を分析し，その分析結果に基づき金融システムの安定化のための政策を実施すべきというマクロ・プルーデンスの考え方を取り入れるようになりました（プルーデンスには，危険に対する用心深さという意味があります）。マクロ・プルーデンス政策にはさまざまなものがありますが，イギリスの中央銀行であるイングランド銀行が導入した住宅ローン政策はその一例としてあげられます。この政策においては，ローンの額が借り手の所得の4.5 倍以上となるような住宅ローンが全体に占める割合を 15% 以下に抑えるという，LTI（Loan to Income）Flow Limit と呼ばれる規制が設定されました（参考文献：『日本経済新聞』2014 年 9 月 14 日付朝刊「英，バブル予防へローン規制」，イングランド銀行ウェブサイト）。

SUMMARY ●まとめ

□ 1 貨幣には決済手段，価値尺度，金融資産としての機能がある。

□ 2 貨幣供給量は現金通貨と預金通貨の和に等しい。一方，中央銀行が調節できる貨幣を示すマネタリーベースは現金通貨と準備預金の和に等しい。

□ 3 中央銀行は現金通貨の発行，準備預金制度の維持，金融政策の運営，金融システムの安定化を主な役割としている。

□ 4 金融政策は，公開市場操作，公定歩合操作，預金準備率操作などからなる。中央銀行は金融政策により貨幣供給量を調節する。

EXERCISE ●練習問題

1 次の文章の [①] から [⑤] について，当てはまる単語を下の語群から選びなさい。

　　貨幣供給量は [①] 通貨と [②] 通貨の合計として定義される。一方，貨幣のうち，中央銀行が直接値を調節できる部分のことを [③] といい，[①] 通貨と [④] の合計として定義される。[③] には，中央銀行の [⑤] としての側面がある。

　　[語群] a. 資産　b. 負債　c. 現金　d. 硬貨　e. 預金　f. 定期預金　g. 外貨預金　h. マネタリーベース　i. マネーサプライ　j. 準備預金

2 以下の文章は，貨幣の持つ 3 つの機能（a. 決済手段，b. 価値尺度，c. 価値の

貯蔵）のうち，どれに最も近いか答えなさい。

　①いつもＡさんは財布の中に1万円札を5枚入れている。

　②漁師のＢさんは，釣ったマグロを魚市場で10万円で売り，そのお金を使って家電量販店でテレビを買った。

　③買い物をするためにＣさんはスーパーに行った。値札を見てカレーパン1個を買うお金があればクリームパンが2個買えることがわかった。

3　以下の選択肢のうち，金融緩和政策に入るものをすべて選びなさい。

　a. 公定歩合の引き下げ　b. 預金準備率の引き上げ　c. 国債の買いオペ　d. 超過準備預金金利の引き上げ

4　現金・預金比率（現金通貨／預金通貨）を0.5，マネタリーベースを70とする。当初預金準備率（準備預金／預金通貨）が0.1であったとする。

　(1)　貨幣供給量を求めなさい。

　(2)　預金準備率が0.1から0.2に引き上げられたとき，貨幣供給量の変化量を答えなさい。

5　次の文章の［　①　］から［　④　］について，当てはまる単語を下の語群から選びなさい。

　日銀は1999年，政策金利である［　①　］を0％にするゼロ金利政策を主要先進国で初めて実施した。その後日銀は2013年に量的・質的金融緩和の導入を決定し，金融市場調節の操作目標を［　①　］から［　②　］など量的な指標に変更した。さらに日銀は2016年にマイナス金利政策の導入を決定し，［　③　］の一部にマイナス金利を適用することとした。また，同年には長短金利操作付き量的・質的金融緩和の導入を決定し，長期金利として［　④　］を政策目標に設定した。

　［語群］a. 外貨準備高　b. マネタリーベース　c. 貨幣供給量　d. 住宅ローン金利　e. 10年物国債の利回り　f. 日本銀行当座預金　g. 公定歩合　h. 無担保コールレート

CHAPTER

第 **5** 章

財政の仕組みと機能

INTRODUCTION

　政府は公的な財，あるいはサービスを提供するために支出をしたり，その支出の財源確保のために税を課したり借入をしたりします。こういった政府による経済活動を財政といいます。政府支出は，国内総生産（GDP）を支出面で見たときの構成要素の1つですが，家計が行う消費や企業が行う投資とは異なる影響を経済に与えます。また，政府は企業とは違い，取引を通して利益をあげる組織ではありません。したがって，政府が支出をするには税金をかけたり，あるいは債券を発行したりすることにより収入を確保しなくてはなりません。政府によるこのような財源確保の行為も経済に影響を与えます。この章では財政の果たす役割や，財政が経済に与える影響などについて説明します。なお，政府には国だけでなく地方自治体も含まれますが，この章では主に国の財政を説明します。

　Keywords：公共財，歳出，歳入，基礎的財政収支，税制，政府債務，ドーマー条件

1 財政の機能

　経済学者のリチャード・マスグレイブによれば，財政には，①資源配分の調整，②不平等の是正，③経済の安定化の3つの機能があります。以下ではこの3機能を説明します。

▌資源配分の調整

　財政の第1の役割は資源配分の調整を図ることです。経済学では生産要素やお金，そしてそれらの使用により生産される財・サービスなどを総称し資源といいます。資源配分とはさまざまな経済主体に対する資源の配られ方のことです。また，資源が最大限に使用され，人々の厚生（幸福）が可能なかぎり大きくなっているとき，資源配分は効率的であるといいます。通常，市場経済の仕組みは，人為的な介入がなくても自発的な取引を通して資源配分を効率化させることがわかっています。たとえば，市場経済における価格メカニズムは需給を一致させ生産の過不足をなくすことに対し貢献しています。

　しかし，市場に任せていても資源配分が効率的にならない状況があり，これを市場の失敗といいます。市場が失敗する要因として，外部性や公共財の存在などがあげられます。外部性とは，ある経済主体の経済活動が，ほかの経済主体の意思決定に与える影響のことです。また，公共財とは，排除性や競合性を持たない財・サービスのことです。市場が失敗している状況において，政府は税制や支出の実施を通して資源配分を改善できることがあります。外部性・公共財については，ウェブサポートページにおいて詳しく説明します。

▌不平等の是正

　財政の第2の役割は，社会のさまざまな不平等・格差へ対応することです。憲法第25条は，すべての人が健康で文化的な最低限度の生活を送ることを保障しています。そのため政府は，失業するなど所得がない人に対し，失業保険や生活保護などの形で補助を行います。また，仕事に就いて所得を受け取る労働者の間にも大きな格差があります。所得が低いため，働いても貧困を脱せな

い人々の存在が日本では問題になっています。所得の過度な不平等を是正すべく，政府は所得の高い人により高い税率を課します。これを累進課税といいます（詳しくは第3節で述べます）。一般に，高所得者から低所得者や所得のない人々へ所得が移転することを所得の再分配といいます。

　所得だけでなく，預貯金や土地など人々が持つ資産の額にも格差があり，その程度は所得格差以上といわれています。OECD の調査によれば，日本で上位 10% に入る高所得者の稼ぐ所得の合計が日本の総所得に占める割合は約25% です。これに対して，資産保有の面で上位 10% に入る家計の持つ資産の総額が総資産に占める割合は 45% 程度となっており，所得よりも資産の方が上位層への集中の度合いが高いことがわかります。資産格差が相続などを通して親の世代から子どもの世代にそのまま受け継がれた場合，その世代は，個々の努力以前に，生まれながらに格差を持つことになります。政府は固定資産税や相続税などの課税を通して過度な資産格差の是正に努めています。

経済の安定化

　財政の第3の役割は，経済の安定化を図ることです。第1章で学んだように，政府支出は GDP を構成する項目の1つで，政府がより多くの支出をすることにより，GDP を増やすことができます。不景気のとき，家計や企業は所得や利益が減ることを悲観し，消費や投資を減らそうとする傾向があります。このとき政府が支出を増やすことで経済を下支えしようとします。また，政府は，家計や企業の経済活動を活発化させるため，減税をすることもあります。政府による支出や徴税に関する政策をまとめて財政政策と呼びます。

　一部の税制は，不景気の際に家計や企業の税負担が自動的に軽くなるよう設計されています。たとえば，所得税には累進性があるため，所得が減ると，所得税率は自動的に下がります。また，企業の利益にかかる法人税の場合，決算が赤字なら支払う必要がなくなります。このような税制の持つ経済の自動安定化機能をビルトイン・スタビライザーといいます。ビルトインとは「埋め込まれた」，そしてスタビライザーとは「安定化させるもの」という意味です。

> **POINT 5.1　財政の3つの機能**
> ①資源配分の調整，②不平等の是正，③経済の安定化

2 政府の予算

この節では，日本の予算の決定過程や予算の内訳について説明します。

予算とは

政府が政策を実行するのに伴う支出である歳出と，それをまかなうための収入である歳入を示した文書のことをまとめて予算といいます。日本において，国の毎年の基本的な支出と収入を示した予算は一般会計予算です。予算は原則として毎年作成する必要があり，複数年度の予算を同時に決めることはできません（予算の単年度主義）。また，ある年度の歳出は原則としてその年度の歳入でまかなわなくてはなりません（会計年度独立の原則）。しかし，これらの原則には継続費や予算の繰り越しなど例外があります。

一般会計予算は年1回しか作成されません。したがって政府は，予想外に発生する自然災害や経済状況の悪化などに対応するために追加の予算（補正予算）を組むことがあります。また，予算審議が年度初めに間に合わない場合に，政府は暫定予算を組み，最低限の支出と収入を決めることがあります。

歳入・歳出の内容

ここで国の予算の概要を見てみましょう。予算の構成は毎年変わりますが，2022年度の一般会計予算の歳入および歳出は**図5.1**のようになっています。

以下ではまず歳入について説明します。歳入の第1の項目である税収（租税・印紙収入）は主に消費税・所得税・法人税（国税3税）の収入からなります。税収の中の「その他」には酒税の収入や印紙収入（国家試験受験料など）が含まれます。次に，第2の項目のその他収入には，国有林野事業からの収入や日銀からの納付金（保有国債からの利子収入など）が含まれます。

歳入の第3の項目である公債金収入とは，国が財源調達のために発行する債券である国債の発行から得られる収入のことです。企業が自己資金以上にお金を必要とする際に社債を発行するのと同様に，国は税収だけで歳出をカバーできない場合，国債を発行します。

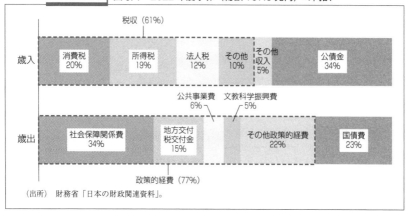

CHART 図5.1 2022年度予算（総額107.6兆円）の内訳

（出所）財務省「日本の財政関連資料」。

　次に歳出について説明します。歳出のメインは，政策遂行にかかる費用である政策的経費です。その中で最も大きな割合を占めるのが年金，医療，介護などにかかる支出を指す社会保障関係費です（次項で詳しく説明します）。政策的経費には，地方自治体への補助金を指す地方交付税交付金，社会資本の整備への政府の支出（公共投資）を指す公共事業費なども含まれます。社会資本が整備されることで生産能力が高まることを社会資本の生産力効果といいます。

　歳出には，政策的経費とは別に，過去に発行された国債の保有者に対する利子の支払い（利払費）や，満期時の元本の返済にかかる費用（債務償還費）などの国債費も含まれます。日本は以前から，歳入のかなりの割合を公債金収入に頼ってきました。そのため，国債費が歳出に占める割合も近年高くなっています。図5.2は，過去30年間にわたる，一般会計歳出と税収の推移を示したものです。歳出の規模は拡大の一途をたどる一方，税収は伸び悩んでおり，両者の差額が広がっています。この差の部分が国債への依存を表しています。歳出と税収の差の拡大は，そのグラフの形状から「ワニの口」といわれることがあります。2020年度予算では新型コロナ対策費用がかさみ，これまで100兆円程度だった歳出が約148兆円程度（決算額）にまで急増しました。21年度予算の歳出額もほぼ変わらず，22年度になり歳出はほぼ通常の規模に戻りました。そのためグラフは，先に述べた「ワニ」に角が生えたような形状になりました（実際行った歳出と受け取った歳入とをまとめたものを決算といい，予算とずれることがあります。決算については毎年国会の審査が必要となります）。

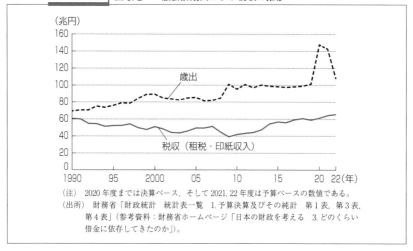

CHART 図5.2 一般会計歳出および税収の推移

(注) 2020年度までは決算ベース，そして2021, 22年度は予算ベースの数値である。
(出所) 財務省「財政統計 統計表一覧 1.予算決算及びその純計 第1表，第3表，
第4表」(参考資料：財務省ホームページ「日本の財政を考える 3.どのくらい
借金に依存してきたのか」)。

社会保障関係費

　図5.2で説明したように，歳出は拡大傾向にありますが，その1つの理由が，少子高齢化の進展に伴い，社会保障関係費が増加しているためです。内閣府『令和2年版　高齢社会白書』によれば，2019年現在，日本の65歳以上人口は約3600万人で，日本の総人口約1億2600万人に占める割合（高齢化率）は約28%となっています。約25年前の1993年における高齢化率は約15%なので，約2倍に増えた計算になります。当時の日本の歳出は約40兆円，そして社会保障関係費は約13兆円なので，こちらも今は規模が倍以上に増えたことになります。2040年ごろには高齢化率は40%程度に上昇することが予想されており，社会保障支出がさらに増えることが懸念されます。

　社会保障関係費の中で大きな割合（約35%）を占めるのが年金です。年金とは，高齢者など所得の少ない人に給付する給付金のことです。（老齢）年金制度は主に，ある時点において勤労世代から年金保険料として徴収したお金を，その時点における高齢者に給付する賦課方式と，勤労世代から徴収した年金保険料を基金などの組織が集めて運用し，当該世代が高齢者になった将来時点に給付する積立方式からなります。日本の年金制度は賦課方式に近い形となっていますが，少子高齢化により，勤労世代からの保険料のみでは退職世代への年金給付をまかないきれず，年金財源の相当部分を予算から捻出しています。日

本において年金制度の持続性を不安視する声は少なくありません。

POINT 5.2　国の歳入・歳出
- 歳入：税収（租税・印紙収入）・その他収入・公債金収入からなる
- 歳出：政策的経費・国債費からなる

3　税　　制

　この節では税制についての原則やその仕組みについて，国税3税に焦点を当てて説明を行います。

▌税に関する基本原則▐

　税制が満たすべき原則として有名なものに，「公平・中立・簡素」の3原則があります。第1の原則の「公平」とは，できるだけ納税者にとって平等な形で税金をかけるという意味です。公平性には，担税能力の高い人に対しより重い税負担を課すという垂直的公平性，そして税の支払能力が同じであれば，税の負担も同じであるべきとする水平的公平性の2種類があります。

　第2の原則の「中立」とは，税制はできるだけ家計や企業の経済活動に歪みをもたらさないようにするという意味です。この原則に基づけば，特定の個人や企業，あるいは特定の品物のみを対象にした偏った税金は避ける方がよいということになります。そして，第3の原則の「簡素」とは，税制はできるだけ納税者にとってわかりやすいものにするべきという意味です。

　また，誰に税を負担させるかということに関する考え方も複数あります。政府の提供する公共サービスから多くの便益を得る経済主体により重く負担させるべきとするものを応益負担の原則，高所得者など負担能力の高い経済主体に税をより多く負担させるべきとする考え方を応能負担の原則といいます。

　税には政府支出の財源を確保する役割がありますが，ほかにも所得税などを通して格差を是正する役割や，環境税などを通して資源配分の歪みを減らす役割，あるいは経済活動を安定化させる役割などさまざまな役割があります。

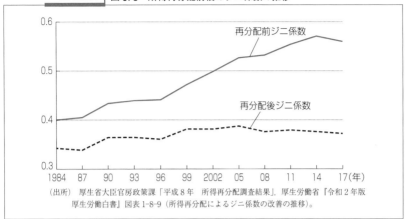

（出所）厚生省大臣官房政策課「平成8年 所得再分配調査結果」，厚生労働省『令和2年版厚生労働白書』図表1-8-9（所得再分配によるジニ係数の改善の推移）。

所 得 税

　利子所得，配当所得，あるいは給与所得など，所得全般にかかる税金を所得税といいます。所得税は累進課税の仕組みをとっているため，垂直的公平性の原則を満たしているといえます。しかし，過度な累進課税は高所得者の勤労意欲を削ぐため，経済に悪影響であり，課税の中立の原則に反するという批判もあります。一方，所得税をかける際，職業により所得の捕捉の程度に差が出るため，所得税は水平的公平性の原則を満たさないともいわれます。

　日本においては，計7段階ある（課税対象の）所得区分に対して異なる所得税率（限界税率）がかかる仕組みとなっています。所得のうち最も高い（低い）部分にかかる税率を最高税率（最低税率）といいます。日本の所得税の最高税率は2022年現在45％で，所得4000万円を超える部分にかかります。

　日本では所得格差を是正するため，所得税や社会保障給付を通してさまざまな再分配政策が実行されています。その政策が機能しているかを判断する1つの方法として，所得不平等の度合いを示すジニ係数の減少を見るというものがあります。ジニ係数の計算方法についてはウェブサポートページで説明します。図5.3は，所得再分配前と分配後のジニ係数の推移をグラフにしたものです。再分配前のジニ係数は上昇傾向にあるものの，再分配後の値はあまり変わっておらず，所得再分配政策は機能しているといえます。

表5.1　五分位所得階級別平均消費性向（2021年）

所得階級	I	II	III	IV	V
平均可処分所得 （1カ月，万円）	29.5	38.1	45.4	55.5	77.8
平均消費性向	75%	67.8%	63.5%	61.1%	56.6%

（注）　2人以上勤労者世帯を対象。
（出所）　総務省統計局「家計調査」。

消 費 税

　消費支出にかかる税金である消費税は，品物が同じであれば，支払う人によらず同じ税率がかかりますので，同じ金額を消費する人々の支払う消費税額はほぼ同じです。よって消費税は水平的公平性の原則を満たしているといえます。一方，低所得者ほど負担が高くなる税の性質を逆進性といいますが，消費税はこの逆進性の性質を持つため，垂直的公平性を満たさないといわれています。以下では，この逆進性について説明します。なお，本章では税負担の度合いを，所得に占める税負担額の割合として捉えます。

　表5.1は，五分位所得階級別に見た平均消費性向つまり可処分所得に占める消費の割合を示したものです。ここでの所得階級とは人々を所得の低い方から順に並べ人数で5等分したものです。第Ⅰ所得階級は最も所得の低い20%の人々，そして第Ⅴ所得階級は高所得者の上位20%の人々からなります。

　この表からわかるように，平均消費性向は低所得者層の方が高くなっています。消費税は消費に対しほぼ一定の割合でかかりますので，低所得者層の方が，所得に占める消費税支払いの割合が高く，したがって消費税の負担の程度は低所得者ほど重くなります。つまり，消費税には逆進性があるといえます。

　日本やヨーロッパの国々は，低所得者層の消費税負担の度合いを軽減することを目的として，生活必需品等への税率を下げるという軽減税率の制度を導入しています。日本の消費税率は2022年現在10%ですが，食料品等一部の商品に対しては低い税率（8%）がかかります。ただし，軽減税率については，低所得者層だけでなく，高所得者層にも恩恵が生じるという批判があります。

　歳出が拡大傾向を続けるなか，日本においては歳入確保の手段として消費税が重視されており，近年消費税率は上昇傾向にあります。しかし，税率を上げ

ても税収が増えるとは限りません。なぜなら税込みの価格が上がり，需要つまり消費量が減るかもしれないからです。税率の上昇以上に消費量が減る場合，税収はかえって下がります。一般に，税率を横軸に，そして税収を縦軸にとった平面において，税率と税収の関係を示す曲線を，その提唱者である経済学者のアーサー・ラッファーの名にちなみ，ラッファー曲線といいます。ラッファーは，税収を最大にする税率が存在し，その値を超えて税率を増やすと税収が減ると主張しました。この場合，曲線の形状は山型（逆 U 字型）となります。

法 人 税

法人とは法律により各種の権限が与えられた組織のことで，企業（普通法人）や，農協（協同組合）などからなります。法人税とは，法人の利益にかかる税金です。簡単化のため，以下では法人は企業と同じものと見なします。

企業にとっては，法人税が高いと税引き後の利益が減ります。日本の法人税が諸外国に比べ高い場合，企業は日本から移転し，結果として雇用が失われ，経済発展が阻害される恐れがあります。経済のグローバル化が進行し，企業の国際移転も増加しつつあるなか，法人税率は引き下げられる方向にあります。

しかし，過度な税率引き下げ競争は，各国の財政状況を悪化させます。このため，主要国（G20）は，2021 年，法人税率を最低 15% とし，それ以上の引き下げを行わないことについて合意しました（参考文献：日本経済新聞電子版 2021 年 7 月 11 日「G20，法人課税で『歴史的合意』 最低税率 15% 以上」）。

国民負担率

家計や企業にかかる税全体の負担の程度を示す概念として，租税の支払額が国民所得に占める割合を指す租税負担率があります。しかし，家計や企業は税金だけでなく，年金保険料などの社会保障制度への支払いも行っています。社会保障負担と租税負担の合計が国民所得に占める割合を国民負担率といいます。

表 5.2 は，所得・消費・法人税率および国民負担率について，主要 5 カ国で比較をしたものです。国によって税率にかなりの違いがあることや，日本の国民負担率については，アメリカよりは高いものの，ヨーロッパ諸国に比べれば低いことなどがわかります。

(単位：%)

税の種類		日本	アメリカ	イギリス	ドイツ	フランス
所得税	最低税率	5	10	20	0	0
	最高税率	45	37	45	45	45
	税率の段階数	7段階	7段階	3段階	連続的(注)	5段階
消費税率		10	8.88(注)	20	19	20
法人税率		29.7	27.9	19.0	29.8	33.3
国民負担率		44.4	32.4	46.5	54.9	67.1

(注) 値は2019年現在のものである。ドイツの所得税率は所得の額に応じて連続的に変わる。またアメリカは各市によって小売売上税（消費税に対応）の税率が異なる。表の数値はニューヨーク市のものである。

(出所) 財務省「個人所得課税の国際比較」「消費税に関する資料」「法人課税に関する基本的な資料」「国民負担率の国際比較」。

POINT 5.3 税 制

- 税制が満たすべき原則として，「公平・中立・簡素」の3原則がある
- 垂直的公平性を満たしている税として所得税が，そして水平的公平性を満たしている税として消費税があげられる

4 国 債

この節では，国債についてその発行意義や問題点を説明します。

国債の分類

　国が財源調達のために発行する債券である国債は，まずその発行の目的により分類できます。公共事業の財源をまかなうため発行する国債を建設国債，そして公務員への給与支払いなど，日常的な支出の財源確保のため発行する国債を赤字国債（特例国債）といいます。

　財政法（第4条）は，国債の発行を原則禁止しており，歳出は税収などでまかなうよう規定していますが，同時にその条文の但し書きで建設国債の発行を認めています。公共事業の恩恵が将来世代にまで及ぶことがその背景といえま

す。一方で，赤字国債を発行する場合は，毎年新たな法律を作らなくてはなりません。しかし，日本において赤字国債の発行は常態化しています。

また，国債は，その償還までの期間によっても分類することができます。償還期間が10年を超える国債を超長期国債，5年超から10年までの国債を長期国債，1年超5年以内の国債を中期国債，そして国の短期の資金繰りのために発行される国庫短期証券など，償還期間が1年以内の国債を短期国債といいます。新規に発行された，償還期限が10年後の長期国債（新発10年物国債）の利回りは日本における長期金利の代表的指標の1つとなっており，この金利の動向は，住宅ローンなど，ほかの金利に大きな影響を与えます。

▎国債発行の意義

国債は国の借金といわれますが，税金で政府支出の全部をまかなうより国債発行に頼った方が社会にとって望ましい場合があります。例として，洪水被害を減らすために政府が河川を改修することを考えます。この改修工事をする場合，工事を請け負う建設会社に対し，改修完成時にその費用を支払わなくてはなりません。国債を発行しない場合，この費用は工事完成時点における現役世代からの税収ですべてまかなう必要があります。河川改修から将来世代も安全という利益を享受できるにもかかわらず，負担だけ現役世代にかかるのはある意味不公平といえます。

河川改修の財源の一部を国債に頼る場合，その分現役世代の税負担が減りますが，この場合，国債を償還する将来時点において通常は償還財源の確保のために増税がなされます。つまり，現役世代の税負担が減った分，将来世代に税負担が増えることになります。一般に，便益が長期に及ぶ公共事業の財源調達のために国債を発行することは世代間の公平性を改善する側面があります。

ほかにも，不景気の際は国債を発行することが望ましい場合があります。経済状況が悪化すると，税収が減ります。もし政府が国債を発行せず予算を組む場合，増税をするか，支出を削減するかしかなく，どちらも経済をさらに悪化させる方向に働きます。不景気のときに国債を発行し，好景気になり税収が増えたときにその国債を償還する方が，人々の負担が少ない場合があります。

- 公共事業費を，便益を受ける将来世代にも負担させる
- 不景気の際の財政負担軽減

国債発行の問題

　企業が債券を発行する場合，額面価格に等しい金額を債券購入者に将来返済しなくてはならず，その意味で社債発行は会社にとっての借金です。しかし，国債発行により発生する国民全体の負担は，社債の場合とは少し違います。いま，日本の国債をすべて日本人が引き受けているとします。そして政府が国債の償還を，増税により行うとします。この場合，納税者の可処分所得は減りますが，償還のお金を受け取る国債保有者も日本人であり，彼らの可処分所得は増えます。つまり国全体で見ると，国債の償還は納税者から国債保有者への資金の移動を意味し，それにより国内総所得が減るわけではありません（国債を外国人が引き受けている場合，状況は異なります）。

　このように，国債は単なる借金ではありませんが，その発行には多くの問題があります。第1の問題は，国債発行による民間投資の減少です。国債を引き受ける際の財源は主に家計など民間部門の貯蓄です。もし国債がなければ，その貯蓄は企業への融資に回ったかもしれません。国債発行により企業に流れる資金が減る場合，設備投資に悪影響が及びます。第3章で示したように，投資は国民経済計算上，民間貯蓄と政府貯蓄の和に等しくなります。国債の発行は，政府支出が税収を超える，つまり政府貯蓄がマイナスになるということを意味し，この場合，民間貯蓄一定のもと投資は減ります。

　また，国債発行が増えると，国の予算のうち，国債の利払費，あるいは償還費用が歳出に占める割合が増え，結果的に社会保障や公共事業といった政策的経費に割くお金がその分減ります。歳出に占める国債費の割合が増えてしまうことを財政の硬直化と呼び，これも国の経済に悪影響を与えます。

　さらに，国債を購入する世代と，その後償還の財源確保のために増税をされる世代が異なる場合，国債を発行すると今の世代から将来世代へ財政負担が先送りされるという問題が起きます。この問題は，将来世代の人口減が見込まれる日本においてはとくに深刻といえます。

基礎的財政収支

　予算の国債への依存を示す指標はいくつかありますが，その中で有名なもの
に，「税収」と「その他収入」との和から「政策的経費」を引いた値として定
義される基礎的財政収支（プライマリー・バランス）があります。これは，歳出
のうち政策的経費を国債発行以外の歳入でどれほどまかなえているかを示して
います。この値が正のとき黒字，そして負のとき赤字といいます。日本におい
て基礎的財政収支は長期間赤字となっており，国債依存が慢性化しています。

　基礎的財政収支は別の方法でも計算できます。予算の歳入と歳出は必ず等し
くなるため，「税収＋その他収入＋公債金収入＝政策的経費＋国債費」という
等式が成立します。この式の両辺から「公債金収入＋政策的経費」を引くこと
で，基礎的財政収支が「国債費－公債金収入」に等しくなることがわかります。
基礎的財政収支に似た概念として，基礎的財政収支から国債の利払費を引いた
値として定義される財政収支があります。財政収支は，政策的経費と国債の利
払費を公債金収入以外の歳入でどの程度まかなえているかを示す指標です。

　例題5.1　ある年の日本の一般会計予算においては，税収59兆円，その他収入5
兆円，政策的経費74兆円であった。この年の基礎的財政収支を計算しなさい。
　答　基礎的財政収支は59＋5－74＝－10兆円，つまり**10兆円の赤字**となる。

国債の負担に関するリカードの等価定理（発展）

　政府がある時点において，新たに政府支出を行うことを仮定し，その財源と
して，その時点における所得税増税と国債発行の2通りを考えるとします。国
債を発行する場合，現時点での増税は避けられますが，将来国債の利払いおよ
び償還の財源確保のために追加で所得税を増税する必要があります。

　ここで国債の発行と償還およびそれに伴う増税を同一の経済主体が経験する

とします。国債発行をしても，そのせいで将来時点に増税が行われることを経済主体が想定している場合，その経済主体にとっては，現時点で増税を免れた分を消費に回さずそのまま貯蓄し，そのお金を運用し利子を付け，国債償還のための増税に備えることが合理的となります。つまり経済理論上，経済主体は国債発行により消費行動をいっさい変えないことになります。

　政府が財源確保をする際，税か国債のいずれに頼るかは資源配分に影響を与えないという命題を提唱者のデビッド・リカードにちなみリカードの等価定理といいます。もちろん，この定理が成り立たないケースもあります。まず，将来の所得を元手にもっと消費したいのに銀行などから借入ができず，消費を我慢している人がいるとすると，この人は国債発行により現時点での増税を避けられる場合，可処分所得が増え，その分消費を拡大するので資源配分に変化が起きます。また，国債発行に伴い減税がなされる世代と，償還のために増税がなされる世代が異なる場合，両世代とも消費行動を変えるため，資源配分に変化が起きます。この定理の経済理論的根拠については，ウェブサポートページで説明します。

⑤　政府債務累積の問題

　この節では日本の持つ多額の政府債務について説明します。

┃ 日本の債務 ┃

　日本は近年，多額の国債を毎年発行しています。国債依存の度合いを示す数値として，公債金収入が歳入に占める割合を指す公債依存度があります。この値が高い場合，それだけ税収が不足していることになります。2022 年度の公債金収入は約 37 兆円であり，公債依存度は 34.3% です。

　この公債金収入は，予算を組むために新たに発行する国債のことで，全体のごく一部です。過去に発行した国債の償還および利払いには毎年多額のお金が必要で，すべて税収でまかなうことは不可能です。そのために政府は償還および利払いを繰り延べるため，借換債と呼ばれる国債を発行します。財務省の国債発行計画によれば，2022 年度の国債発行総額は約 215 兆円にのぼり，そ

のうち，借換債の発行額が 70% 近くを占めています。

　日本においては大量の国債発行が長期間にわたって行われ，その結果国債の発行残高は 2022 年の段階で約 1100 兆円に達しています。日本全体のお金の流れを把握する統計である資金循環統計によれば，2022 年現在，国債保有者の内訳は，日銀（約 40%），保険会社（約 20%），銀行（約 15%）の順となっています。日銀が国債を大量に保有しているのは，量的金融緩和政策により金融市場で国債を購入してきたためです。国債発行額に，金融機関などからの借入金，そして短期の資金繰りをするために発行される政府短期証券の発行額を加えたものは「国の借金」といわれます。この国の借金の額は 2022 年現在約 1250 兆円となっています。

　なお，国だけでなく，県や市などの地方自治体も，財源確保のために債券（地方債）を発行しています。これら中央・地方政府の債務に社会保障部門（社会保障基金）の抱える債務を加えた合計を一般政府債務といいます。ここで「債務」とは，後日返済の義務のあるお金という意味です。政府債務は近年増加を続けており，IMF（World Economic Outlook）によれば，2021 年現在でその残高は約 1400 兆円に達しています。

政府債務の累積

　政府債務，そして債務 GDP 比率の推移には，実は金利が大きな影響を与えます。以下ではこのことを説明します。ここでは簡単化のため，政府債務が，償還期間 1 年の国債のみからなるケースを考えます。このとき，昨年発行された国債のすべてが今年償還の対象となります。そしてある年における国債の利払いは，その前年末の段階で発行されている国債の総額に対してかかります。

　例として，毎年の税収が 30 兆円，税外収入がゼロ，そして政策的経費が 25 兆円という状況を考えます。さらに，金利が 20% であり，昨年末の段階における国債発行総額が 10 兆円であったとします。この場合，今年政府は元本返済に 10 兆円，利払いに $10 \times 0.2 = 2$ 兆円，計 12 兆円の支払い（国債費）が必要となります。その財源となるのが，税収 30 兆円のうち，政策的経費 25 兆円に使われなかった部分，つまり基礎的財政収支の黒字 5 兆円分です。この場合，国債費 12 兆円の支払いのうち，$12 - 5 = 7$ 兆円分が足りません。よって，政府は新たに 7 兆円の国債を発行する必要があります。この値が今年度末における

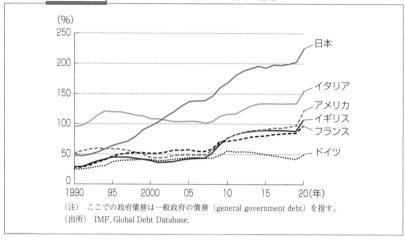

CHART | 図 5.4　主要国の債務 GDP 比率の推移

(%)

日本
イタリア
アメリカ
イギリス
フランス
ドイツ

1990　95　2000　05　10　15　20(年)

(注)　ここでの政府債務は一般政府の債務（general government debt）を指す。
(出所)　IMF, Global Debt Database.

政府債務の額です。

　一般に，今年末の政府債務の額と，その 1 年前の債務の額との間には，金利に依存する以下のような式が成立します。ここで，税収から政策的経費を引いたものは基礎的財政収支に一致します。

POINT 5.7　政府債務累積の公式

今年末の政府債務残高

　＝（1＋金利）×昨年末の政府債務残高－（今年の税収－今年の政策的経費）

※基礎的財政収支

債務 GDP 比率

　日本政府の抱える巨額の債務の返済可能性は，日本国内のみならず，世界から不安視されています。この問題を判断する際の指標としては，政府債務残高そのものではなく，その額と GDP の比である

$$\text{債務 GDP 比率} = \frac{\text{政府債務残高}}{\text{国内総生産}}$$

が主に用いられます。この比率が増大していく場合は，国民の所得を仮にすべて返済に回したとしても債務を完済できなくなり，債務が維持不可能になる事態が起きる恐れが増します。

　図 5.4 は，主要国について債務 GDP 比率の推移を比較したものです。諸外

国に比べ日本の値が高いことや，ドイツの財政状況が健全であることなどがわかります。ドイツの財政が公債発行に依存しない理由に関しては，第2次世界大戦前に公債を大量に発行し，その償還財源を中央銀行の通貨発行でまかなった結果，インフレを招いた過去の経験からきているといわれています。

政府債務の返済可能性

ここで債務GDP比率が増えない条件を考えてみましょう。簡単化のため，毎年の基礎的財政収支の額がゼロ，つまり税収と政策的経費が等しいと仮定します。このとき，債務の増加率はちょうど金利と一致します（基礎的財政収支がゼロではない一定値の場合，債務の増加率は時間がたつにつれて金利に近づくことを示すことができます）。つまり，GDPの成長率よりも金利が大きいとき，債務GDP比率は，分子の増え方の方が分母の増え方よりも大きくなり，その結果この比率は時間とともに無限に増大します。

逆に，GDPの増加率が金利を上回るとき，債務GDP比率はしだいにゼロに近づきます。通常税収はGDPにはほぼ比例しますので，いつか債務を税収でカバーできるようになります。債務GDP比率が増えない条件は以下のようにまとめることができます。

> **POINT 5.8** 政府債務の返済可能性条件
>
> 金利 ≦（名目）経済成長率

この条件を最初の提唱者である経済学者のエブセイ・ドーマーにちなみドーマー条件といいます。ドーマー条件は，基礎的財政収支がゼロでないときも成立します。今の日本がこの条件を満たしているかについて考えてみましょう。図5.5は，金利と経済成長率の大小関係を示したグラフです。ここで，償還期間が10年の新発10年物国債の利回りを金利としています。この20年間で見ると，ドーマー条件が満たされていない時期の方がやや長いように見えます。

金利は通常マイナスにはなりませんので，ドーマー条件が成立するには名目GDPがプラス成長をすることが必要条件となります。経済の豊かさを測るのは実質GDPだという議論がありますが，負債を多く抱えている日本にとっては，名目の経済成長率をプラスにすることも重要であることがわかります。

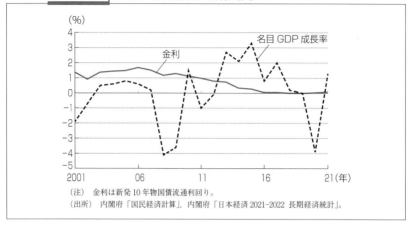

(%)

名目 GDP 成長率

金利

2001　　06　　11　　16　　21 (年)

（注）　金利は新発 10 年物国債流通利回り。
（出所）　内閣府「国民経済計算」，内閣府「日本経済 2021-2022 長期経済統計」。

例題5.2　ある国の税収を年 20 兆円，政策的経費を年 25 兆円とする。また，昨年末の政府債務残高を 40 兆円とする。さらに金利（年利）を 10% とする。今年末の政府債務残高を求めよ。

答　国債の元本と利払いの合計は 40×1.1＝44 兆円となる。政策的経費が税収を 5 兆円上回っているため今年末の債務残高は 44＋5＝**49 兆円**となる。

債務不履行の問題

　多額の国債発行により，政府債務残高が増えすぎると，債務の返済可能性が市場で疑われるようになります。現在の日本は，まだ国債費が歳入の範囲内に収まっていますが，国債発行がさらに増え，仮に国債費が歳入の規模を超えたら，その段階で利払いや借り入れた元本の返済が滞ることになります。こうなると人々は国債を買おうとしなくなり，政府は財源を確保できなくなります。

　一般に，政府や会社，または個人が債務を返済できなくなる事態を債務不履行（デフォルト）といいます。政府による債務不履行として有名なものにアルゼンチンによるものがあります（詳しくは Column ❺－1 を参照してください）。もしある国の国債が債務不履行になった場合，経済に多大な悪影響がもたらされます。まず，国債を保有している人々の持つ資産の価値の一部が失われ，消費などの経済活動に大きな支障が出ます。また，個人だけでなく，国債を資金運用目的で大量に保有している保険会社などの企業も打撃を受けます。保険会社の経営状態が悪化すると，生命保険や年金の支払いが滞ることが予想されます。

　南米第3位の経済大国アルゼンチンの政府は，よく債務不履行の問題を引き起こしてきました。とくに2001年の債務不履行は有名です。アルゼンチン政府は，1990年代後半から経済の低迷とそれによる税収の低下に苦しみ，GDPの半分近くに及ぶ公的債務を抱えるようになりました。

　公的債務の対GDP比は日本の方が深刻ですが，日本と違う点は，アルゼンチンがドルなどの外国通貨建ての債務を抱えているという点です。債務が自国通貨建ての場合，中央銀行が紙幣を発行することで返済できますが，外国通貨でお金を借りた場合，返済には外貨を調達しなくてはならず，返済の困難さが増します。そういったなか，2001年，アルゼンチン政府は対外債務の返済ができなくなり，債務不履行が発生しました。不履行額は10兆円以上にのぼり，資産運用のためアルゼンチン国債を買っていた日本の個人や企業・自治体も多額の損失に苦しみました。

　アルゼンチン政府は，支払いに関し元本を減らすなどの交渉を諸外国と行っていますが，2022年現在完全な解決にはまだ至っていません。最近では2020年に約5億ドルの国債の利払いを行わず，9度目の債務不履行が発生しました。

（参考文献：『読売新聞』2002年12月21日付朝刊「アルゼンチンの円建て国債，500億円債務不履行」，『読売新聞』2018年2月14日付朝刊「アルゼンチン債　不履行で和解案　元本の150％支払い」，『日本経済新聞』2020年5月23日付電子版「アルゼンチン，9度目の債務不履行　再編交渉は継続」）

　さらに，日本では現在，中央銀行である日本銀行が多額の国債を保有していますが，国債の債務不履行により日銀の資産状況が悪化した場合，円への信頼が揺らぎ通貨価値の下落つまりインフレが起きる可能性があります。このように，政府債務の不履行は経済に深刻な問題を引き起こす恐れがあります。

　近年では，政府債務残高の対GDP比率が日本より低いヨーロッパの各国で深刻な財政危機が発生しています。ギリシャでは，かつて政府が発表する債務の統計に虚偽が見つかり，公表額より実際の債務がはるかに多いことがわかり，ギリシャ国債の価格が急落しました。国債価格が下落すると，政府にとって財源の調達が困難になります。財政の破綻を避けるべく，ギリシャ政府はEUからの資金面の支援を得る代わりに，予算の規模を減らす緊縮財政の政策をとりました。そのため経済状況が悪化し，失業率が高まり政策への反発も起こりま

した。ギリシャのほかにもスペインやイタリアなども多額の政府債務を抱えていて，債務不履行の可能性が危惧されています。

SUMMARY ●まとめ

□ 1 財政には主に資源配分の調整，不平等の是正，経済の安定化の機能がある。

□ 2 国による歳出，歳入をまとめたものを予算という。

□ 3 歳入は，税収，その他収入，公債金収入からなる。

□ 4 歳出は，政策的経費と国債費に分かれる。

□ 5 税収以上の歳出が必要な際に国が発行する債券を国債という。

EXERCISE ●練習問題

1 次の文章の [①] から [④] について，当てはまる単語を下の語群から選びなさい。

財政の主な３つの機能としては，第１に，民間企業が自発的に生産しないが社会に必要な財・サービスである [①] を供給するなど，資源配分を是正すること，第２に社会におけるさまざまな不平等を是正すること，そして第３に経済を安定化することがあげられる。第１の機能である [①] については，厳密には排除性と [②] を持たない財として定義される。第２の機能である不平等の是正を行うため，所得税は低所得者の方に低い税率を課す仕組みになっているが，このような税を [③] 的という。第３の機能については，所得税が [③] 的であるため，所得が減ると税負担が自動的に下がり，人々の経済活動を下支えする仕組みになっている。このような税制の経済安定化機能を [④] という。

　[語群]　a. 私的財　b. 非対称性　c. 累進　d. ビルトイン・スタビライザー
　　　　 e. 競合性　f. 逆進　g. 基礎的財政収支　h. 公共財　i. プライマリー・バランス

2 国債に関する以下の文章のうち正しいものを選べ。

①ドーマー条件は，金利とインフレ率との比較として表現される。

②歳出における国債費は利払費のみからなる。

③公共事業をまかなうために発行する国債を特例国債という。

④公債金収入が国債費を上回るとき，基礎的財政収支は赤字になる。

3 2019年度の日本の一般会計予算においては，歳出が約 101 兆円，税収が約 63 兆円，税外収入が約 6 兆円，政策的経費が約 78 兆円となっている。この年における日本の基礎的財政収支を求めなさい。

4 ある国の昨年末の債務総額を 100，そして今年の税収を 20，そして政策的経費を 10 とする。金利が年率で 20% のとき，以下の問いに答えなさい。

(1) 今年末の債務総額を求めなさい。

(2) 来年の政策的経費を 10 のままとする。来年末の債務総額を今年末の段階より 10 減らすためには，来年度の税収をいくらにしたらよいか。

5 一般に，消費税率が上昇するほど，財・サービスの税込価格が上がるため，他の条件を一定としたとき消費額は減少する。したがって，消費税率と消費税収の関係は比例的ではない。いま，ある経済において，消費税率が t（$0 \leq t < 0.5$）のときの消費額 C が税率 t の減少関数として $C = 10 - 20t$ に等しいとする。

(1) 消費税に関するラッファー曲線の式，つまり消費税率 t と消費税収 $R = t \cdot C$ の関係式を求めなさい。

(2) 消費税収 R を最大にする t の値を求めなさい。

第 2 部

マクロ経済学の基本モデル

PART

第2部のレイアウト

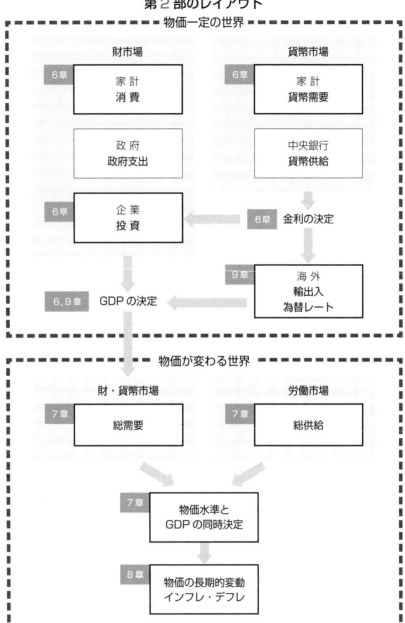

物価一定の世界

財市場　　　　　　　　　　　貨幣市場

6章　家計　消費　　　　　　6章　家計　貨幣需要

政府　政府支出　　　　　　中央銀行　貨幣供給

6章　企業　投資　　　6章　金利の決定

6, 9章　GDP の決定　　9章　海外　輸出入　為替レート

物価が変わる世界

財・貨幣市場　　　　　　　　労働市場

7章　総需要　　　　　　　　7章　総供給

7章　物価水準と GDP の同時決定

8章　物価の長期的変動　インフレ・デフレ

第**6**章

GDP と金利の決まり方

INTRODUCTION

　この章では財・サービスの市場，そして貨幣の市場を表現した簡単なマクロ経済モデルを説明し，その中で国内総生産（GDP）や金利がどう決まるかを考えます。さらに，財政・金融政策により政府支出や貨幣供給量が変化したとき，金利や GDP がどのように動くのかについて経済モデルを用いて説明します。第 4 章，第 5 章でも説明しましたが，財政・金融政策の目的の 1 つに，マクロ経済の安定化や持続的な成長があります。この章では，経済政策がどのようにマクロ経済に影響を与えるか，モデルを通して学びます。なお，この章では，物価水準が一定である場合に限り分析を行います。

　Keywords：消費関数，政府支出乗数，均衡 GDP，均衡金利，財政政策，乗数効果，金融政策

1 消費関数

　家計による消費は日本の GDP の約 6 割を占め，その動向は経済に大きな影響を与えます。この節では消費と GDP との関わりを考えます。

▌家計の消費と所得▐

　はじめに家計の消費と（可処分）所得の関係を見てみましょう。一般的に，家計の消費は可処分所得，つまり手取りの所得が増えるほど増加する傾向があります。図 6.1 は，世帯人数 2 人以上の勤労者世帯の消費と可処分所得の額（1 カ月当たり平均）の推移を 2000 年から 19 年までの期間で示したものです。図において，横軸は所得額を，縦軸は消費額を表しています。たとえば図の点 A は，2005 年における消費，所得の状況を示しており，その年の所得は点 A の横座標である約 44 万円，そして消費は A の縦座標の約 33 万円です。

　図において，ある年の消費とその年の所得との関係を示す点の位置は直線 ℓ にほぼ沿っています。消費，所得を 1 万円単位で表記すると ℓ の式はおおよそ

$$消費 = 15 + 0.38 \times 所得 \tag{1}$$

と表せます。この（1）式によれば，たとえば所得が 40 万円の家計の消費は $15 + 0.38 \times 40 = 30.2$ 万円となります。消費を所得の関数として表した式を一般的に消費関数といいます。本書では消費は所得の 1 次関数であると仮定します。

　消費関数を示す（1）式において消費は，定数部分（15）と，所得に比例して増える部分（0.38×所得）からなります。定数部分は，消費のうちその年の所得水準によらない部分を指し，この部分を基礎消費といいます。基礎消費には，水道の基本料金など生活に最低限必要な支出が含まれます。

　次に，所得に比例している部分（0.38×所得）における係数 0.38 は，消費関数を示す直線 ℓ の傾きに等しく，これは所得が 1 円だけ追加的に増えたときの消費の増加額のことです。この値を一般的に限界消費性向（marginal propensity to consume）といいます。ここで限界（marginal）とは追加的という意味の用語です。今の例では限界消費性向が 0.38 ですから，所得が 100 円増えたとすると，消費は 38 円だけ増えることになります。家計は通常，所得が増えるにつ

図6.1 家計の消費と所得の関係

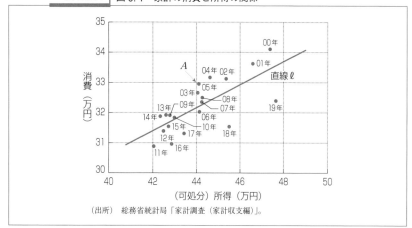

（出所）　総務省統計局「家計調査（家計収支編）」。

れ消費も増やしますが，所得の増分の一部は貯蓄に回すため，限界消費性向は0から1の間の値をとります。所得が1円増えた場合に貯蓄が増える額，つまり1から限界消費性向を引いた値のことを限界貯蓄性向と呼びます。消費関数が先ほどの（1）式の場合，限界貯蓄性向は $1-0.38=0.62$ となります。

　なお，家計の消費は，所得だけでなく，保有する金融資産の額にも依存します。なぜなら，金融資産が増えれば，それを取り崩し現金化することでより多くの消費ができるからです。株価などの資産価格が上昇し資産価値が上がると消費が増える傾向がありますが，これを消費の資産効果といいます。この章では，資産効果による消費増を基礎消費の増加として捉えます。

POINT 6.1　消費関数

- 消費と所得の関係を示したものを消費関数という
- 限界消費性向とは所得の増額のうち消費の増加に回る割合を指す

平均消費性向と所得の関係

　図6.2において，直線 ℓ は消費関数を示しています。そして直線 ℓ 上の点 E_1 において，所得は y_1 そして消費は c_1 であり，平均消費性向 $=c_1/y_1$ は線分 OE_1 の傾きに等しくなっています。いま，所得が y_1 から y_2 に増えて，消費と所得を示す点が E_1 から E_2 に移ったとき，平均消費性向を示す線分 OE_2 の傾き（c_2/y_2）は元の傾き（c_1/y_1）より小さくなります。一般に，所得が増える

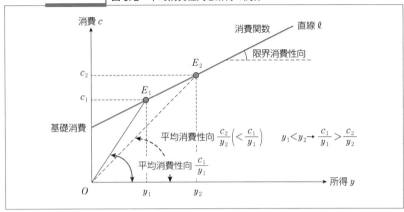

消費 c

消費関数　直線 ℓ

限界消費性向

c_2

E_2

c_1

E_1

基礎消費

平均消費性向 $\dfrac{c_2}{y_2}\left(<\dfrac{c_1}{y_1}\right)$　　$y_1<y_2\rightarrow\dfrac{c_1}{y_1}>\dfrac{c_2}{y_2}$

平均消費性向 $\dfrac{c_1}{y_1}$

所得 y

O　　　　y_1　　y_2

と平均消費性向は下がりますが，これは消費の中に，所得によらず一定の基礎消費の部分があるためです。第5章で説明したように，確かに高所得者層の平均消費性向は実際低くなっています。

　なお，限界消費性向は，平均消費性向と言葉は似ているものの異なる概念です。「限界」消費性向は，直線 ℓ の傾きであり，所得によらず一定の値をとります。図からも明らかなように平均消費性向の値とは異なります。

消費決定に関するさまざまな考え方

　消費が，所得に比例する部分と一定の基礎消費の部分からなるという考え方に基づく消費関数を，それを考案した経済学者ジョン・M.ケインズの名にちなみケインズ型の消費関数といいます。本書では主にこの消費関数を用います。

　ケインズ型消費関数においてある時期の消費は単にその時期における所得にのみ依存します。しかし消費の理論には，家計が生涯の間に受け取る総所得（生涯所得）を計算に入れ，現在から将来にかけての消費水準が変わらないように，つまり消費を平準化するように消費・貯蓄の計画を立てるというものもあります。この考え方をライフサイクル仮説といいます。この仮説に基づくと，家計の消費は将来の所得にも依存します。

　例として，現在20歳であり，100歳までの計80年間を生きるAさんの消費計画を考えます。Aさんは今後70歳まで50年間働き毎年400万円所得を受け取る一方，退職後は所得を得ないものとします。またAさんは20歳の段

階で資産を持たず，遺産や借金を死亡時に残さないものとします。さらに金利をゼロとします。Aさんが消費を平準化する場合，Aさんは受け取る所得の合計 50（年）× 400（万円）＝2億円を人生の長さ 80 年で割った 250 万円だけ毎年消費します。つまり，Aさんは働いているとき，毎年 400－250＝150 万円貯蓄します。金利を考える場合の消費決定は章末の付録1で説明します。

消費の理論はほかにもあります。所得を，定期的に受け取る部分を指す恒常所得と，それ以外の変動所得（ボーナスなど）とに分け，消費はその中の恒常所得に比例するように決まり，変動所得は貯蓄に回るとする考え方を恒常所得仮説といいます。この仮説に基づくと，1回限りの所得の増加が起きてもそのほとんどが貯蓄に回ることになります。

恒常所得仮説やライフサイクル仮説に基づき消費が決まる場合，長期的には消費は所得に比例的となります。確かにデータを見ても，基礎消費の部分は短期的には存在するものの，長期的にその値はほぼゼロになります。消費と所得の比例的な関係を示す長期の消費関数をクズネッツ型消費関数といいます。

> **ＰＯＩＮＴ 6.2　消費のライフサイクル仮説**
> 人々が，生涯所得を考慮に入れ，消費を平準化するように消費・貯蓄を決めるとする考え方

マクロ経済の消費関数

各家計の消費が所得の関数である場合，国全体で見たときの総消費も総所得，つまり GDP の関数であると考えることができます。図 6.3 (a) は，GDP と総消費（民間最終消費支出）の推移（2000〜19 年）を散布図にしたものですが，国レベルでの消費と所得の間にもおおむね直線の関係があるといえます。

以下では GDP を Y，そして GDP の関数としての消費を $C(Y)$ として表します。家計の消費関数と同様に，マクロ経済の消費関数 $C(Y)$ も1次関数であると仮定し，その傾き（c）を限界消費性向，定数部分（a）を基礎消費と呼びます。限界消費性向 c の値は $0 < c < 1$ を満たすと仮定します。図 6.3 (b) はこの消費関数を，横軸に GDP をとった平面において図示したものです。

POINT 6.3　マクロ経済の消費関数（C：消費，Y：GDP）

$$C(Y) = \underbrace{a}_{\text{基礎消費}} + \underbrace{c}_{\text{限界消費性向}} \times Y$$

例題 6.1　消費関数を $C(Y) = 20 + 0.4Y$ とする。GDP つまり Y が 50 のとき消費，平均消費性向そして限界消費性向を求めなさい。

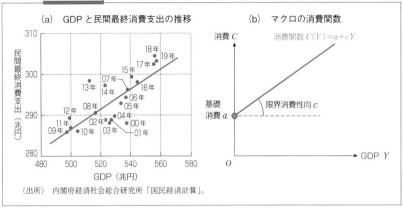

(a) GDPと民間最終消費支出の推移　　　(b) マクロの消費関数

（出所）内閣府経済社会総合研究所「国民経済計算」。

答 $C(50) = 20 + 0.4 \times 50 = 40$ であるため，消費 C の値は **40**。平均消費性向は，$40 \div 50 = $ **0.8** となる。限界消費性向の値は（Y の値によらず）**0.4** に等しい。

2 GDPの決定

　この節では，財・サービス市場の需給関係を通した GDP の決まり方を考えます。以下では簡略化のため，財・サービスを単に財と書きます。

総生産と総需要

　財市場における総生産量は GDP（国内総生産）です。生産された財を家計・企業・政府・海外の各部門が需要する量は，それぞれ消費 C，投資 I，政府支出 G，純輸出 NX です。それらの合計（$C + I + G + NX$）を総需要と呼び D で表記します。総需要のうち，国内の経済主体（家計・企業・政府）による需要（$C + I + G$）を内需，そして海外からの需要を示す純輸出 NX を外需と呼びます。以下ではしばらくの間，輸出入 NX をゼロとします。

　第1章では，設備投資など，企業が計画的に行う投資と，売れ残りや品不足など企業の想定外に発生する在庫変化を合わせて投資と呼びましたが，話を簡単にするため，この章では計画的に行われる投資のみを投資と呼び，売れ残りなどの想定外の在庫変化を財の過不足として別個に扱うことにします。

GDP（国内総生産）Y	10	20	30	40
消費 $C = 0.5Y$	5	10	15	20
投資 I（一定）	10	10	10	10
総需要 $D = C + I$	15	20	25	30
財の過不足 $Y - D$	品不足 5	0（均衡）	売れ残り 5	売れ残り 10

　例として，消費関数が $C = 0.5Y$，投資が $I = 10$，そして政府支出 G がゼロである状況を考えます。表6.1は，GDP（総生産）Y の値が 10 から 40 まで変わるにつれ，消費 C，総需要 D そして Y と D の差である財の過不足がどう変化するかを示したものです。総生産が総需要を上回る（下回る）場合，差の部分は売れ残り（品不足）を指します。

　はじめに，Y が 40 であったとします。この状況は表6.1の一番右の列に対応します。このとき消費 C の値は $0.5 \times 40 = 20$ であり，総需要 $D = C + I$ は $20 + 10 = 30$ となります。財の総生産量（GDP）が 40 であるため，総需要との差 $40 - 30 = 10$ だけ財は売れ残ります。通常，売れ残りが出ると企業は生産を減らします。ここで，仮に企業が生産を 10 だけ減らした結果，総生産 Y が 30 になったとします。このとき，表の右から 2 番目の列が示すように，売れ残りは 5 に減るものの，ゼロにはなりません。

　その後，企業が生産をさらに 10 減らし，Y が 20 になったとします。この場合，総需要は投資 10 + 消費 10 = 20 となり，総生産と一致します。総需要と総生産が一致する状況を財市場の均衡と呼びます。この均衡では，売れ残りもなく，企業はこれ以上生産を変更する必要はありません。

　今度は，総生産 Y が均衡値より少ない 10 であった場合を考えます。表の左から 2 列目が示すように，この場合総需要 15 は総生産 10 を 5 上回るため品不足となり，企業は生産を増やそうとします。このように，財市場が均衡していない場合，生産調整を通して市場は均衡の状況に徐々に近づきます。

均衡 GDP

　以上の議論を一般化してみましょう。財市場が均衡し，総需要 $D = C + I + G$ と総生産 Y が等しい状況での Y の値を均衡 GDP（均衡国内総生産）といい Y^* と書きます。本書では総需要と総生産が等しいときに成立する条件式

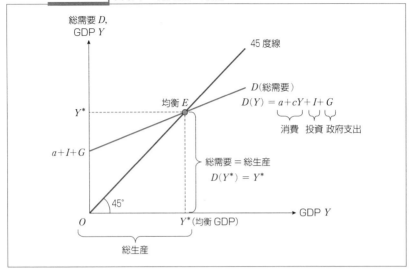

CHART 図6.4 均衡GDPの決定

$$Y = D \quad (= C + I + G)$$

を財市場均衡式といいます。消費関数が $C(Y) = a + cY$ として与えられている
とき，総需要 $D = C(Y) + I + G$ も Y の1次関数として以下のように書けます。

$$D(Y) = a + I + G + cY$$

財市場均衡式は Y についての方程式 $Y = a + I + G + cY$ として表すことができ，
これを Y について解くことで均衡GDPの値が以下のように求められます。

POINT 6.4 均衡GDPの公式

$$\underset{\text{均衡GDP}}{\underbrace{Y^*}} = \frac{\overset{\text{基礎消費}}{\overbrace{a}} + \overset{\text{投資}}{\overbrace{I}} + \overset{\text{政府支出}}{\overbrace{G}}}{\underset{\text{限界消費性向}}{\underbrace{1 - c}}}$$

この Y のように，経済モデルの中で値が決まる変数を内生変数，一方，基礎
消費 a のように，値を所与と見なすような変数を外生変数と呼びます。

　図6.4は，財市場の均衡をグラフで示したものです。この図は，横軸に
GDPつまり Y の値をとった平面を示しており，この図における青色の直線 D
は，総需要 $D(Y) = a + I + G + cY$ を Y の1次関数として表したものです。直
線の切片の値 $a + I + G$ は正で，傾き c は1未満です。ここで同じ平面上に，

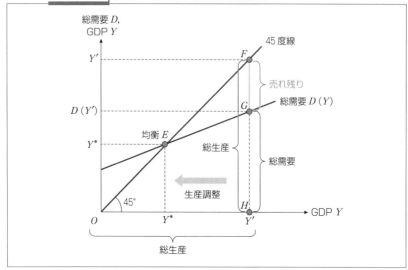

原点を通る傾き1の直線（45度線）を引きます。45度線上の点においては横座標と縦座標が常に等しくなるため，両直線の交点 E において，総需要と GDP つまり Y の値が一致し，縦座標も横座標も均衡 GDP の値 Y^* に等しくなります。つまり，点 E は財市場の均衡を示しています。一般に，45度線と総需要を示す直線からなるこの経済モデルは45度線モデルといわれます。

均衡への生産調整

45度線モデルにおいて，経済が均衡から外れた場合を考えましょう。いま，GDP の値 Y' が均衡値 Y^* より大きかったとします。この場合，総需要 $D(Y')$ は図6.5において線分 GH の長さに等しく，これは線分 FH の長さで示される総生産 Y' を下回っており，結果として線分 FG の長さに等しい売れ残りが発生しています。この場合，企業は生産調整をし，結果として GDP が減ります。反対に，GDP が Y^* より小さい場合は需要が総生産を上回り，企業は生産を増やします。いずれの場合も経済は均衡 E に近づきます。

ところで，第1章で学んだ国民経済計算においては，売れ残りが在庫投資として投資に含まれるため，財市場が均衡していなくも，消費，投資，そして政府支出の和は GDP に常に一致します。一方，均衡 GDP とは売れ残りがない場合の GDP の値のことです。以後は財市場の均衡を仮定して分析します。

例題 6.2 消費関数が $C = 20 + 0.8Y$, 投資が $I = 30$, そして政府支出が $G = 0$ のとき均衡 GDP の値 Y^* を求めなさい。

答 総需要は $D = C + I = 50 + 0.8Y$ である。財市場均衡式 $Y = D = C + I$ を Y について解くことにより $Y^* = 250$ を得る。

投資乗数

これまで一定としていた投資 I の値が ΔI だけ増えて $I + \Delta I$ になったとき，均衡 GDP はどう変化するでしょうか。ここで Δ (デルタ) とは増加量を示す記号です。たとえば，投資 I が 6 から 8 に 2 だけ増えた場合 $\Delta I = 2$ と書きます。POINT 6.4 で示した均衡 GDP の公式 $Y^* = \frac{a + I + G}{1 - c}$ より，投資が増えたときの均衡 GDP を Y^{**} とすると，この値は以下のようになります。

$$Y^{**} = \frac{a + (I + \Delta I) + G}{1 - c} = Y^* + \frac{\Delta I}{1 - c}$$

よって，均衡 GDP の増加量 $Y^{**} - Y^*$ を ΔY としたとき ΔY は以下のように投資の増加量 ΔI に比例します。

$$\Delta Y = \frac{1}{1 - c} \times \Delta I$$

右辺における係数 $\frac{1}{1 - c}$ の値を投資乗数といいます。この値は，投資が増えたときに GDP が投資の増加量の何倍増えるかを示しています。

投資乗数は財市場均衡式 ($Y = C + I + G$) に着目して導くこともできます。この式は消費関数が $C(Y) = a + cY$ のとき以下のように書けます。

$$Y = a + cY + I + G \tag{2}$$

投資が ΔI だけ増えた結果 GDP が ΔY だけ増え $Y + \Delta Y$ になったとすると，消費は $c\Delta Y$ だけ増え $C(Y + \Delta Y) = a + cY + c\Delta Y$ となるため，財市場均衡式は，

$$Y + \Delta Y = (a + cY + c\Delta Y) + (I + \Delta I) + G \tag{3}$$

と書けます。このとき，(3) 式は (2) 式に比べ，左辺は ΔY だけ，右辺は $c\Delta Y + \Delta I$ だけ値が増加しています。両式は等式なのでこれらの増加量は等しくなります。したがって $\Delta Y = c\Delta Y + \Delta I$ という式を得ます。この等式は，GDP の増加 ΔY が消費の増加 $c\Delta Y$ と投資の増加 ΔI との和に等しいということを意味しています。この式を整理すると $\frac{\Delta Y}{\Delta I} = \frac{1}{1 - c}$ となり，確かに投資乗数が $\frac{1}{1 - c}$ であることがわかります。

投資乗数と同様に，基礎消費 a が増加した際に均衡 GDP がその何倍増えるかという値を消費乗数，政府支出 G が増加した際に均衡 GDP がその何倍増えるかという値を政府支出乗数と呼びますが，これらの値はすべて $\frac{1}{1-c}$ です。

例題6.3 消費関数を $C=10+0.75Y$，投資を $I=20$，そして政府支出を $G=0$ とする。ここで投資が 10 だけ増えたとき均衡 GDP はいくら増えるか求めなさい。

答 限界消費性向は 0.75 であるから投資乗数は $\frac{1}{1-0.75}=4$ となる。均衡 GDP の増加量は，投資の増加量 10 と乗数 4 の積 $4 \times 10 = \textbf{40}$ となる。

POINT 6.5 乗数の公式（c：限界消費性向）

$$消費乗数 = 投資乗数 = 政府支出乗数 = \frac{1}{1-c}$$

乗数効果

限界消費性向 c は 1 未満ですので，投資乗数 $\frac{1}{1-c}$ の値は 1 を超えます。つまり，投資が増えたらそれ以上の GDP の増加がもたらされます。逆に，投資が減少したら，その減少分以上に均衡 GDP は減少します。

図 6.6 は，投資の増加の影響を 45 度線モデルで示したものです。元の総需要 $C(Y)+I+G$ を表す直線を D_1 としたとき，投資が増えたあとの新たな総需要 $C(Y)+I+\Delta I+G$ を表す直線 D_2 は D_1 より ΔI だけ上方に位置しています。総需要のシフトにより均衡は 45 度線上で点 E_1 から右上の点 E_2 に移り，均衡 GDP は Y_1^* から Y_2^* に増えます。GDP の増加 $\Delta Y = Y_2^* - Y_1^*$ が投資増 ΔI を上回っていることは図からもわかります。

投資乗数が 1 を上回ることについて，例を用いて考えてみましょう。いま，ある企業が設備投資として機械を 1 単位購入したとします。投資は GDP の支出面での構成要素ですので，まずこの段階で，GDP は自動的に 1 増えます。次に，この機械を企業に販売したメーカーの従業員（A さんとします）の所得が 1 増え，A さんは所得増 1 と限界消費性向 c の積 c だけ消費を増やします。消費も GDP の構成要素ですので，さらに c だけ GDP が増えます。

投資の効果はまだ続きます。A さんが消費を店で行ったとすると，今度はその店で働く店員の所得が c だけ増えます。そしてその店員は消費を所得増 c と限界消費性向 c の積 c^2 だけ行うため，GDP はさらに増えます。

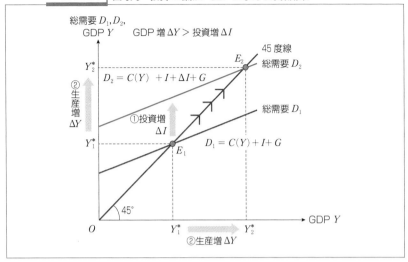

CHART 図6.6　投資の増加が GDP に与える乗数効果

総需要 $D_1, D_2,$
GDP Y　　　GDP 増 $\Delta Y >$ 投資増 ΔI

45 度線

Y_2^*　　　　　　　　　　　　　E_2　　　総需要 D_2

$D_2 = C(Y) + I + \Delta I + G$

②生産増 ΔY

①投資増 ΔI

総需要 D_1

Y_1^*　　　　　　　E_1　　　$D_1 = C(Y) + I + G$

45°

O　　　　　　Y_1^*　　　　　　Y_2^*　　　GDP Y

②生産増 ΔY

　一般に，需要が増えたときに，所得・消費の増加が連鎖し，最初の需要増を上回る GDP の増加がもたらされることを乗数効果と呼びます。GDP の総増加量 ΔY は，元の投資増 1 とそれに続く消費増（$c, c^2, c^3, \cdots$）の無限の和 $1+c+c^2+\cdots$ として表せ，その値は，序章でも言及した等比数列の和の公式より投資乗数 $\frac{1}{1-c}$ に一致します。

　乗数 $\frac{1}{1-c}$ の値は限界消費性向 c の上昇とともに増えます。たとえば $c=0.5$ なら乗数の値は $\frac{1}{1-0.5}=2$ ですが，$c=0.8$ ならその値は $\frac{1}{1-0.8}=5$ に増えます。これは限界消費性向が高いと所得増が消費増に反映されやすくなるからです。

　なお，輸入と GDP との関係を考慮した場合，乗数の値は，ここで説明した場合よりも低くなります。このことについては章末の付録 2 で説明します。

所得税の効果

　ここでは所得税の導入が GDP に与える影響を説明します。所得税の総額を一定値 T とします。家計の消費が可処分所得に依存するため，所得税がかかる場合，総消費 C は，GDP（＝国内総所得）Y から税 T を除いた総可処分所得 $Y-T$ に依存すると考えることができます。ここで消費関数が以下のように総可処分所得 $Y-T$ についての 1 次関数で表せる場合を考えます。

$$C(Y) = a + c \times (Y - T)$$

なお，所得税額ではなく，所得税率 t を一定値として考える場合もあり，このとき税額は，税率と総所得 Y との積 tY，そして可処分所得は $(1-t) \times Y$ となります。つまり消費関数は $C(Y) = a + c(1-t)Y$ と表せます。

　消費が可処分所得に依存する場合，総需要 $D = C(Y) + I + G$ は Y の関数として $D = cY + a + I + G - cT$ と書けます。したがって，均衡 GDP の値は財市場均衡式 $Y = D$ を解いて以下のように求められます。

$$Y^* = \frac{a+I+G}{1-c} - \frac{c}{1-c}T$$

上の式が示すように，所得税がかかることで，均衡 GDP はその $\frac{c}{1-c}$ 倍減少します。所得税が 1 だけ増えることによる均衡 GDP の変化量 $-\frac{c}{1-c}$ を租税乗数といいます。増税は均衡 GDP を減らすため，租税乗数は負の値をとります。

　租税乗数が $-\frac{c}{1-c}$ になる理由は以下のとおりです。所得税が 1 単位かかり，可処分所得が 1 単位減ると，まず限界消費性向 c に等しい量だけ消費が減ります。この減少は，乗数効果を伴い，最終的に最初の消費の減少分 c と消費乗数 $\frac{1}{1-c}$ との積 $\frac{c}{1-c}$ だけ均衡 GDP を減らします。この減少量が租税乗数です。

　増税とは反対に 1 単位だけ減税すると，租税乗数の大きさ $\frac{c}{1-c}$ だけ GDP が増えます。限界消費性向 c が 1 より小さいため，減税 1 単位が GDP を増やす量 $\frac{c}{1-c}$ は，政府支出 1 単位が GDP を増やす量つまり政府支出乗数 $\frac{1}{1-c}$ を下回ります。これは，政府支出の増加は総需要を直接増やす一方，所得税減税分の一部は需要（消費）増に回らず貯蓄に向かうからです。

　政府支出の財源として，国債発行などの借入に頼る場合，政府支出が 1 単位増えると政府支出乗数の値だけ GDP が増えます。一方，財源を税金に頼る場合の GDP への影響は，政府支出増による正の効果から，増税による負の効果を引いたものとなります。政府支出の額と税収が等しいような財政状況を均衡予算（均衡財政），そして政府支出の額と税額をともに 1 単位増やしたとき，均衡 GDP が増える量を均衡予算乗数といいます。この乗数の値は政府支出乗数 $\frac{1}{1-c}$ と租税乗数 $-\frac{c}{1-c}$ の和，つまり 1 となります。

ＰＯＩＮＴ 6.6　財政政策の効果（c：限界消費性向）

- 政府支出 G を 1 単位増やす場合：GDP の変化量 $= \frac{1}{1-c}$（政府支出乗数）
- （所得）税 T を 1 単位増やす場合：GDP の変化量 $= -\frac{c}{1-c}$（租税乗数）

例題 6.4　消費関数を $C = 20 + 0.8\,(Y - T)$，投資を $I = 30$，税を $T = 10$，政府支出を $G = 10$ とする。いま，2 単位の増税が行われ $T = 12$ になったとき，均衡 GDP はいくら減少するか求めなさい。

答　租税乗数は $-\dfrac{0.8}{1-0.8} = -4$ なので，均衡 GDP の変化量は増税分 2 と租税乗数の積 -8 に等しい。つまり均衡 GDP は 8 だけ減少する。

③　投資と金利

　これまで投資の値は定数と仮定してきました。実は投資は金利と深く関わっています。この節ではこの関係について学びます。

┃ 企業の投資行動と金利 ┃

　ここでは，企業がどのように投資の額を決定するかを説明します。例として，3 つの町（A 町，B 町，C 町）のうちの何カ所かに店を開業する計画を立てている企業を考えます。出店費用，つまり投資額は 1 店舗当たり 100 とします。もし 2 店舗に出店する場合，投資総額は $100 \times 2 = 200$ となります。この企業はお金を金融市場で銀行から借りて投資を行います。お金を貸し借りする際に付く金利（年利）を 2% = 0.02 とします。たとえば，1 店舗の開業費用 100 を銀行から借りた場合，来年は元本 100 に加え，$100 \times 0.02 = 2$ の利子を銀行に支払う必要があります。今年投資をした場合，店舗を来年開業することができ，そして簡単のため店舗から売上を得られるのは来年 1 回限りとします。

　表 6.2 は各店舗の出店にかかる投資額および来年の開業時に得る売上，投資収益，そして収益率を示しています。投資収益とは売上から費用である投資額を引いたものであり，また収益率とは投資額 1 円当たりの投資収益のことです。投資以外にかかる人件費などの費用などはなく，来年の売上は今年の段階で確実にわかっているものとします。表が示すように，A 町に出店する場合，売上は 106，投資収益は $106 - 100 = 6$，そして収益率は $6/100 = 6\%$ となります。

　この例において，最終的な利益は投資収益から利払費を引いたものとなります。企業が利益の総額を最大にしたい場合，どう出店すべきでしょうか。ここで，A 町，B 町での投資収益（それぞれ 6, 4）はともに利払費 2 を上回っており，

出店場所	投資額	売上	投資収益 (＝売上－投資)	収益率 (＝投資収益/投資額)
A町	100	106	6	6%
B町	100	104	4	4%
C町	100	101	1	1%

利益があがるもののC町での投資収益1は利払費2を下回っており損失が出ます。つまり総利益を最大にするという観点では，C町には出店すべきではありません。一般に，企業が投資をする条件はその投資からの収益が利払費を超えることであり，このことは収益率が金利を超えることと同じです。条件を満たすA町，B町の2店舗を開業させれば総利益が最大になります。このとき総投資額は10×2＝20，利益総額は (6−2)＋(4−2)＝6 となります。

投資と金利の関係

図6.7は，3つの町について投資の収益率と金利との関係を棒グラフで示したものです。図において，収益率を示す縦棒の高さが金利を示す水平な点線を超えるような場所で投資が行われることになります。図からわかるように，金利が2% の場合A町とB町に投資がなされますが，金利が5% に上がると，金利を示す線が上にシフトし，B町には投資されなくなります。つまり投資は金利が上がると減ります。なお，この例で投資からの売上は来年1回だけですが，投資と金利との負の関係は，売上が複数回発生する場合においても成り立ちます。このことについては章末の付録3で取り上げます。

収益率が金利を超えるような投資のみ実施されるという結論は企業が投資を自己資金でまかなう場合も成立します。再度C町を例にとると，自己資金を100だけ投じてC町に投資をして収益1をあげるより，同じお金を金融市場で運用し利子収入2を得た方が得になります。したがって投資は実行されません。

投資関数の導出

各企業の投資が金利の減少関数である場合，国全体で見たときの投資 I も金利 r の減少関数であるといえ，これを投資関数といい，$I(r)$ と表します。本書では，投資関数は金利 r の1次関数として $I(r)＝b－d×r$ のように表せると

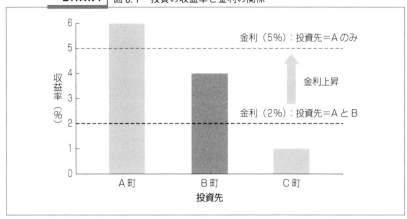

CHART 図6.7 投資の収益率と金利の関係

金利（5%）：投資先＝Aのみ

金利上昇

金利（2%）：投資先＝AとB

収益率（％）

A町　B町　C町

投資先

CHART 図6.8 投 資 関 数

金利 r

投資関数 $I(r)$

$I_1 = I(r_1)$
$I_2 = I(r_2)$
$r_1 < r_2 \rightarrow I_1 > I_2$

① 金利の上昇

r_2

r_1

O　I_2　I_1

② 投資の減少

投資 I

仮定し，定数項 b を独立投資と呼びます。**図6.8** は金利 r を縦軸にとった平面において投資関数 $I(r)$ のグラフを示しています。図において，金利が r_1 から r_2 に上がるにつれ，投資は I_1 から I_2 に減少します。

　金利が1％上がることにより投資が何％減少するかという値を投資の利子弾力性といいます。この値は投資の変化率が金利の変化率の何倍かを表しています。たとえば，投資の利子弾力性が2のとき，金利が5％上昇したら投資は10％減少します。投資の利子弾力性が大きいほど利子の変化に対して投資が大きく変化するため，投資関数のグラフの傾きはゆるやかになります。

なお，投資は金利以外の要因によっても変化します。最初の例で示したように，投資は将来の収益に関する企業の予想に依存します。この予想が強気になった場合，予想収益が増え，すべての金利水準において，投資が増えます。これらの状況は投資関数における独立投資の増加として表せます。こういった，企業やその経営者による将来の経済に対する主観的な予想のことをケインズはアニマル・スピリットと呼びました。また投資は株価にも影響を受けます。ある企業の発行する株価が上昇すると，それだけその企業が投資のための資金調達をしやすくなるため，その企業の投資は増える傾向にあります。

POINT 6.7　投資と金利の関係

投資は金利が減少すると増加する

4 貨幣市場と金利

金利とは，お金つまり貨幣に付く値段といえ，その値は貨幣の需給関係により決まります。この節では，金利決定の仕組みを学びます。

貨幣需要・貨幣供給

財と同様，貨幣にも需要と供給があります。経済主体が貨幣を需要すること，そしてその総量を貨幣需要といいます。小麦に対する需要に，食べるための需要や飼料にするための需要など種類があるのと同様，貨幣需要にも種類があります。本書では貨幣需要が，金融資産としての需要を示す資産需要と，決済手段としての需要を示す取引需要の2つから構成されると考えます。

一方，貨幣供給量は第4章で説明したように中央銀行がコントロールします。以下では，中央銀行の金融政策を貨幣供給量を決めることと捉えます。そして経済主体が貨幣を取引する場を総称し貨幣市場といいます。

貨幣需要関数

貨幣需要はさまざまな経済変数と関係しています。まず金利との関係を説明します。貨幣をそのままの形で持ち続けると，そのお金を金融市場で誰かに貸

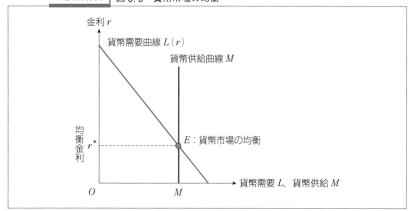

金利 r

貨幣需要曲線 $L(r)$

貨幣供給曲線 M

均衡金利

r^*

E：貨幣市場の均衡

O

M

貨幣需要 L, 貨幣供給 M

した場合に得られたはずの利子収入を失います。つまり，利子は貨幣保有の機会費用であり，金利が高くなるとその費用も増え，資産需要としての貨幣需要が減少します。また，貨幣需要は GDP にも依存します。GDP，つまり総所得が増えた場合，財の取引額は増加し，結果として必要となる貨幣の量も増えます。つまり GDP が増えると取引需要としての貨幣需要が増えます。

　一般に，貨幣需要と経済変数との関係を示した式を貨幣需要関数といいます。しばらくの間，貨幣需要は金利のみに依存すると仮定し，金利 r の減少関数としての貨幣需要関数を $L(r)$ と書きます。ここで L は，金融資産の貨幣への交換しやすさを表す用語である流動性の英語 liquidity の頭文字からきています。貨幣需要のことを流動性選好ということもあります。

貨幣市場の均衡

　図6.9のように，金利を縦軸に，貨幣の量（需要・供給）を横軸にとった平面において，貨幣需要関数 $L(r)$ で示される金利 r と貨幣需要 L の関係は，右下がりの曲線（貨幣需要曲線）として表せます。一方，中央銀行が貨幣供給量を一定値 M に固定したとすると，この値は金利によらず一定なので，貨幣供給量を示す直線（貨幣供給曲線）はこの平面上で垂線となります。

　貨幣需要と貨幣供給が一致する状況を貨幣市場の均衡といいます。図において貨幣需要曲線と貨幣供給曲線の交点 E での金利 r^* は貨幣市場の均衡における金利です。これを均衡金利（均衡利子率）といい，以下の式を満たします。

$$\underbrace{M}_{\text{貨幣供給}} = \underbrace{L(r^*)}_{\text{貨幣需要}}$$

この式を貨幣市場均衡式といいます。以下では，金利は貨幣の過不足がない均衡金利に等しいと考えます。

> **POINT 6.8** 貨幣市場での需給均衡
> - 貨幣需要関数 $L(r)$：金利 r の減少関数である
> - 貨幣供給量 M：中央銀行が決定する
> - 貨幣市場の均衡金利：方程式 $M = L(r)$ により決定される

例題 6.5　貨幣需要関数が $L = 15 - 25r$，貨幣供給量が $M = 10$ のとき貨幣市場を均衡させる金利 r^* を求めなさい。

答　貨幣市場均衡式は $15 - 25r = 10$ と書け，これを解いて $r^* = \mathbf{0.2}$ となる。

⑤　財市場・貨幣市場の同時均衡

この節では財・貨幣両市場を均衡させる GDP と金利の求め方を示します。

┃ 均衡 GDP と均衡金利の決定 ┃

いま，貨幣市場において図 6.9 のように貨幣需給を均衡させる金利 r^* が決まったとします。このとき，投資関数の式 $I(r)$ より投資の値 $I^* = I(r^*)$ が決まります。図 6.10 ⓐ は投資関数のグラフ上で投資の決まり方を図示しています。投資の値 I^* が決まれば，今度は 45 度線モデルを表している図 6.10 ⓑ が示すように，財市場を均衡させるような，つまり総需要と総生産が一致するような GDP の値（Y^*）が決まります。

例題 6.6　消費関数が $C = 0.5Y + 5$，投資関数が $I = 10 - 50r$，政府支出が $G = 5$，貨幣需要関数が $L = 50 - 200r$，そして貨幣供給量が $M = 30$ であるとする。①均衡金利 r^* を求めなさい。②均衡 GDP Y^* を求めなさい。

答　①均衡金利 r^* は，貨幣市場の均衡条件 $L = M$ より $50 - 200r = 30$ つまり $r^* = 0.1$ となる。②投資関数の式に均衡金利の値 $r^* = 0.1$ を代入して投資の値 $I^* = 5$ を得る。財市場の均衡条件 $Y = C + I^* + G$ より $Y^* = \mathbf{30}$ となる。

CHART 図6.10 財・貨幣市場の同時均衡

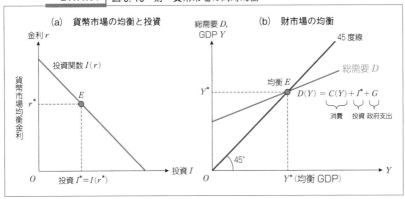

CHART 図6.11 貨幣供給量の増加による金利の低下

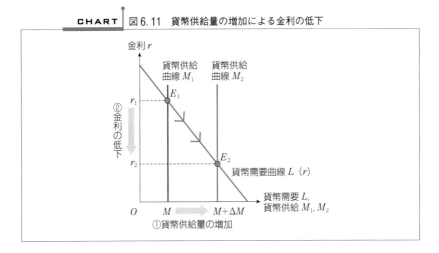

金融政策の効果①——金利への効果

　この項では，金融政策，具体的には貨幣供給量の変化が経済に与える影響を
考えます。まず金利に与える影響を考えます。貨幣の需給を示した図6.11に
おいて，当初の貨幣供給量をM，そして貨幣供給曲線をM_1とします。このと
き，市場均衡は貨幣供給曲線M_1と貨幣需要曲線Lとの交点E_1で表され，均
衡金利はE_1の縦座標であるr_1です。

　いま，金融緩和政策により貨幣供給量がΔMだけ増えたら，貨幣供給曲線
がΔMだけ右にシフトします。新しい貨幣供給曲線をM_2とすると，貨幣市場

5　財市場・貨幣市場の同時均衡　● 177

CHART 図 6.12 貨幣供給量と金利の関係（1970～2020 年）

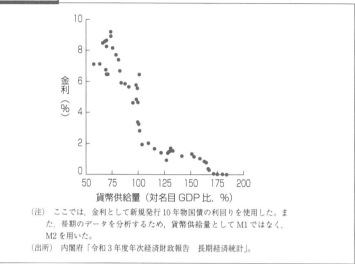

（注）ここでは，金利として新規発行 10 年物国債の利回りを使用した。また，長期のデータを分析するため，貨幣供給量として M1 ではなく，M2 を用いた。

（出所）内閣府「令和 3 年度年次経済財政報告　長期経済統計」。

の均衡点は点 E_1 から，貨幣需要曲線 L に沿って曲線 M_2 との交点 E_2 に移り，均衡金利は r_2 に下がります。

図 6.12 は，日本における貨幣供給量（対名目 GDP 比）を横軸に，縦軸に金利をとり，過去 50 年間における両者の関係を散布図にしたものです（ここで，名目 GDP との比をとるのは，経済規模の変化が貨幣需要に及ぼす影響を除くためです）。確かに貨幣供給量が増えるにつれて金利は下がることがわかります。

金融政策の効果②——GDP への効果

金利が低下すると投資の値は増えます。投資関数を示している図 6.13 (a) において，金融緩和政策により均衡金利が r_1 から r_2 に下がる場合，投資は I_1 から I_2 に増えます。このとき，45 度線モデルを示している図 6.13 (b) において，総需要を示す直線が投資の増加量 $I_2 - I_1$ だけ上に（D_1 から D_2 に）シフトします。したがって均衡は，45 度線上に沿って縦座標が Y_1 の点 E_1^* から縦座標が Y_2 の点 E_2^* に移り，均衡 GDP は $Y_2 - Y_1$ だけ増えます。

一般に，貨幣供給量を増やす金融緩和政策は金利を下げ，それによる投資増が乗数効果を伴い GDP を増やします。逆に貨幣供給量を減らす金融引き締め政策は金利を上げ，GDP を減らします。新聞などでは通常，政策金利を下げること（利下げ）を金融緩和政策，政策金利を上げること（利上げ）を金融引き

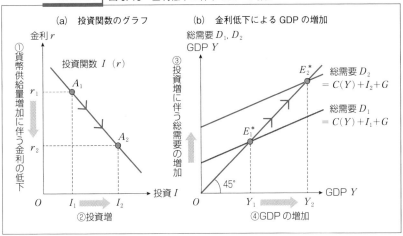

CHART 図6.13　金利低下に伴う GDP の増加

(a)　投資関数のグラフ

金利 r

①貨幣供給量増加に伴う金利の低下

投資関数 $I(r)$

r_1　A_1

r_2　A_2

O　I_1　I_2　投資 I

②投資増

(b)　金利低下による GDP の増加

総需要 D_1, D_2
GDP Y

③投資増に伴う総需要の増加

E_2^*　総需要 D_2
$= C(Y) + I_2 + G$

E_1^*　総需要 D_1
$= C(Y) + I_1 + G$

45°

O　Y_1　Y_2　GDP Y

④GDP の増加

締め政策と呼びますが，本書では金融政策を貨幣供給量の増減として捉えます。

　一般的に，経済活動を活発化させ，GDP を増やすような経済政策を拡張的経済政策，そして，経済活動を抑えて GDP を減らすような経済政策を緊縮的経済政策といいます。拡張的な財政政策には政府支出の増加や減税が，そして緊縮的な財政政策には政府支出の減少や増税が含まれます。一方，金融緩和政策は拡張的，そして金融引き締め政策は緊縮的な金融政策といえます。

POINT 6.9　金融政策の効果

金融緩和政策　　：貨幣供給量 (M)↑ $\Rightarrow$ 金利 (r)↓ $\Rightarrow$ 投資 (I)↑ $\Rightarrow$ GDP (Y)↑

金融引き締め政策：貨幣供給量 (M)↓ $\Rightarrow$ 金利 (r)↑ $\Rightarrow$ 投資 (I)↓ $\Rightarrow$ GDP (Y)↓

例題6.7　消費関数を $C = 0.5Y + 5$，投資関数を $I = 10 - 50r$，政府支出を $G = 5$，貨幣需要関数を $L = 50 - 200r$ とする。貨幣供給量が $M = 30$ の状況から 20 だけ増えたとき，均衡金利の減少量，均衡 GDP の増加量をそれぞれ求めなさい。

答　貨幣市場の均衡式は $M = 50 - 200r$ と表せる。この式によれば，貨幣供給量が 200 単位増えると金利が 1 単位下がる。ここで貨幣供給量は 20 増えるため，均衡金利の減少量は 20/200 = **0.1** である。一方，投資関数の式 $I = 10 - 50r$ によれば，金利が 1 単位減少すると，投資は 50 単位増加する。したがって，この場合の投資の増加量は 50×0.1 = 5 となる。投資乗数は 1/(1 - 0.5) = 2 であるから，投資の増加により均衡 GDP は 2×5 = **10** だけ増える。

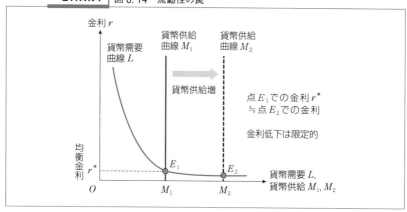

CHART 図6.14 流動性の罠

流動性の罠（発展）

　金融緩和政策による金利の低下には限界があり，通常金利を負にはできません。これをゼロ金利制約といいます。なぜなら金利が負だと資金貸借の成立が困難になるからです。例として，AさんがBさんから1万円を借り，来年返済する状況を考えます。金利が仮に−5%であったとすると，Aさんの返済総額は元本以下の9500円となります。借り手のAさんには良い話ですが，貸したお金が一部戻らないBさんにとってはお金を貸さずに現金のまま持つ方がましとなります。したがって，このような資金の貸し借りは通常行われません。

　ゼロ金利制約より，金利がゼロに近い状況でさらに金融緩和を行うと，金利を下げる効果は徐々に弱くなるため，投資，そしてGDPは増えにくくなります。金利の下限があるために金融緩和政策が効かなくなる状況を流動性の罠といいます。この状況下でGDPを増やすには財政政策など別の政策に頼るべきといえます。政府支出の乗数効果はゼロ金利制約に関係なく機能します。

　例として貨幣需要関数 $L(r) = \frac{1}{r}$ を考えます。貨幣供給量が M のとき均衡金利は $r^* = \frac{1}{M}$ となります。M が増えると r^* は下がりますが，0以下にはなりません。この場合 M が大きくなるにつれ経済は流動性の罠に陥り始めます。

　図6.14は，貨幣市場における流動性の罠を示しています。図において，貨幣供給量が M_1 のときの均衡は点 E_1，そして均衡金利は r^* です。点 E_1 付近で貨幣需要曲線が横軸に接近しており，r^* は0に近くなっています。この状況で貨幣供給量を増やすと，貨幣供給曲線は右にシフトしますが，新たな均衡

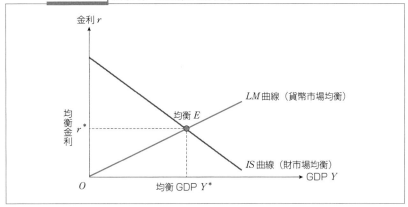

金利 *r*

LM 曲線（貨幣市場均衡）

均衡 *E*

均衡金利 *r**

IS 曲線（財市場均衡）

O　　　　　　　均衡 GDP *Y**　　　　GDP *Y*

E_2 での金利は r^* とほぼ同じく 0 に近いままで，金利の下落はわずかであり，投資（そして GDP）への効果はほとんどありません。

　図 6.14 からもわかるように，流動性の罠の状況において貨幣需要曲線は平たんな形状をしています。このことは，金利が少し上がるだけで，貨幣需要が急落することを意味しています。金利が 1% 上がることにより貨幣需要が何 % 減少するかという値を貨幣需要の利子弾力性といいますが，流動性の罠は，貨幣需要の利子弾力性が非常に高い状況を示しているといえます。

より一般的な貨幣需要関数の分析（発展）

　この節では，貨幣需要が金利だけでなく GDP にも依存する場合の GDP の決まり方について説明します。

IS 曲線

　財市場において，金利が減少すれば，投資が増加し，乗数効果を伴い均衡 GDP が増えます。つまり，均衡 GDP *Y* と金利 *r* との関係は，*Y* を横軸に，*r* を縦軸にとった平面（以下 *Y*-*r* 平面と呼びます）上で図 6.15 における黒い線のように右下がりの曲線として表せます。財市場を均衡させる GDP と金利との関係を示す右下がりの曲線を *IS* 曲線と呼びます。

　第 3 章で説明したように，財市場均衡式 $Y = C + I + G$ は，投資 *I* と貯蓄 $S =$

$Y-C-G$ が一致するという式に変形できます。IS 曲線という名前の由来は，財市場の均衡が投資 I と貯蓄 S の一致を意味することからきています。

LM 曲線

第5節で説明したように，貨幣需要の中の資産需要は金利（r）が上がると減り，また取引需要は GDP（Y）が増加すると増えます。つまり厳密には，貨幣需要関数は r の減少関数であり「かつ」Y の増加関数となります。以下ではこのような関数を $L(Y, r)$ と表すことにします。

貨幣供給量が一定値 M のとき，貨幣市場の均衡条件は，$M = L(Y, r)$ と表せます。この条件が成立するような Y と r の間には正の関係があります。なぜなら GDP が増加し貨幣の取引需要が増えた場合，金利も上がり，貨幣の資産需要が減らないと貨幣が超過需要となるからです。貨幣市場を均衡させる Y と r の関係は，Y-r 平面上において図 6.15 における青い線のように右上がりの曲線として表せ，これを LM 曲線といいます。第4節での設定のように貨幣需要が金利のみに依存する場合，貨幣市場を均衡させる金利は一定値になり，GDP に依存しないため，LM 曲線は水平になります。

均衡の導出

図 6.15 が示すように，Y-r 平面上において，右下がりの IS 曲線と右上がりの LM 曲線には交点 E があり，この点で財市場・貨幣市場の双方が均衡しています。したがって，均衡を示す点 E の縦座標は均衡金利に，横座標は均衡 GDP にそれぞれ等しくなります。

ここで政府支出が増加したとすると，金利の水準が一定のもと，財市場を均衡させる GDP の値は増えます。したがって IS 曲線は右にシフトします。この状況を示しているのが図 6.16 (a) です。この変化により均衡は右上にシフトし，均衡 GDP および均衡金利はともに増えます。

政府支出の増加により均衡 GDP が増えると，決済手段としての貨幣需要が増えてしまいます。貨幣供給量が一定のもとで，貨幣需給が均衡するためには，資産としての貨幣需要が減らなくてはならず，このため金利が上昇し，その結果投資が減ります。つまり，貨幣需要が GDP と金利に依存している場合，政府支出の増加は金利上昇を通して投資を減らします。一般的に，政府支出の増

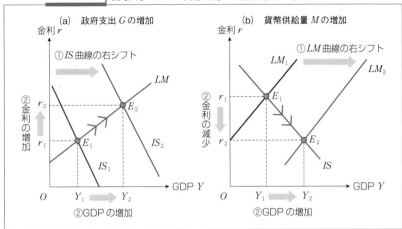

(a) 政府支出 *G* の増加 / (b) 貨幣供給量 *M* の増加

加が投資など民間の経済活動を減らすことをクラウディング・アウトといいます。この言葉には「おしのける」という意味があります。

　一方，貨幣供給量が増加すると，金利の水準が一定のもと，より多くの貨幣の取引需要に対応できるようになるため，貨幣市場を均衡させる GDP は増えます。よって図6.16(b)が示すように，*LM* 曲線は右に，そして均衡は右下にシフトし，均衡 GDP は増え，均衡金利は下がります。

例題6.8 消費関数を $C=0.5Y$，投資関数を $I=4-10r$，政府支出を G，貨幣需要関数を $L=0.5Y-10r$，貨幣供給量を $M=2$ とする。当初政府支出は 0 であった。
① *IS* 曲線を示す式を求めなさい。② *LM* 曲線を示す式を求めなさい。③均衡金利 r^* と均衡 GDP Y^* を求めなさい。④政府支出が 1 増えたとき GDP の変化量 ΔY と金利の変化量 Δr を求めなさい。

答 ①財市場均衡式 $(Y=C+I+G)$ は $Y=0.5Y+4-10r+G$ と表せる。この式に $G=0$ を代入し，整理することで *IS* 曲線の式 $Y=8-20r$ を得る。②貨幣市場均衡式 $M=L$ は $2=0.5Y-10r$ と書け，この式より *LM* 曲線の式は $Y=4+20r$ となる。③ *IS*, *LM* 両曲線の式を連立させ $r^*=0.1$，$Y^*=6$ を得る。④財・貨幣市場の均衡条件より Δr, ΔY は 2 つの式 $\Delta Y=0.5\Delta Y-10\Delta r+1$，$0.5\Delta Y=10\Delta r$ を満たす。よって $\Delta Y=1$，$\Delta r=0.05$ を得る（詳しい説明は章末の付録 4 にて行う）。

　国際経済学者のロバート・マンデル（1999 年ノーベル経済学賞受賞）とジョン・フレミングは，この *IS-LM* モデルを開放経済に拡張したモデル（マンデ

ル・フレミング・モデル）を構築しました。第9章にてその概要を取り上げます。
モデルの詳細はウェブサポートページにて解説します。

SUMMARY ●まとめ

- □ 1　マクロ経済の消費関数とは，消費を GDP の関数で表したものである。
- □ 2　均衡 GDP，均衡金利は財・貨幣市場の均衡により決まる。
- □ 3　政府支出が 1 増えたときに GDP が増える量を政府支出乗数という。
- □ 4　投資関数，そして貨幣需要関数はともに金利の減少関数である。
- □ 5　貨幣供給量の増加は貨幣市場において金利を下げ GDP を増やす。

EXERCISE ●練習問題

1　次の文章の [①] から [④] について，当てはまる単語を下の語群か
ら選びなさい。

　家計の消費関数とは，その家計の消費と [①] との関係を表したものであ
る。[①] が 1 単位増えるときに増える消費の量を [②]，そして
[①] に占める消費の割合を [③] という。[①] が増えると
[③] の値は [④] する。

　[語群]　a. 貯蓄　b. 限界消費性向　c. 平均消費性向　d. 基礎消費　e. 増加
　　　f. 減少　g. （可処分）所得　h. 投資

2　消費関数を $C = 0.75(Y-T) + 45$，投資を $I = 40$，税を $T = 20$，政府支出を $G = 20$ とする。

　(1)　均衡 GDP の値 Y^* を求めなさい。

　(2)　政府支出乗数の値を求めなさい。

　(3)　政府支出を 30 だけ増やしたとき，均衡 GDP の増加量を求めなさい。

　(4)　税 T を 10 だけ減らしたとき，均衡 GDP の増加量を求めなさい。

3　消費関数を $C = 0.8Y + 15$，投資関数を $I = 10 - 15r$，貨幣需要関数を $L = 40 -$

$50r$, 貨幣供給量を $M=30$, そして政府支出を $G=5$ とする。

(1) 均衡金利 r^* および均衡 GDP Y^* を求めなさい。

(2) 貨幣供給量を 10 だけ増やしたとき均衡 GDP の増加量を求めなさい。

4 現在 30 歳であり，70 歳まで働き，90 歳まで寿命がある A さんを考える。A さんは働いている期間（計 40 年）には年収が 800 万円あり，一方，退職後の 20 年間では年金を毎年 200 万円受け取る。A さんはライフサイクル仮説に基づき，生涯にわたり毎年消費を同額行う。A さんは 30 歳の段階で資産を持っておらず，また次世代へ遺産や借金を残さないものとする。このとき A さんは働いているとき毎年いくら貯蓄するか求めなさい。ただし金利をゼロとする。

5 財政政策の効果に関する次の記述ア～ウは，社会資本の生産力効果，乗数効果，景気の自動安定化機能のいずれかについてのものである。これらのうち乗数効果についての記述を選びなさい。

ア．補正予算の成立で政府支出が増加し，それにより GDP が増加したが，それにより消費が誘発されてさらに GDP は増加した。

イ．所得税は累進的であるため，景気が低迷し人々の所得が減ると，所得税負担がより大きく減少し，景気の下支えがなされる。

ウ．公共投資によって高速道路が整備されたことにより，財・サービスの輸送がより容易になった。

6 貨幣需要関数を $L=20+0.5Y-50r$, 消費関数を $C=0.8Y+4$, 投資関数を $I=6-20r$, 政府支出を $G=2$, 貨幣供給量を $M=30$ とする。

(1) IS 曲線，LM 曲線を示す式を求めなさい。

(2) 均衡金利 r^* および均衡 GDP Y^* を求めなさい。

(3) 貨幣供給量を一定に保ったまま，政府支出を 10 だけ増やして $G=12$ にしたときの均衡 GDP の変化量 ΔY と均衡金利の変化量 Δr を求めなさい。

(4) 政府支出を一定に保ったまま，貨幣供給量を 10 だけ増やして $M=40$ にしたときの均衡 GDP の変化量 ΔY と均衡金利の変化量 Δr を求めなさい。

7 消費関数を $C=60+0.5Y$, 投資関数を $I=50-200r$, 政府支出を $G=0$, 貨幣需要関数を $L=\frac{100}{r}$, 貨幣供給量を M とする。この経済において，貨幣供給量 M を増やしたとき，均衡 GDP には上限があり，いくら M を増やしても GDP はその上限の値を超えることができない。この上限を求めなさい。

8 消費に関する次の記述のうち妥当なのはどれか。

(1) ケインズ型の消費関数（$C=a+cY$）によると，限界消費性向は所得が増加しても変化しない。

(2) ケインズ型の消費関数（$C=a+cY$）によると，平均消費性向は所得が減少

するにつれて減少する。

(3) ライフサイクル仮説によると，家計は可処分所得の少ない時期にその一部を貯蓄し，可処分所得が多い時期の消費に充てることによって消費を平準化する。

(4) 恒常所得仮説によれば，変動所得と恒常所得のうち，消費は変動所得の水準により強く依存する。

付録1：ライフサイクル・モデル

ここでは，ライフサイクル仮説に基づき家計が生涯の所得を考慮しながら消費を決めるようなモデルを説明します。簡単化のため，家計は第1期（若年期），第2期（老年期）の計2期間だけ生存すると仮定します。家計が消費する財は1種類しかなく，その価格を第1期，第2期ともに1とします。この場合，消費量と消費額は一致します。家計は（可処分）所得を第1期に y_1，第2期に y_2 だけ受け取ります。また，第1期のはじめの段階で家計には金融資産が A_1 だけあるものとします。さらに第1期から第2期にかけてお金を貸し借りする際に付く金利を r とします。

▶**各期の予算制約式**　第1期に経済活動を開始する家計は，所得を y_1 だけ受け取り，消費を c_1 だけ行います。所得が消費を上回る場合（$y_1 > c_1$），家計は，初期段階での金融資産 A_1 に加え所得と消費の差額を貯蓄として銀行に預けます。第1期終了時点での貯蓄総額 s_1 は以下のように表せます。

$$s_1 = A_1 + y_1 - c_1 \tag{4}$$

貯蓄額が s_1 の場合，第2期に受け取る利子は金利 r と貯蓄との積 rs_1 となります。この消費者が借入を行うのは貯蓄額 s_1 がマイナスの場合であり，この場合，第2期には利子 rs_1 をお金の貸し手に返済します。

第2期に家計は所得を y_2 だけ受け取り，消費を c_2 だけ行い，経済活動を終了します。この家計が死後に財産も借金も残さないものとすると，第2期の消費 c_2 は，その期の所得 y_2 と，第1期の預金 s_1 および利子 rs_1 の合計となり以下のように表せます。

$$c_2 = y_2 + (1+r)s_1 \tag{5}$$

▶**予算制約式の集約**　式(4)，(5)からわかるように，所得が一定のもと，第1期の消費 c_1 を増やしたら，その分貯蓄 s_1 が減るため，第2期の消費 c_2 も減ります。c_1 と c_2 との負の関係を表現するため，式(4)を式(5)に代入し，s_1 を消去すると以下の式を得ます。

$$c_2 = (1+r)(A_1 + y_1 - c_1) + y_2 \tag{6}$$

この式からもわかるように，第1期の消費 c_1 を1単位減らしたら，その分預金が増え，その結果，第2期の消費 c_2 を $1+r$ 単位増やすことができます。

(6)式において，消費に関する項を左辺に，所得に関する項を右辺に移項し，最後に

両辺を $1+r$ で割ることで，以下のような式を得ます。

$$c_1 + \frac{c_2}{1+r} = A_1 + y_1 + \frac{y_2}{1+r} \qquad (7)$$

(7) 式は，異なる時点の予算制約式をまとめたものであり，生涯の予算制約式といいます。この式の左辺は，複数の時点における消費の価値の合計と考えることができ，これを消費の割引現在価値といいます（割引現在価値は第 11 章でも扱います）。同様に，右辺の第 2 項と第 3 項の和 $y_1 + \frac{y_2}{1+r}$ を所得の割引現在価値といいます。式 (7) は，消費の割引現在価値が所得の割引現在価値と初期時点での金融資産額の和に等しいことを示しています。第 1 期に受け取る所得が 1 円増えたら所得の割引現在価値は 1 円分増えますが，第 2 期に受け取る所得が 1 円増えても $\frac{1}{1+r}$ 円しか増えません。同じ額の所得でも，いまもらった方が（貯蓄し利子を得られる機会があるという点で）価値が高いのです。つまり，第 2 期における 1 円分の所得は第 1 期における $\frac{1}{1+r}$ 円分の所得と（消費決定に関し）価値が等しいといえます。

▶**予算制約式に基づく消費決定** 家計は生涯の予算制約式を満たすという条件のもと，消費が平準化されるように各期の消費（c_1, c_2）を決めます。この場合，第 1 期と第 2 期の消費が等しくなる（$c_1 = c_2$）ため，今期の消費は，式 (7) より

$$c_1 = \frac{1+r}{2+r}\left(A_1 + y_1 + \frac{y_2}{1+r}\right)$$

として表されます。この式は，第 1 期の消費 c_1 がその期の所得 y_1 の 1 次関数となっているという点で，これまでに示した消費関数と似ています。しかしこの場合，今期の消費はその期の所得だけでなく，次の期の所得および初期の段階で持つ金融資産額にも依存しています。保有する金融資産の増加が消費を増やす資産効果を確認できます。

なお，ライフサイクル仮説に関する上記の説明は，個人が自由にお金の貸し借りをできるという仮定に基づいています。たとえ初期の資産 A_1 や今期の所得 y_1 がゼロでも来期の所得 y_2 がプラスであるかぎり個人は借入により消費ができることになります。ただ実際のところ，借金には制約（借入制約）がかかることが少なくありません。経済主体に借入制約がかかる場合，将来の所得をあてにできにくくなり，現在の消費は，現在の所得により強く依存するようになります。

また，ライフサイクル仮説に基づく家計の消費の決定については，各期の消費から家計が得る「効用」を最大にするように消費を決めるとする考え方もあります。この考え方についてはウェブサポートページで説明します。

付録 2：開放経済における乗数効果

外国との貿易がある開放経済において，総需要 D は内需と外需の和に等しく，その値

は純輸出 NX を用いて $D = C(Y) + I + G + NX$ と表せます。ここで輸入が自国の GDP に比例し、比例定数（輸入性向）m を用いて mY とかけるとします（輸入は国の経済規模とともに大きくなる傾向があります）。輸出を一定値 (X) とすると、純輸出＝輸出−輸入は $NX = X - mY$ と書け、財市場均衡式 $Y = D$ を Y について解くことにより、均衡 GDP の値は、

$$Y^* = \frac{a + I + G + X}{1 - c + m}$$

となります。この場合、投資乗数、あるいは政府支出乗数は $\frac{1}{1-c+m}$ となり、閉鎖経済の場合の乗数より値が低くなります。これは、仮定より輸入が GDP に比例するため、需要の増加が一部海外に向かい、国内の生産増につながらないためです。輸入性向 m の値が増えると乗数の値は低くなります。

このモデルにおいて政府支出 (G) を増やすと、均衡 GDP が増加し、輸入が増えるため、純輸出は減ります。つまり政府支出が増えると貿易赤字も発生しやすくなります。財政赤字と貿易赤字が併存する状況を双子の赤字といいます。

以上の議論では純輸出は GDP にのみ依存すると考えてきましたが、実は純輸出は為替レートにも依存します。この場合については第9章で説明します。

付録3：投資と金利との一般的関係

ここでは投資と金利の関係について一般的な説明を行います。投資に必要な金額を I、金利を r とします。まず、投資からの売上が来年の1回だけであり、その売上を A とするとき、投資が実行される条件は、投資収益 $A - I$ が利払い費 rI を超えること、つまり $A > (1 + r)I$ と書けます。

次に、投資からの売上が来年 (A) と再来年 (B) の2回ある場合を考えます。この場合、投資が実行される条件は、最終的な利益が正になることです。この投資から来年得られる売り上げ A をそのままにせず、再来年まで1年間、銀行に預けると利子を $A \times r$ だけ得ることができます。したがって、再来年の時点で投資から得ることのできる収入総額は $A + Ar + B$ になります。

一方、投資のために借りたお金 I を再来年銀行に返済する場合、複利計算により、返済額は計 $I(1 + r)^2$ となります。したがって、投資が行われる条件は不等式 $I(1 + r)^2 < A(1 + r) + B$ として表せます。この式の両辺を $(1 + r)^2$ で割ると $I < \frac{A}{1+r} + \frac{B}{(1+r)^2}$ となり、金利が上がると式が満たされにくくなることがわかります。一般的に、売上が複数年に及ぶ場合も金利が上がると投資は減ります。

投資が行われる条件は、来年の売上を借金の返済に充てる場合も同じです。来年における借金の額は投資額と金利との積 $I(1 + r)$ であり、来年時点での売上 A を借金の返済

に充てる場合，両者の差額分 $I(1+r)-A$ を来年の段階で新規に借金する必要がでます。再来年における借金の額はこの額と金利の積 $(1+r)\{I(1+r)-A\}$ となります。この値を再来年における売上 B が上回るとき最終的に利益がプラスになります。この条件が先の不等式 $I(1+r)^2 < A(1+r)+B$ と同値であることは簡単に確認できます。

付録4：*IS–LM* モデルの問題の解き方

　ここでは，例題6-8の④の答え，つまり消費関数を $C=0.5Y$，投資関数を $I=4-10r$，貨幣需要関数を $L=0.5Y-10r$，貨幣供給量を $M=2$ とし，政府支出 G が0から1増えたとき GDP の変化量 ΔY と金利の変化量 Δr を求める方法を説明します。政府支出が0のときの財市場均衡式（$Y=C+I+G$）は，

$$Y = 0.5Y + 4 - 10r \tag{8}$$

です。一方，政府支出が1増えることにより，GDP の値が $Y+\Delta Y$ に，そして金利が $r+\Delta r$ に変化したとすると，この状況で財市場均衡式は，

$$Y + \Delta Y = 0.5(Y+\Delta Y) + 4 - 10(r+\Delta r) + 1 \tag{9}$$

となります。(8)式と(9)式を比べたとき，左辺は ΔY だけ，そして右辺は $0.5\Delta Y - 10\Delta r + 1$ だけ増えており，両者の値は等しくなるので等式

$$\Delta Y = 0.5\Delta Y - 10\Delta r + 1 \tag{10}$$

を得ます。この式は，財市場が均衡する状況において，GDP の増加分（ΔY）が消費の増加分（$0.5\Delta Y$）と投資の増加分（$-10\Delta r$）および政府支出の増加分（1）の和に等しいことを示しています。同様に，政府支出がゼロの時の貨幣市場均衡式（$M=L$）は

$$2 = 0.5Y - 10r \tag{11}$$

であり，GDP の値が $Y+\Delta Y$ に，そして金利が $r+\Delta r$ に変化したとすると，この状況で貨幣市場均衡式は

$$2 = 0.5(Y+\Delta Y) - 10(r+\Delta r) \tag{12}$$

となります。2つの貨幣市場均衡式(11)，(12)の両辺の差をとることで等式

$$0 = 0.5\Delta Y - 10\Delta r \tag{13}$$

を得ます。この式は，貨幣市場が均衡する状況において，GDP の増加による貨幣の取引需要の増加分（$0.5\Delta Y$）から金利の増加による貨幣の資産需要の減少分（$10\Delta r$）を引いた値が貨幣供給の変化分つまり0に等しいことを示しています。GDP の変化量 ΔY と金利の変化量 Δr に関する2つの式(10)と(13)を連立方程式として解くことにより，$\Delta r = 0.05$，$\Delta Y = 1$ を得ます。

第 **7** 章

総需要・総供給分析

INTRODUCTION

　前章で取り扱ったモデルにおいて国内総生産（GDP）を分析する際，物価の変動については考慮していませんでした。現実社会ではGDP同様，物価水準は常に変わります。そして，政府も中央銀行も，物価とGDPの双方の動きを見ながら政策を立案，そして遂行しています。

　この章では，前の章の議論を発展させ，物価とGDPの双方の動きを分析できるモデルを説明します。そして，そのモデルの中で財政・金融政策が物価とGDPに与える影響と，その限界について考えます。

　Keywords：物価水準，総需要曲線，生産関数，名目賃金の硬直性，総供給曲線，完全雇用GDP

1 総需要曲線

この節では物価の変化が貨幣市場と財市場にどのように影響するかを考え，総需要曲線と呼ばれる GDP と物価の関係を導きます。

貨幣需要と物価の関係

第6章では主に貨幣需要が金利のみの関数である場合を分析しましたが，この貨幣需要は物価にも依存します。物価が上がれば，財・サービスの購入に必要な貨幣の量が増えるため，貨幣への需要，とくに取引需要が増えます。したがって，貨幣需要は物価の増加関数となります。この章では，貨幣需要が金利と物価の双方に依存する場合を考えます（貨幣需要が物価・金利に加え，GDP にも依存する場合については練習問題で取り上げます）。

この章では，物価水準を P として表します。そして貨幣需要関数 L が下の式のように，①金利 r の減少関数となり，かつ②物価 P に比例して増える，という2つの性質を持つと仮定します。

$$L = 物価 P \times （金利 r の減少関数）$$

このような関数の例としては $L = P(2-3r)$ や $L = P/r$ などがあげられます。

貨幣需要関数 L を物価 P で割ったもの，つまり関数 L のうち金利のみに依存する部分を実質貨幣需要関数と呼び，$l(r)$ と書きます。このとき元の貨幣需要関数は $P \times l(r)$ と書けます。関数 $l(r)$ は金利 r の減少関数となります。同様に貨幣供給量 M を物価 P で割った値 M/P を実質貨幣供給量と呼びます。貨幣市場均衡条件はこれら実質値を用いて $M/P = l(r)$ としても表せます。

物価水準と金利の関係

これから，物価の変動が貨幣市場，そして金利に与える影響について考えます。図7.1(a)は，縦軸に金利を，横軸に貨幣需要および供給量をとった平面において貨幣市場の状況を描いたものです。貨幣需要曲線 L_1 は，物価水準がある一定値 P_1 のもとでの金利と貨幣需要との負の関係を示しています。たとえば，貨幣需要関数が $L = P(5-10r)$ のとき，物価水準が $P=4$ なら，貨幣需

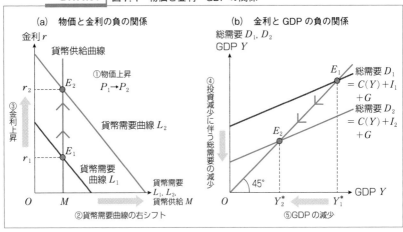

CHART 図7.1 物価と金利・GDP の関係

(a) 物価と金利の負の関係

金利 r

貨幣供給曲線

①物価上昇
$P_1 \rightarrow P_2$

③金利上昇

r_2　　E_2

r_1　　E_1

貨幣需要曲線 L_2

貨幣需要
曲線 L_1

O　　M　　貨幣需要
$L_1, L_2,$
貨幣供給 M

②貨幣需要曲線の右シフト

(b) 金利と GDP の負の関係

総需要 D_1, D_2
GDP Y

E_1

④投資減少に伴う総需要の減少

E_2

総需要 D_1
$= C(Y) + I_1$
$+ G$
総需要 D_2
$= C(Y) + I_2$
$+ G$

45°

O　　Y_2^*　　Y_1^*　　GDP Y

⑤GDP の減少

要は金利 r の減少関数 $L = 4(5 - 10r) = 20 - 40r$ として表せます。一方，貨幣供給量を一定値 M とすると，貨幣供給曲線は横軸の切片が M に等しい垂線で示されます。貨幣市場の均衡は，貨幣供給曲線と貨幣需要曲線 L_1 との交点 E_1 で表され，均衡金利は点 E_1 の縦座標 r_1 となります。

いま，物価水準が変化し，P_1 から P_2 に上がったとします。すべての金利水準において，物価が上がると貨幣需要は増えるため，図7.1(a) の②で示すように貨幣需要曲線は L_1 から右にシフトします。シフトした後の貨幣需要曲線を L_2 とすると，貨幣市場の均衡は点 E_1 からその真上の点 E_2 に移り，均衡金利は図7.1(a) の③で示すように r_1 から r_2 まで上がります。つまり物価上昇は均衡金利を引き上げます。物価が上昇した場合，金利が一定なら，貨幣の取引需要が増え，貨幣需要が貨幣供給を上回ります。そのため，貨幣の需要と供給が均衡する状況では，お金の値段である金利が上がります。

物価と金利の正の関係は，実質貨幣需要関数 $l(r)$ を用いても説明できます。貨幣市場の均衡条件は，$M/P = l(r)$ として表現できます。ここで物価 P が上がると実質貨幣供給量 M/P は減ります。実質貨幣需要関数 $l(r)$ は金利の減少関数ですので，均衡金利は上昇することになります。

POINT 7.1 物価水準と金利の関係
貨幣需要関数が物価水準の増加関数であり，かつ金利の減少関数である場合，物価水準と（貨幣市場における）均衡金利との間には正の関係がある

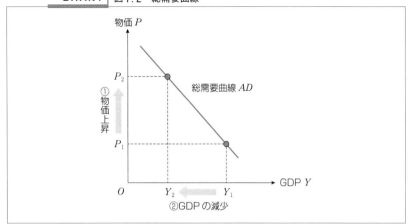

図7.2 総需要曲線

例題 7.1 貨幣需要関数が $L = \dfrac{2P}{r}$, 貨幣供給量が $M = 5$ のとき貨幣市場を均衡させる金利（均衡金利）r を物価 P の式として求めなさい。

答 貨幣市場均衡式 $L = M$ より $\dfrac{2P}{r} = 5$ が成立する。つまり $r = 0.4P$ となる。

総需要曲線の導出

前項で示したように，物価が上昇すると貨幣市場で金利が上がります。このとき，投資は金利の減少関数なので，金利上昇により投資が減ります。ここで金利が r_1 から r_2 まで上昇することにより，投資が I_1 から I_2 まで減少したとします。このとき総需要が減り，結果として GDP も減ります。この変化は，45度線モデルを表した図 7.1(b) において，総需要を示す直線が D_1 から D_2 に下方シフトすることによって示されています（図の④）。下方シフトする量はちょうど投資の減少分 $I_1 - I_2$ です。この場合，乗数効果を伴い投資の減少分以上に均衡 GDP は減少します（図の⑤）。図 7.1(b) において財市場の均衡は点 E_1 からその左下の点 E_2 に移り，GDP は Y_1 から Y_2 に減ります。

以上の結果をまとめると，物価が上がるにつれて，金利が上昇し，結果として GDP が減るということになります。この関係を，GDP（Y）を横軸に，そして物価（P）を縦軸にとった平面（Y–P 平面）上に描くと，図 7.2 のように右下がりの曲線となります。この曲線を総需要曲線（aggregate demand curve）と呼び AD と表記します。ここで，aggregate とは合計を示す英語です。総需要という名がついているのは，この曲線が消費・投資といった需要の面から見

た物価と GDP の関係を示しているからです。

例題 7.2　消費関数を $C = 0.5Y$，投資関数を $I = 10 - 20r$，政府支出を $G = 0$，貨幣需要関数を $L = P/r$，貨幣供給量を $M = 10$ とする。総需要曲線を求めなさい。

答　貨幣市場の均衡条件（$L = M$）より，物価と金利の関係式 $r = 0.1P$ を得る。この式を投資関数に代入すると投資を物価の関数として $I = 10 - 2P$ と表せる。この式を財市場の均衡条件（$Y = C + I$）に代入し，Y について整理することにより総需要曲線 $Y = 20 - 4P$ を得る。

総需要曲線のシフト

　総需要曲線を導出する際，政府支出や貨幣供給量の値は一定としました。政策変更によりこれらの値が変わる場合，総需要曲線はその位置を変えます。第6章で学んだように，政府支出・貨幣供給量の増加といった拡張的経済政策はすべての物価水準において GDP を増やします。その結果 Y–P 平面上において総需要曲線は右にシフトします。反対に，緊縮的財政・金融政策により総需要曲線は左にシフトします。

　同様に，総需要を構成する消費・投資の変化，具体的には消費関数における基礎消費や投資関数における独立投資の変化によっても総需要曲線は変化します。基礎消費や独立投資の増加は，拡張的経済政策と同様に総需要曲線を右にシフトさせます。反対に，基礎消費や独立投資が減少すると総需要曲線は左にシフトします。図 7.3 はこれらの動きをまとめて描いています。

例題 7.3　例題 7.2 の状況（$C = 0.5Y$，$I = 10 - 20r$，$G = 0$，$L = P/r$，$M = 10$）において，政府支出が増え，$G = 6$ となった場合の総需要曲線は当初の状況に比べてどうシフトしているかを求めなさい。

答　例題 7.2 で求めたように投資は物価の減少関数として $I = 10 - 2P$ と表せる。こ

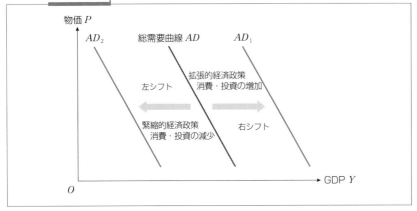

の式を財市場の均衡式（$Y = C + I + G$）に代入することにより総需要曲線 $Y = 32 -$ $4P$ を得る。この曲線は元の総需要曲線 $Y = 20 - 4P$ と比べ，Y–P平面上で**右方向**（**Y軸方向**）に **12だけシフト**している。

 総供給曲線

前節では，需要面から見た GDP と物価の関係を導出しました。この節では，利益の最大化を図る企業が生産要素としての労働をどう利用（投入）するかに着目し，生産面から見た GDP と物価の関係として総供給曲線を導きます。

名目賃金の硬直性

この項では，総供給曲線を導出する際に，賃金に関して設定する仮定について説明します。以下では企業が労働者に支払う，労働（＝労働投入量）1単位当たりの報酬を指す言葉として賃金を用います。この賃金には名目と実質の2つの捉え方があります。まず，貨幣（円）を単位とした賃金の値を名目賃金といいます。「アルバイトの時給が1500円」といった場合，この値は円単位なので名目賃金です。一方，賃金の持つ購買力を測る際は，名目賃金を物価水準で割った指標が用いられ，これを実質賃金といいます。

財の価格が財市場の動向で決まるのと同様に，労働の価格といえる名目賃金

　名目賃金が硬直的になる，つまり変化しにくくなる1つの理由として労使の契約の存在がありますが，もう1つの要因として，最低賃金制度の存在があげられます。最低賃金とは，名目賃金の値に対して国が設定する下限のことです。労働者が安定した生活を送れるようにすることがその目的の1つです。最低賃金は都道府県により異なりますが，厚生労働省によれば，2022年10月現在，日本の最低賃金の全国平均値は時給961円です。

　異なる通貨建ての最低賃金の国際比較をする際には，購買力平価を用いたり，フルタイムの労働者の賃金の平均値と最低賃金との比率を用いたりします。下の表は，先進主要国の最低賃金水準を比較したものです。ほかの先進国に比べ，日本での最低賃金の値はやや低く設定されていることがわかります。ここで，購買力平価とは，金融市場で決まる通貨価値の比率，いわゆる為替レートではなく，財・サービスの購買力で見た通貨価値の比率のことです。たとえば，アメリカにおいて1ドルで買える財（より正確には買い物バスケット）の個数と，日本において75円で買える財の個数が同じである場合，1ドルと75円の持つ価値が同じと考え，この換算比率を用いて賃金を比較します。購買力平価を用いることで，最低賃金で生活する際の生活水準について，異なる通貨を用いる国の間で比較することができます。

表　最低賃金水準の国際比較（2020年度）

	カナダ	フランス	ドイツ	日本	イギリス	アメリカ
購買力平価 （時給，ドル）	10.7	12.7	12.4	8.0	11.2	7.6
最低賃金／労働者 平均賃金（%）	43.7	49.4	44.4	39.2	47.6	21.1

（出所）　OECD.Stat.

は労働市場において決まります。しかし，財の価格は日々変化する一方，名目賃金は労働者と会社との契約などで決まり，少なくともしばらくの間は固定されています。このことを名目賃金の硬直性と呼びます。以下ではこの硬直性を反映し，名目賃金は一定であると仮定します。

企業の利益最大化問題

　この項では，まず個々の企業が生産する財の価格とその生産量との関係を考

えます。企業は労働や資本などの生産要素を投入（使用）し，財を生産・販売し，その売上から費用を除いた利益（利潤）を最大にしようとします。以下では企業の利益最大化問題を説明します。

　簡単化のため，この項では資本の量を一定とし，企業は投入する労働の量のみを選んで利益を最大にするとします。この場合，財の売上金額は財（1単位当たり）の価格と生産量の積，そして費用つまり人件費は労働投入量と名目賃金の積に等しくなります。したがって，企業の利益は以下のように表せます。

$$利益 = \underbrace{価格 \times 生産量}_{売上} - \underbrace{名目賃金 \times 労働投入量}_{人件費}$$

労働投入量を増やすと生産量，そして売上は増えますが，その分，人件費もかさみます。企業は，労働者を雇うことによる売上の増加と人件費の増加とを比較しながら，利益が最大になるように労働投入量を決めます。

　ここで，名目賃金が一定の場合，財の価格が上がると，企業が雇う労働量は増え，結果として生産量も増えます。なぜなら，価格が上がると財の生産・販売から得られる売上は上昇する一方で，名目賃金は変わらないので人件費が生産する財の価格と比べて割安になり，結果として生産から利益をあげやすくなるからです。つまり，財の価格と企業の生産量との間には正の関係が成立します。詳しい説明については本章第5節を参考にしてください。

┃ 総供給曲線 ┃

　前項では，個別企業にとっての財の価格と生産量との正の関係を示しました。同様の関係は経済全体でも考えることができます。名目賃金が一定のもとで国全体の財の価格水準つまり物価水準が上昇すると国全体の生産量つまりGDPが増えます。この関係は，図7.4のように Y–P 平面上で右上がりの曲線として表現でき，これを総供給曲線（aggregate supply curve）と呼び，AS で表記します。ここで曲線に「供給」という名が付くのは，この曲線が企業の生産面から導かれたものだからです。

POINT 7.4　総供給曲線
名目賃金が一定の状況下で，企業が利益を最大にするように労働量を選ぶ場合に成立する，GDPと物価水準との正の関係を示した曲線

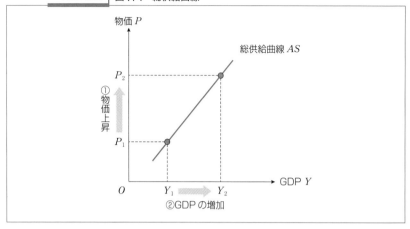

CHART 図7.4 総供給曲線

物価 P

総供給曲線 AS

P_2

① 物価上昇

P_1

O Y_1 Y_2 GDP Y

② GDP の増加

│ 総供給曲線のシフト │

　この項では，総供給曲線がシフトする要因について説明します。まず，企業が保有する資本（設備）の増加や技術水準の上昇などにより，労働者がこれまでより多くの財の生産をできるようになった場合を考えます。この場合，名目賃金一定のもと，すべての物価水準において企業の生産量が増えます。したがって，総供給曲線は右にシフトします。

　一方，名目賃金の水準が低下した場合，労働者をこれまでより安く雇うことができるようになるため，すべての物価水準において企業の生産量が増え，この場合も総供給曲線は右にシフトします。実際の企業は労働だけでなく，石油などさまざまな資源を投入して生産をしていますが，これら資源の価格が下がったときも同様に総供給曲線は右にシフトします。

　逆に，使用可能な資本の量が減ったり技術水準が低下したりする場合，あるいは賃金や資源価格など生産にかかる費用が増加し利益が上がりにくくなったとき，すべての物価水準において生産量が減るため総供給曲線が左にシフトします。図7.5はこれらの状況をまとめたものです。

POINT 7.5 総供給曲線のシフト
資本の増加（減少）や技術水準の上昇（低下）あるいは生産にかかる費用の減少（増加）により，総供給曲線は右（左）にシフトする

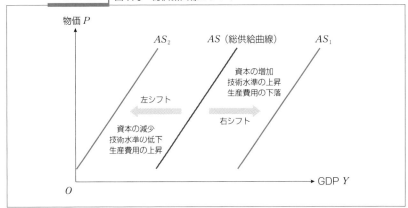

物価 P

AS_2 AS（総供給曲線） AS_1

資本の増加
技術水準の上昇
生産費用の下落

← 左シフト   右シフト →

資本の減少
技術水準の低下
生産費用の上昇

O GDP Y

③ 物価と GDP の同時決定

　この節では総需要・総供給曲線を用いて，物価水準と GDP がどのように決まるかを説明します。

均衡物価水準と均衡 GDP

　総需要・総供給曲線はともに物価と GDP の関係を示します。Y–P 平面において両曲線を重ねて描いた図 7.6 において，右下がりの総需要曲線と右上がりの総供給曲線には交点 E があります。この点 E において財市場および貨幣市場は均衡し，さらに企業は利益を最大化しています。総需要曲線と総供給曲線の交点における物価水準 P^* を均衡物価水準，そして生産量 Y^* を（以前と同様に）均衡 GDP と呼びます。

例題 7.4　総需要曲線を $Y=50-4P$，そして総供給曲線を $Y=6P$ とするとき，均衡物価水準 P^* と均衡 GDP Y^* を求めなさい。

答　総需要曲線の式 $Y=50-4P$ と総供給曲線の式 $Y=6P$ を連立し，物価 P に関する式 $50-4P=6P$ を得る。したがって $P^*=5$ となる。この値を総供給曲線の式に代入し，$Y^*=30(=6\times5)$ を得る。

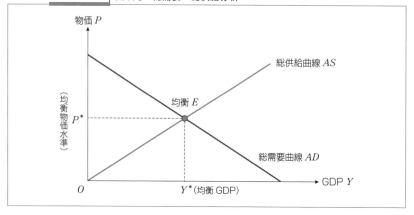

総需要曲線のシフトと物価・GDP の変化

　この項では，総需要曲線の変化が経済に与える影響について考えます。図7.7において，当初の均衡は総需要曲線 AD_1 と総供給曲線 AS の交点 E_1 で表されるとします。このとき均衡物価水準は P_1，均衡 GDP は Y_1 です。ここで，（基礎）消費・（独立）投資の増加や拡張的経済政策により，図の②のように総需要曲線が右にシフトしたとします。シフト後の曲線を AD_2 とします。このとき均衡は新しい総需要曲線 AD_2 と総供給曲線 AS の交点 E_2 に移り，均衡物価水準は P_1 から P_2 に（図の③），そして均衡 GDP は Y_1 から Y_2 に（図の④）それぞれ増えます。反対に，（基礎）消費・（独立）投資の減少や緊縮的経済政策は総需要曲線を左にシフトさせ，その結果，物価水準も GDP も減ります。実際，物価安定を担う中央銀行は，物価が下落しているときは金融緩和政策で物価を上げようとし，物価が上昇しているときは金融引き締め政策により物価を下げようとします。

　なお，政府支出を増やす拡張的財政政策を行った結果，物価が上昇すると，貨幣需要が増えるため金利が上がります。これは財市場において投資が減ること，つまりクラウディング・アウトが起きることを意味します。

POINT 7.6　総需要曲線のシフトと物価・GDP
拡張（緊縮）的経済政策や独立投資・基礎消費の増加（減少）により，総需要曲線は右（左）にシフトし，物価水準・GDP はともに増加（減少）する

図7.7　総需要曲線のシフトと物価・GDP

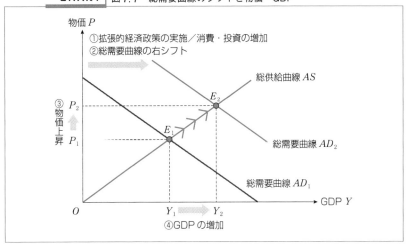

物価 P

①拡張的経済政策の実施／消費・投資の増加
②総需要曲線の右シフト

総供給曲線 AS

③物価上昇

P_2

E_2

P_1

E_1

総需要曲線 AD_2

総需要曲線 AD_1

O　Y_1　Y_2　GDP Y

④GDP の増加

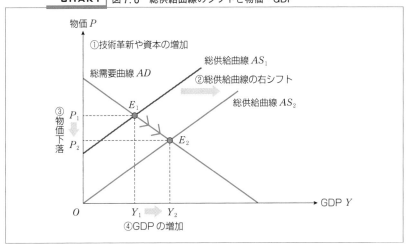

物価 P

①技術革新や資本の増加

総供給曲線 AS_1

総需要曲線 AD

②総供給曲線の右シフト

総供給曲線 AS_2

③物価下落

P_1

E_1

P_2

E_2

O　Y_1　Y_2　GDP Y

④GDP の増加

総供給曲線のシフトと物価・GDP の変化

　総需要曲線と同様に，総供給曲線のシフトによっても物価や GDP は変化します。名目賃金が固定された状況で，技術革新や資本の増加，あるいは資源などの生産費用の減少などが起きると図7.8 が示すように総供給曲線が右にシフトし，均衡が右下に移動し，結果として物価水準が下落し，GDP は増加しま

す。反対に，資本の減少，技術水準の低下，あるいは生産費用の増加が起きる場合，総供給曲線が左にシフトし，GDPは減り，物価水準は上がります。

> **POINT 7.7　総供給曲線のシフトと物価・GDP**
> 資本の増加（減少）や技術水準の上昇（低下）により総供給曲線は右（左）にシフトする。その結果として物価水準は下落（上昇）し，GDPは増加（減少）する

完全雇用下での経済政策

前節では拡張的経済政策によりGDPが増えることを示しましたが，その効果にも限度があります。この節では経済政策の限界について説明します。

┃ 完全雇用下での総供給 ┃

総供給曲線は，財の価格が上がれば生産量が増えるという関係を示していますが，労働時間，労働者数ともに限りがあり，労働投入量を無限に増やすことはできません。1つの国で，雇われる労働量が最大になっている状況を完全雇用（full employment），そしてこの状況におけるGDPの値を完全雇用GDPといい，Y^fで表記します。ある国の完全雇用GDPはその国の潜在的な生産能力を示しているといえ，この値を潜在GDPということもあります。完全雇用については章末の付録にて詳しく説明します。

労働投入量に上限があるため，企業がいくら生産活動を頑張ってもGDPをY^f以上に増やすことはできません。このことを考慮して総供給曲線を描くと，図7.9のような折れ線になります。GDPつまりYがY^f以下の場合は，これまでと同じく総供給曲線は右上がりですが，$Y = Y^f$において垂線となっています。つまり物価がいくら上昇してもGDPはY^f以上にはなりません。

┃ 完全雇用下での財政・金融政策の効果 ┃

この項では，経済が完全雇用の状態にあるとき，経済政策がGDPにどのような影響を与えるかを考えます。図7.10において，総需要曲線が当初AD_1の

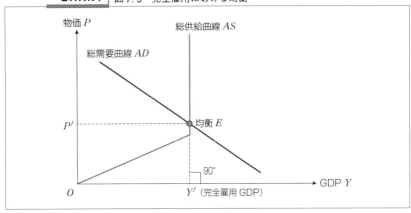

CHART 図7.9 完全雇用における均衡

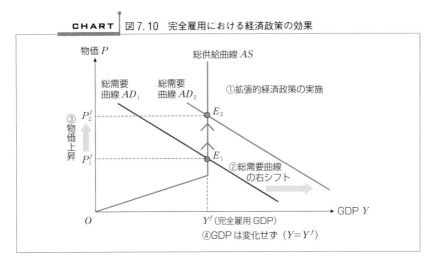

CHART 図7.10 完全雇用における経済政策の効果

位置にあり，そして均衡が点 E_1 にあったとします。政府支出や貨幣供給量を増やす拡張的経済政策を行うと，総需要曲線は右方向（$AD_1 \rightarrow AD_2$）に移動します（図の②）。このとき総供給曲線は垂直なため，均衡は真上の方向に動き点 E_2 に移ります。つまり物価は P_1^f から P_2^f に増えますが，GDP は何の影響も受けず Y^f のままです（図の③，④）。つまり，拡張的経済政策は，完全雇用の状況において生産にまったく影響を与えず，物価の上昇しかもたらしません。

　ある国の完全雇用 GDP はその国で長期的に供給可能な生産量，そして実際の GDP はその国の需要量と考えることができます。GDP と完全雇用 GDP の

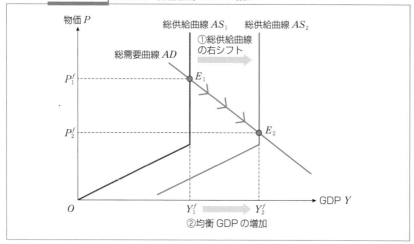

CHART 図7.11 完全雇用 GDP の増加

物価 P
総供給曲線 AS_1　総供給曲線 AS_2
①総供給曲線の右シフト
総需要曲線 AD
P_1^f　E_1
P_2^f　E_2
O　Y_1^f　Y_2^f　GDP Y
②均衡 GDP の増加

差を GDP ギャップと呼びます。供給水準を需要が下回っているとき，拡張的経済政策による GDP の増加は可能ですが，経済が完全雇用に近づき，GDP ギャップがゼロに近づくにつれ，その効果は弱まります。

　ここで例として，完全雇用下で貨幣供給量を 2 倍にする金融緩和政策を考えます。政府支出 G は一定とします。この場合，GDP の値は Y^f のまま増えないため，GDP の関数である消費 $C^f = C(Y^f)$ も一定です。このとき，財市場均衡式 $Y^f = C^f + I(r) + G$ より，投資 I そして金利 r も変わりません。したがって，実質貨幣需要関数 $l(r)$ の値にも変化がなく，貨幣市場が均衡するとき，実質貨幣供給 M/P の値も変わりません。つまり，完全雇用下で貨幣供給量 M を 2 倍にすると，物価 P も同じく 2 倍になります。貨幣供給量と物価との間に比例関係が成立するとする考え方を貨幣数量説といいます。

　完全雇用が実現した状況において GDP を増やすには，総供給曲線自体がシフトする必要があります。すでに説明したように，資本の増加や技術進歩などがあると，同じ労働投入量でも生産できる量は増えます。このとき完全雇用 GDP も増え，総供給曲線が右側にシフトします。図7.11 はこの様子を示したもので，総供給曲線のシフトにより均衡 GDP は増え，一方物価は下落します。

　第 1 章で学んだように実際の日本経済は経済成長を続けてきました。このことは日本経済が需要面だけでなく供給面でも成長・発展してきたことを意味します。GDP が供給面で増え続ける仕組みについては第 10 章で説明します。

例題 7.5 完全雇用が実現している経済を考える。消費関数を $C = 0.75Y$, 投資関数を $I = 10 - 20r$, 政府支出を $G = 4$, 貨幣需要関数を $L = 0.1P/r$, 貨幣供給量を M とする。また，完全雇用 GDP の値を $Y^f = 40$ とする。物価水準 P と貨幣供給量 M の関係式を求めなさい。

答 完全雇用下での消費の値は $C^f = 0.75Y^f = 30$ であるので，投資の値は $I = Y^f - C^f - G = 6$ となる。投資関数の式 $I = 10 - 20r$ より，$I = 6$ となるような金利の値は $r^f = 0.2$ となる。一方，貨幣市場の均衡条件を式で表すと $\frac{0.1P}{r} = M$ となる。この式に金利の値 $r^f = 0.2$ を代入し，物価と貨幣供給量との関係式 $P = 2M$ を得る。

> **POINT 7.8　完全雇用下の経済政策の効果**
> 完全雇用のもとでは，財政・金融政策を実施しても物価が変化するだけで GDP に影響はない

5　総供給曲線の導出（発展）

この節では，企業の利益最大化問題を議論し，そのうえで名目賃金の硬直性がある経済において総供給曲線が右上がりになる理由について説明します。

生産関数と限界生産性

例として，労働者を 1 人雇い，財を生産する企業を考えます。表 7.1 は，この労働者の労働時間を増やすにつれ財の生産量がどう増えるかを示したものです。簡単化のため，企業の用いる設備（資本）の量は一定とします。表によれば，最初の 1 時間で労働者は財を 8 個作りますが，労働時間を 2 時間，3 時間と増やすにつれ，財の生産個数は 15 個，そして 20 個と増えていきます。

CHART｜表 7.1　生産要素の投入と生産の関係

労働投入量	0（時間）	1（時間）	2（時間）	3（時間）
総生産量	0	8	15	20
限界生産性		+8 ↑	+7 ↑	+5 ↑

Column ❼-2　コロナ禍の総需要・総供給分析

　新型コロナウイルスの蔓延がマクロ経済へもたらす打撃は，総需要・総供給の双方に影響を及ぼしていると考えることができます。このことについて，野村総合研究所の柏木亮二による分析をもとに考えてみましょう。

　まず総需要面でのショックの例としては，感染を恐れて，あるいは実際感染して外出を避ける傾向が強まり，その結果（外食などの）消費が減少することなどが考えられます。このショックは総需要曲線を左側にシフトさせます。一方，総供給へのショックとしては，対面での取引などが制限されるなど，労働者の生産性が下がり，一定量の労働投入に対して得られる生産量が減ることが考えられます。このショックは，完全雇用 GDP の水準も下げるといえます。

　下の図は，総需要曲線と総供給曲線が両方シフトした場合の経済の動きを示しています。図において，コロナ前の総需要曲線，総供給曲線をそれぞれ AD_1，AS_1，そしてコロナ後の総需要・総供給曲線をそれぞれ AD_2，AS_2とします。このとき，図において，コロナ前の均衡は E_1，そしてコロナ後の均衡は E_2として表されます。ここでは，コロナ前の経済が完全雇用にあったと仮定しています。コロナにより総需要曲線と総供給曲線はともに左にシフトしますので，国内総生産に与える影響は必ずマイナスです。ただ総需要の減少は物価を下げる方向に働く一方，総供給の減少は物価を上げる方に働くため，物価へのトータルの影響ははっきりしません。図においては，総需要のショックの方が総供給のショックより大きく，そのため物価が減少しているケースを描いています。（参考文献：野村総研　柏木亮二「新型コロナウイルス経済ショックのマクロ的位置づけ（1）──マクロモデルによる概観」）

図　新型コロナが総需要・総供給に与える影響

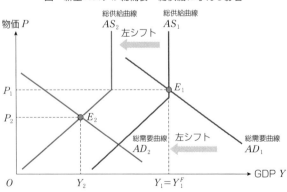

一般に，生産要素の量と生産量との間に成立する正の関係を生産関数といいます。本章においては労働と生産との関係を示す生産関数を考えます。もう1つの生産要素である資本と生産の関係については第10章で取り上げます。以下では労働投入量と労働時間が同じであると考えます。

　ここで，労働者が余計に1時間働くことで「新たに」何個財が生産できるかを考えます。まず，最初の1時間の労働で作られる財は8個です。次に，労働時間を1時間増やすことで，15−8＝7個の財を新たに作ることができます。さらに労働時間を1時間増やすと，新たに20−15＝5個の財が作られます。一般に，労働を1単位増やしたときに新たに増える生産量を労働の限界生産性（Marginal Product of Labor：MPL）といいます。

　この例では，労働時間が増えるにつれ限界生産性は8→7→5と減少していきます。労働投入量が増えるにつれ限界生産性が減少する性質を労働の限界生産性の逓減といいます。逓減とは徐々に減ることを意味します。労働時間が増えると疲労が重なり効率性が落ちることなどが，その理由としてあげられます。

マクロ経済の生産関数

　本書では，国全体の生産要素と国全体の生産量＝GDP(Y) との間にも生産関数の関係があると仮定します。国全体で見た労働投入量を N，そして生産関数を $F(N)$ とします。このとき GDP Y と労働 N との間の関係は $Y=F(N)$ と表せます。労働投入量を N から1単位増やし $N+1$ にすることによる生産の増加，つまり労働の限界生産性（MPL）は $F(N+1)-F(N)$ に等しくなります（より厳密には労働の限界生産性は，生産関数の導関数 $F'(N)$ として定義されます）。

　図 7.12 (a) は，生産関数をグラフにしたものです。労働が N_1 から N_2 に増えれば GDP の値は Y_1 から Y_2 に増える一方，限界生産性は MPL_1 から MPL_2 に減っており，生産関数の形状が限界生産性の逓減の性質と整合的であることがわかります。図 7.12 (b) はこの労働投入量と限界生産性との負の関係をグラフにしたものです。

POINT 7.9　生産関数・限界生産性
- マクロ経済の生産関数：生産要素と GDP との関係を示す関数
- 労働の限界生産性（MPL）：労働を1単位増やすことによる GDP の増加

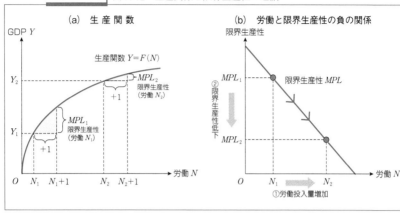

CHART 図7.12 生産関数と限界生産性の逓減

(a) 生産関数

(b) 労働と限界生産性の負の関係

労働投入量と利益の関係

例として，経済全体において，財が1種類のみであり，その財を生産する企業も1つしかない状況を考えます。このとき，この企業の生産量 Y が GDP に一致します。また，財が1種類なので，この財の価格 P はこの国の物価水準を示します。この企業は労働のみを生産要素とし，労働投入量を N としたときの生産関数が $Y=F(N)$ で与えられているとします。さらに，企業が生産する財の価格つまり物価水準を P，そして労働1単位当たりの名目賃金を一定値 W とします。

企業が労働を N だけ投入し生産を行った際，売上高は生産量 Y と価格 P の積なので $P \times F(N)$ と表せます。一方，労働投入にかかる費用は名目賃金 W と労働量 N の積 $W \times N$ となります。つまり企業の利益は労働 N の関数として

利益 ＝ 物価 $P \times$ 生産 $F(N) -$ 名目賃金 $W \times$ 労働 N

と表せます。企業は価格，および名目賃金が与えられたとき，労働 N を選んで利益を最大にします。ここで，利益を物価水準 P で割った値を実質利益と呼ぶことにすると，この値は実質賃金 $\frac{W}{P}$ を用いて以下のように表せます。

実質利益 $= \dfrac{\text{利益}}{\text{物価} P} =$ 生産 $F(N) -$ 実質賃金 $\dfrac{W}{P} \times$ 労働 N

以下では実質賃金と労働の積を実質人件費と呼びます。企業にとって物価 P は一定なので，利益を最大にすることと実質利益を最大にすることは同じです。

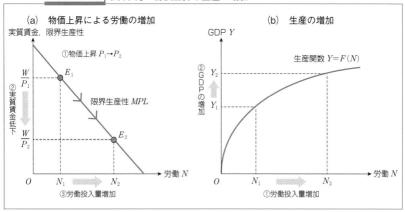

CHART 図7.13 物価上昇と生産の増加

(a) 物価上昇による労働の増加

実質賃金, 限界生産性

①物価上昇 $P_1 \rightarrow P_2$

$\frac{W}{P_1}$ E_1

②実質賃金低下

限界生産性 MPL

$\frac{W}{P_2}$ E_2

労働 N

O N_1 N_2

③労働投入量増加

(b) 生産の増加

GDP Y

生産関数 $Y = F(N)$

②GDPの増加

Y_2

Y_1

労働 N

O N_1 N_2

①労働投入量増加

限界生産性と実質賃金の一致

　労働 N を $N=0$ の状況から順に1単位ずつ増やすことにより，企業の（実質）利益を最大にする労働投入量を求めましょう。以下では簡単化のため，実質賃金 $\frac{W}{P}$ を w で表します。このとき実質利益は $F(N) - wN$ と表せます。

　労働を1単位増やしたときの企業の実質利益の変化量を限界実質利益と呼ぶことにすると，この値は，労働1単位の増加に伴う実質人件費の増分つまり実質賃金 w を，生産の増加量つまり限界生産性 $F(N+1) - F(N)$ から引いたものになります。たとえば，労働が2のときの実質利益 $F(2) - 2w$ と，労働が3のときの実質利益 $F(3) - 3w$ との差は $(F(3) - F(2)) - w$ です。したがって，限界実質利益は限界生産性と実質賃金との差 $MPL - w$ として表されます。

　限界実質利益 $MPL - w$ が正であるかぎり，労働投入量を増やすことで企業は利益を増やせます。ただ，限界生産性 MPL は逓減するので労働を増やし続けるといずれ限界実質利益は負となります。限界実質利益が負の状況では，労働投入量を減らすことにより利益が増えます。つまり，実質利益が最大になっているとき，限界生産性 MPL と実質賃金 w は等しくなります。

総供給曲線の導出

　以上の議論をもとに総供給曲線を導出してみましょう。

　図7.13(a)は，限界生産性（MPL）を労働投入量の減少関数として書いた曲

線を示しています。以下では名目賃金を一定値 W とします。当初物価水準は P_1 であったとします。企業の実質利益が最大のとき限界生産性は実質賃金 $\frac{W}{P_1}$ と一致するため、労働投入量は図において N_1 となります。

ここで物価が P_1 から P_2 に上がったとします。このとき実質賃金が $\frac{W}{P_1}$ から $\frac{W}{P_2}$ に下がるため、図7.13(a)が示すように企業の選ぶ労働投入量は N_1 から N_2 に増えます。この場合、図7.13(b)が示すように、生産関数に沿って生産量も Y_1 から Y_2 に増えます。物価が上昇（$P_1 \rightarrow P_2$）すると生産量が増加（$Y_1 \rightarrow Y_2$）するという関係を描いた曲線が図7.4で示した総供給曲線です。

例題7.6 経済全体の生産関数を $Y = 2\sqrt{N}$ とする。このとき限界生産性は $\frac{1}{\sqrt{N}}$ となる。名目賃金を $W = 6$、物価水準を P とするとき総供給曲線を求めなさい。
答 限界生産性 $\frac{1}{\sqrt{N}}$ が実質賃金 $\frac{W}{P} = \frac{6}{P}$ と一致するため、$6\sqrt{N} = P$ つまり $N = \left(\frac{P}{6}\right)^2$ となる。したがって、生産 Y は物価 P を用いて $Y = \frac{1}{3}P$ と書ける。これが総供給曲線である。

POINT 7.10　企業の利益最大化問題

- 生産関数が労働に依存する場合、労働の限界生産性 MPL が実質賃金に等しいとき企業の利益は最大になる
- 物価水準が上がり、実質賃金が下がると労働量・生産量は増える

総供給曲線のシフト

ここでは、図7.8で示した総供給曲線のシフトについて、前項で導入した限界生産性と実質賃金の考え方を用いてより詳しく説明します。まず、機械化などの技術革新により、労働の限界生産性が増加したとします。このとき、図7.14(a)が示すように、限界生産性を示す曲線が上方にシフトします。このとき、名目賃金 W、そして物価 P を一定としたときに、利益を最大にする労働、そして生産量は増加します。つまり総供給曲線は右側にシフトします。

次に、これまで一定としていた名目賃金 W が増加したとします。このとき、物価水準が一定のもと、実質賃金が上がりますので、図7.14(b)が示すように、利益を最大にするような労働投入量は減り、したがって生産量も減ります。このことは、総供給曲線が左側にシフトすることを意味します。

なお、ここでは生産関数における生産要素として労働のみを考えてきました。

CHART 図7.14 労働投入量の変化

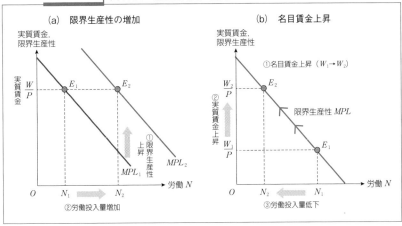

(a) 限界生産性の増加

(b) 名目賃金上昇

実際は労働だけでなく資本，あるいは原油などの資源も必要となります。一般的に，賃金だけでなく，生産にかかる費用が増加した場合，企業は労働量，生産量を減らします。したがってこのとき総供給曲線は左にシフトします。

SUMMARY ●まとめ

□ 1 財市場・貨幣市場を均衡させるような物価と GDP との負の関係を示す曲線を総需要曲線という。

□ 2 名目賃金が硬直的な状況で，企業が労働量を選ぶ場合に成立する，物価と GDP との正の関係を示す曲線を総供給曲線という。

□ 3 総需要曲線と総供給曲線が交わる均衡における GDP，物価の値をそれぞれ均衡 GDP，均衡物価水準と呼ぶ。

□ 4 完全雇用が実現されていない状況下での政府支出の増加と金融緩和はともに物価と GDP を増やす。

□ 5 完全雇用の状態で拡張的経済政策を実施しても GDP に変化はない。

EXERCISE ●練習問題

① 次の文章の ［ ① ］から ［ ⑤ ］について，当てはまる単語を下の語群から選びなさい。

貨幣供給量が一定のもと，貨幣市場を均衡させる金利の値は，物価が下落すると［　①　］。金利のこの変化により投資，そして財市場を均衡させる GDP の値はそれぞれ［　②　］。この，物価と GDP との［　③　］の関係を，物価を縦軸，そして GDP を横軸にとった平面上に描いた曲線を［　④　］曲線という。ここで，貨幣供給量を増やすと，この曲線は［　⑤　］にシフトする。

　　［語群］　a.増える　b.減る　c.正　d.負　e.総需要　f.総供給　g.右方向
　　h.左方向

② 貨幣需要関数を $L=10P/r$，消費関数を $C=5+0.5Y$，投資関数を $I=20-100r$，貨幣供給量を $M=1000$，政府支出を $G=5$，そして総供給曲線を $Y=10P$ とする。

　(1)　総需要曲線を求めなさい。

　(2)　均衡物価水準 P^* および均衡 GDP Y^* を求めなさい。

　(3)　貨幣供給量が一定のもと，政府支出が 18 増えたら均衡 GDP はいくら増えるか求めなさい。

　(4)　政府支出が一定のもと，貨幣供給量が 300 増えたときの均衡 GDP の増加量を求めなさい。

③ 貨幣需要関数を $L=P(70-200r)$，消費関数を $C=0.6Y+40$，投資関数を $I=30-100r$，貨幣供給量を $M=600$，そして政府支出を $G=20$ とする。いま経済が完全雇用の状況にあるとする。完全雇用 GDP の値を 200 とする。

　(1)　均衡金利を求めなさい。

　(2)　均衡物価水準を求めなさい。

　(3)　政府支出が 10 増えたら均衡物価水準はいくら増えるか求めなさい。

　(4)　貨幣供給量が 300 増えたら均衡物価水準はいくら増えるか求めなさい。

④ 貨幣需要関数を $L=P(0.5Y-100r)$，消費関数を $C=0.5Y+10$，投資関数を $I=40-50r$，貨幣供給量を $M=600$ そして政府支出を $G=10$ とする。また，総供給曲線を $Y=5P$ とする。以下では $Y>0$ を仮定する。

　(1)　総需要曲線を求めなさい。

　(2)　均衡 GDP を求めなさい。

⑤ 経済全体の生産関数が $Y=12\sqrt{N}$ であるとする。このとき限界生産性は $MPL=\dfrac{6}{\sqrt{N}}$ となる。また，名目賃金の値が $W=4$ で与えられているとする。総供給曲線を示す式を，物価水準 P と GDP Y を用いて表しなさい。

⑥ 消費関数を $C=0.4Y+10$，投資関数を $I=50-60r$，貨幣需要関数を $L=P/r$，貨幣供給量を $M=400$，政府支出を $G=0$ とする。また，完全雇用国内総生産を $Y^f=120$ とする。$Y-P$ 平面上において，総供給曲線は $Y=Y^f$ のところで垂線になっている。具体的には総供給曲線の式は，$P<120$ のとき $Y=P$，そして $P\geq$

120 のとき $Y = 120$ として与えられている。

(1) 総需要曲線の式を求めなさい。

(2) 均衡における GDP Y, 物価 P, 金利 r をそれぞれ求めなさい。

(3) 政府が政府支出 G を 0 から増やすことで完全雇用を達成しようとする場合, 最低限必要な G の値を求めなさい。

(4) 政府支出を $G = 0$ のまま変えず, 貨幣供給量を増やすだけでは政府は完全雇用を達成できないことを示しなさい。

付録：完全雇用 GDP の決定

この付録では, 完全雇用の状況における GDP の決定について説明します。図 7.13 (a) からもわかるように, 実質賃金が下がると企業による労働需要は増えます。この関係は, 実質賃金を縦軸に, そして労働需要を横軸にとった平面上において右下がりの曲線 (労働需要曲線) として表現できます。

一方, 企業だけでなく, 家計が供給する労働量も実質賃金から影響を受けます。その理由は, 家計が所得を得る主な目的がその所得を用いた財・サービスの購入にあるからです。実質賃金が上がると, 労働からより多くの物質的豊かさを手に入れることができるため, 通常労働の供給量は増えます。この関係は賃金を縦軸に, 労働供給を横軸にとった平面上において右上がりの曲線 (労働供給曲線) として表現できます。

CHART 図 7.15　労働市場の均衡と完全雇用 GDP

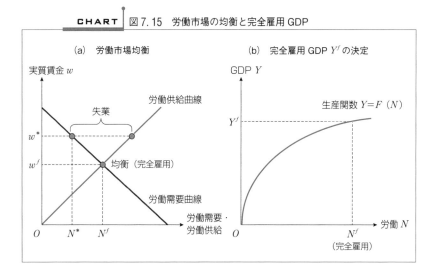

図7.15(a)は，労働需要・供給の両曲線を示しています。実質賃金水準が，両曲線の交点における値 w^f である場合，労働供給と労働需要はともに N^f に等しく，労働市場は均衡しています。前述の完全雇用とはこのような労働市場の均衡状態を指しています。生産関数を描いた図7.15(b)に示されているように，労働が N^f のときの総生産の量が完全雇用GDP，つまり Y^f となります。

　ここで，実質賃金の値 $w = w^*$ が均衡実質賃金 w^f より高い場合は，労働市場は不均衡となり労働の超過供給が発生します。この場合，序章で説明したショートサイドの原則より，労働市場において実際取引される量（N^* とします）は需要と供給で少ない方，つまり需要となり，労働需要の動向が労働量を決めます。本章での主な分析はこの場合に該当します。労働の超過供給の部分は，与えられた賃金のもと働きたくても働けない失業者の数を示しており，こういった失業を非自発的失業といいます。

　経済学では，この非自発的失業の存在に関しさまざまな考え方があります。賃金水準は硬直的であり，非自発的失業が存在し，そして経済政策がGDPや雇用の増加に貢献するとする，本章および前章で説明した考え方に基づく経済学をケインズ経済学といいます。一方，賃金水準は労働市場を均衡させるように動くため，GDPは常に完全雇用GDPに等しく，財政・金融政策の雇用やGDPへの効果は無効となるとする考え方もあります。このような考え方に基づく経済学を新古典派経済学といいます。

インフレとデフレ

INTRODUCTION

　前章では，総需要，総供給が GDP と物価水準を決定するメカニズムについて学びました。実は，物価水準が長期にわたり増えたり減ったりすると，それ自体が実体経済に影響を与えます。物価が急激に上昇し，貨幣価値が大きく下がることの問題点については第 4 章などですでに説明しましたが，物価上昇の度合いが緩やかな場合にも，そして物価水準が下がり続ける場合にも経済的な損失は発生します。この章では物価変動が社会経済に与える影響について考えます。

　Keywords：インフレ，デフレ，ハイパーインフレ，期待インフレ率，フィリップス曲線，メニュー・コスト，実質金利，名目金利

1 インフレ・デフレ発生の原因

　物価の上昇が続くインフレ，そして物価下落が続くデフレにはそれぞれいくつかの原因があります。この節ではその原因について説明します。

総需要・総供給とインフレ

　第7章で説明したように，総需要・総供給分析において，消費，投資，政府支出など総需要を構成する要素の値が増加すると，図8.1(a)のように総需要曲線は右にシフトし，物価水準が上がります。つまり，総需要が増え続けるとインフレになります。このような，需要増加に引っ張られて（pull）発生するインフレのことを，ディマンドプル・インフレといいます。

　また，図8.1(b)に示すように，物価上昇は財・サービスの生産にかかる費用が増加することにより総供給曲線が左側にシフトしても発生します。一般に，生産費用が増え続ける結果，インフレになることをコストプッシュ・インフレといいます。これはコスト高が物価水準を押し上げる（push）ことにより発生するインフレを意味します。

　図8.1が示すように，ディマンドプル・インフレとコストプッシュ・インフレでは同じインフレでもGDPに与える影響が真逆になります。コストプッシュ・インフレのもとではGDPの減少とインフレが併存しますが，このような状況をスタグフレーションといいます。この言葉は生産の停滞を示す英語のスタグネーションとインフレーションを合わせてできたものです。

> ### POINT 8.1　インフレの種類
> - ディマンドプル・インフレ：総需要の増加により発生するインフレ
> - コストプッシュ・インフレ：生産費用の増加により発生するインフレ

貨幣供給量とインフレ

　第4章で説明したように，インフレは貨幣供給量の増加とも密接に関わっており，貨幣供給量の増加率が高い国のインフレ率は総じて高い傾向にあります。

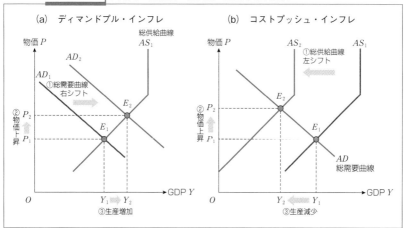

CHART 図8.1　総需要・総供給の変化と物価上昇

(a)　ディマンドプル・インフレ

(b)　コストプッシュ・インフレ

貨幣供給量が増加した過去の事例として多いのが，中央銀行が政府から独立していない国において，政府が支出の財源として税の代わりに現金通貨の発行（紙幣の印刷など）に頼るケースです。しかしながら，かつて財源を通貨発行益に頼った多くの国は，後に激しい物価上昇や経済低迷に苦しみました。

　貨幣供給量の変動が物価，そして経済の変動に大きな影響を与えると考える経済学者はマネタリストと呼ばれます。その代表格であるミルトン・フリードマンは，生産を増やすなどのため貨幣供給量を裁量的に動かすのではなく，その増加率を一定値に固定するよう中央銀行が政策運営を行うことが最も望ましいと述べました。これをフリードマンのk%ルールと呼びます。

　インフレは家計や企業が金融資産として保有する貨幣，そして政府が持つ国債などの債務の実質的価値を同時に下げます。この影響は，民間部門の持つ貨幣に対し，あたかも資産税のような形で税金がかかり，その税収が政府部門に移ったとしたときの影響とよく似ています。インフレを通して富が民間から政府に移動すること，あるいはその移動した富をインフレ税といいます。

インフレ期待

　現在から将来にかけてのインフレに関する人々の予想をインフレ期待，そしてその値を期待インフレ率といいます。ここで期待とは，予想と同じ意味です。今年のインフレ率は，昨年と比較したときの今年の物価の上昇率です。一方，

今年における期待インフレ率は，今年から来年にかけてのインフレに関する予想値であり，以下のように求められます。

$$期待インフレ率 = \frac{来年の物価水準の予想値}{今年の物価水準} - 1$$

なお，ここではインフレ率と期待インフレ率をともに年率としています。

　天気予報の内容が天気自体を変えることはありえませんが，物価の場合，その予想が実際の物価水準に影響を及ぼす可能性があります。例として，インフレ率がこれまで0%で推移していたにもかかわらず，何かの出来事をきっかけに，期待インフレ率が急に上がったような状況を考えます。この場合，人々は今後財の値段が上がると予想しているため，値段が安い今のうちに財を購入しようとします。結果，財への需要が増え，価格が上がります。つまり，インフレ期待により物価は自己実現的に上昇する恐れがあるのです。

　実際の世の中で，人々の期待だけでインフレが発生することはほとんどありません。しかし，需要面や供給面の変化などを原因として発生したインフレがインフレ期待を呼び，さらなる高いインフレを招くケースはよくあります。したがって，中央銀行は現在のインフレを抑えることだけでなく，インフレ期待をどうコントロールするかにも注意を払います。たとえば中央銀行は，人々のインフレ期待に混乱を与えないよう，政策決定日の明確化など金融政策に透明性を持たせようとします。また，中央銀行は将来にわたる政策のあり方を明示する場合もあります。これをフォワード・ガイダンスといいます。たとえば，マネタリーベースを今後5年間，年2%の割合で増やし続けると宣言するような金融政策はその一例です。

> **POINT 8.2　期待インフレ率**
> 将来のインフレに関する予想値のこと

期待インフレ率の測定

　以下では，期待インフレ率に関するいくつかの調査・推計について説明します。まず，日本銀行は「日銀短観」において，企業に対し，調査時点から1年後に物価がどれくらい上昇するかという予想に関し聞き取りを行っています。これを企業の物価見通しといいます。図8.2は，この企業の物価見通しに基づ

（出所）　日本銀行「全国企業短期経済観測調査（日銀短観）」。

く期待インフレ率（1年後）と，各時点における実際のインフレ率の推移を比べたものです。両者の動きは非常に似ていることがわかります。

　なお，図によれば，2021年ごろからインフレ率と企業の期待インフレ率がともに上昇しています。この背景には，円安により原油など輸入原材料の円建て価格が上昇し，企業がこれを製品価格に転嫁しはじめたこと，そしてこの転嫁が将来も続く可能性が高まったことがあります。2021年以降，アメリカでは新型コロナウイルス対策の各種制限が緩和され，経済活動が再開し，結果需要が増え，インフレとなりました。FRBは物価安定化のため利上げを繰り返しましたが，日銀は国内景気下支えなどを理由に金融緩和政策を継続したため，日米金利差が拡大し，円安が進みました。日本の金利が外国の金利より低くなると，資産としての日本円の魅力が下がり，外国為替市場で円が売られるようになります。このことについては第10章で詳しく説明します。

　また，期待インフレ率を，利子や額面（元本）の価格が物価上昇の度合いに比例して増える債券である物価連動債の利回りを用いて計算する場合もあります。期待インフレ率が上がると，物価連動債に人気が出てその価格が上がります。結果的に，その利回りは普通の債券の利回りと比べ，期待インフレ率に等しい値だけ低くなります。普通の債券と，物価連動債との利回りの差として計算される期待インフレ率をブレーク・イーブン・インフレ率といいます。

インフレ期待の形成（発展）

　インフレ期待の形成のされ方については，いくつか考え方があります。まず，

期待インフレ率，つまり来年のインフレ率についての予想値が，今年のインフレ率に等しくなるとする考え方に基づく期待の形成を静学的期待形成といいます。また，経済主体が予測に必要な情報を完全に入手することにより期待インフレ率が実際のインフレ率に一致するとする考え方に基づく期待形成を合理的期待形成といいます。さらに，期待インフレ率が実際のインフレ率とずれた場合，そのずれを反映して次の年の期待インフレ率が修正されるとする考え方に基づく期待形成を適応的期待形成といいます。

以下では期待形成を式で表します。t 年のインフレ率を π_t，そして t 年時点での期待インフレ率，つまり π_{t+1} に関する予想値を π^e_{t+1} とします。このとき π^e_{t+1} の値は静学的期待形成の場合 $\pi^e_{t+1}=\pi_t$，そして合理的期待形成の場合 $\pi^e_{t+1}=\pi_{t+1}$ と表せます。また，適応的期待の場合，期待インフレ率の時間的変化は正の定数 a を用いて以下のように表せます。

$$\pi^e_{t+1} - \pi^e_t = a \times (\pi_t - \pi^e_t)$$

この式は，t 年の実際のインフレ率 π_t と，その前年における予想値 π^e_t との差に比例して期待インフレ率の値が修正されるということを示しています。定数 a は調整の速さを示しています。

> **例題8.1** Aさんのインフレ期待は適応的期待 $\pi^e_{t+1} - \pi^e_t = 0.5 \ (\pi_t - \pi^e_t)$ に基づく。Aさんは去年（$t-1$ 年），今年（t 年）の物価が去年と同じになると予想したが，実際物価は 10% 上昇した。今年の期待インフレ率 π^e_{t+1} を求めなさい。
>
> **答** 去年の期待インフレ率 π^e_t は 0，そして実際のインフレ率 π_t は 0.1 であるため，今年の期待インフレ率は $\pi^e_{t+1} = 0 + 0.5(0.1 - 0) = 0.05 = $ **5%** として求められる。

デフレの要因

日本は 1990 年代後半から 2010 年代初頭までの長期にわたり，インフレとは逆のデフレを経験しました。これまで説明してきたインフレの要因は，その向きが逆になるとデフレの要因にもなりえます。たとえば総需要が長期的に減少すると，総需要曲線が左側にシフトし，均衡での物価は下落します。一方，名目賃金など，生産の費用が下がると，総供給曲線が右にシフトし，この場合も物価は下落します。また，貨幣供給量が減少し続けた場合も，貨幣価値が上がり，デフレになります。

さらに，デフレ期待もデフレを引き起こす恐れがあります。これからデフレ

が起きる，つまり財の値段がこれから下がり続けると人々が予想している場合，財の購入を将来に先延ばししようとします。この結果，財が売れなくなり値段が下がります。つまりデフレが実際に起きてしまいます。

> **POINT 8.3　インフレ・デフレの要因**
> ・インフレの要因：総需要の増加・生産費用の上昇・貨幣供給量の増加，インフレ期待の発生など
> ・デフレの要因：総需要の減少・生産費用の下落・貨幣供給量の減少，デフレ期待の発生など

　実質金利と名目金利

金利とはお金の運用から得られる利益率のことですが，金利から得る実質的な利益はインフレ率に依存します。この節ではこのことについて学びます。

実質金利の意味

私たちがお金を運用すると，将来，金利収入を手に入れることができます。しかし，同じ金利収入でも将来の物価水準が異なれば，そこから得られる「実質」的な収入も異なります。ここでいう実質的とは，その金利収入を用いて将来財をいくら手に入れられるかということです。

以下では金利の実質的価値について説明します。例として，財が1種類しかない社会を考えます。今年における財の価格を1個100円，期待インフレ率を1%，そして金利を3%とします。いま，Aさんの持つ資産の額が100万円のとき，その価値を財の個数で測ると$\frac{100万}{100}=1$万個分です。Aさんがこの資産を金融市場で運用した場合，資産額は来年100万円×1.03＝103万円になります。来年の財の予想価格は1個100×1.01＝101円であるため，Aさんが来年，自らの資産を財に交換した場合，手に入れられる財の個数（の予想値）は，

$$\frac{100万円\times1.03}{100円\times1.01}=\frac{103万円}{101円}=約1万200個$$

となります。つまり，金利は3%ありますが，物価上昇のため，Aさんの資

Column ❽-1　日本のインフレ率が低い理由

　ここ数十年の間，日本のインフレ率は他国に比べとても低い状況が続いています（図8.4を参照のこと）。この理由についてはさまざまな仮説が提示されています。第1の仮説は，日本で賃金が上がらないためとする説です。前立正大学長の吉川洋は，1990年から2000年代前半にかけて日本だけがデフレを経験した理由として，大企業の労働者を中心として（名目）賃金が上昇しなかったためと述べています。下の表が示すように，先進7カ国のうち，過去20年間で名目賃金が下がったのは日本だけです。一方，アメリカにおいてはとくに2022年以降，賃金上昇率とインフレ率がともに高くなり，賃金上昇により労働者の支出が増えさらに物価が上昇するという賃金・物価スパイラルが懸念されています。

　一方，東京大学の渡辺努は著書（渡辺，2022）において，別の仮説を提示しています。それは，日本人は他国の人に比べ，値上げの許容度が低いというものです。渡辺らは，日本人と外国人を対象に，「店で日頃買う商品が10%上がった場合，利用する店を変えるか否か」という質問を行ったところ，アメリカやカナダ，イギリスでは「店を変える」と答えた人の割合が「店を変えない」と答えた人の割合を下回ったものの，日本では，「店を変える」と答えた人の割合がそれ以外の人の割合を10%以上上回りました（渡辺，同上，270〜271頁）。値上げをすると顧客が逃げる傾向が強い場合，企業はたとえ原価が上がり経営が悪化しても値上げに踏み切りにくくなります。

　続いて渡辺は，消費者物価指数を構成する品目（日本では約500品目）について，価格の変化率の頻度の分布を調べ国際比較しました。すると，アメリカでは全体の30%近くの品目が約2.5%程度の価格変化を毎年行っているものの，日本では半分近くの品目の価格が据え置かれていることがわかりました（同上，262〜263頁）。日本の物価は2021年以降上昇傾向にありますが，値上げの許容度が今後変化していくのか注目されます。（参考文献：渡辺努（2022）『物価とは何か』講談社選書メチエ，吉川洋（2013）『デフレーション──"日本の慢性病"の全貌を解明する』日本経済新聞出版社，『東京新聞』2022年6月15日電子版「上がらない賃金『日本だけが異常』　求められる政策の検証〈参院選・くらしの現在地①〉」）

表　先進7カ国の名目賃金上昇率（2000〜20年，年率）

国	カナダ	フランス	ドイツ	イタリア	日　本	イギリス	アメリカ
賃金上昇率	2.6%	2%	2.1%	1.4%	−0.3%	2.6%	3%

（出所）　OECD.Stat（Average annual wages）.

産の実質的価値は財1万個分から約1万200個分まで約2%しか増えない見込みとなります。この2%は金利3%の持つ実質的な価値と考えることができます。財1単位分のお金の価値が，金利により将来財何単位分増えるかという値を実質金利と呼びます。そして，これまで金利と呼んでいたものを名目金利と呼び両者を区別します。実質金利の正確な定義については次項で行います。

▎実質金利の定義

今年の物価水準をP，来年の予想物価水準をP^eそして期待インフレ率をπ^eとします。このとき$\pi^e = \frac{P^e}{P} - 1$となります。また，名目金利（年利）を$i$とします。ここで，前項に引き続き，財が1種類しかない単純化された経済を考えます。この場合，物価水準が財の価格と一致します。

ここで，今年P円分のお金を持っていたとします。このお金を今年の財の個数に換算するとちょうど1個分です。このP円分のお金を金融市場にて運用した場合，翌年そのお金は$P \times (1+i)$円となります。このお金を翌年の財の個数に換算すると，翌年の予想物価水準がP^eですので，$\frac{P \times (1+i)}{P^e}$個となります。この値は，期待インフレ率$\pi^e = \frac{P^e}{P} - 1$を用いて$\frac{1+i}{1+\pi^e}$と表せます。金利により増えるお金の価値を財の個数で表現したものが実質金利ですので，この値をrとするとrは，

$$1 + r = \frac{1+i}{1+\pi^e}$$

を満たします。ここで，名目金利，期待インフレ率がともに小さい数であるとします。このとき，上の式に，序章で導入した「積の近似計算の公式」を用いることにより，経済学者アービング・フィッシャーにより提示された，実質金利を定義する式といえるフィッシャー方程式を以下のように導くことができます（詳しい導出方法については章末の付録にて説明します）。

POINT 8.4 フィッシャー方程式
実質金利r＝名目金利i－期待インフレ率π^e

期待インフレ率の値を1つに定めることは難しいため，実質金利を求める際は，期待インフレ率の代わりに実際のインフレ率を用いることがあります。

図8.3は日本，アメリカ，ドイツの3カ国における実質金利の近年の推移を

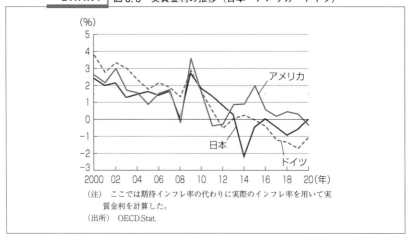

(注) ここでは期待インフレ率の代わりに実際のインフレ率を用いて実質金利を計算した。
(出所) OECD.Stat.

示しています。これら3カ国の実質金利はおおむね似た値を示していること，そしてその値は長期的に見るとやや低下傾向にあることがわかります。

例題 8.2 名目金利が 2%，期待インフレ率が 0.5% のとき実質金利を求めなさい。

答 実質金利は名目金利 2% と期待インフレ率 0.5% の差 2−0.5＝**1.5%** に等しい。

┃ フィッシャー効果 ┃

フィッシャー方程式によれば，「もし」名目金利が一定なら，（期待）インフレ率が高くなればなるほど実質金利は低くなります。しかし，インフレになると必ず実質金利が下がるとはいえません。なぜなら多くの場合，インフレの状況は少なくとも長期的には名目金利に反映されるからです。

やや極端な例として，名目金利は年 1% であり，かつすべての財の値段が年 20% の割合で増加する，つまりインフレ率が年 20% であるような社会を考えます。簡単化のため，以下ではインフレ率と期待インフレ率が一致するとします。この場合，現金 100 万円を持つ A さんがそのお金を金融市場で運用したとき，来年そのお金は利子を合わせて 101 万円になります。

いま，A さんが金融市場でお金を運用するのをやめ，時間がたっても実質的な価値の変わらない財（耐久消費財）の購入にそのお金を充てるとします。具体的には 100 万円の車を 1 台購入し，1 年間保管するとします。簡単化のため，車の価値や品質はこの 1 年の間損なわれないものと仮定します。インフレ

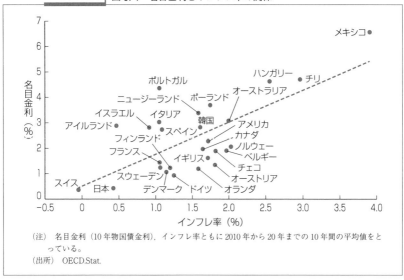

（注）　名目金利（10 年物国債金利），インフレ率ともに 2010 年から 20 年までの 10 年間の平均値をとっている。
（出所）　OECD.Stat.

により車の値段は来年 120 万円になるため，A さんがその車を売る場合，手元のお金は 120 万円になり，車の売買から得られる収益率が 20% にも達します。このままでは名目金利が低すぎて金融市場で資金を運用する人がいなくなり，資金供給が減ります。したがって，しだいに金利は上がります。極端な場合，物価上昇がほぼすべて名目金利に反映されることもあります。

　一般に，インフレ率の変動が名目金利に転嫁されることをフィッシャー効果といいます。図 8.4 は主要国の名目金利とインフレ率との関係を散布図にまとめたものです。確かにインフレ率の高い国は名目金利も高い傾向があります。また，この図からは，日本のインフレ率と名目金利がともに諸外国に比べ低いこともわかります。

POINT 8.5　フィッシャー効果
　インフレ率の変動が名目金利に反映されること

投資・貨幣需要と金利

　第 6 章においては，投資のために一定額のお金を借りる企業を考え，企業が利払費と投資収益を比較して投資を決める結果，投資は金利に依存すると説明

しました。インフレが起きている状況では，この投資は実質金利に依存します。なぜなら，名目金利が一定のもと，インフレが起きた場合，企業が将来得る収益も金額ベースで増え，将来の借金の返済がしやすくなるからです。企業にとって，お金を借りることの実質的負担は名目金利からインフレ率を引いた実質金利といえ，この意味で投資は実質金利の減少関数となります。なお，家計がライフサイクル仮説に基づき生涯消費の計画を立てる場合，各期の消費の値も実質金利に影響を受けます（ウェブサポートページで説明します）。

　一方，貨幣需要は名目金利に依存します。第6章で説明したように，貨幣需要が金利の減少関数になるのは，金利が上がると，貨幣よりも利子収入を得られる債券の方が資産としてより魅力的になるためです。債券と貨幣の収益率の差は名目金利で示されるため，貨幣需要は名目金利の減少関数となります。

POINT 8.6 投資・貨幣需要と金利
- 投資は実質金利の減少関数である
- 貨幣需要は名目金利の減少関数である

インフレがある場合の金利，GDP の決定（発展）

　この項では，インフレがある場合の金利やGDPの決まり方について説明します。前項で説明したように，投資 I は実質金利 r の減少関数となります。したがって，消費関数を $C(Y)$，投資関数を $I(r)$ と書くと，財市場均衡条件は，

$$Y = C(Y) + I(r) + G$$

と表せます。この式は，財市場を均衡させる GDP と実質金利との間の負の関係を示しており，第6章で説明した IS 曲線に対応しています。図8.5は，この実質金利で表現された IS 曲線を示しています。

　ここで，中央銀行が貨幣供給量を操作し，貨幣市場の均衡名目金利を i に設定したとします。また，期待インフレ率 π^e を一定値とします。このとき，フィッシャー方程式より，実質金利 r は名目金利 i と期待インフレ率 π^e の差 $i-\pi^e$ に等しくなります。したがって均衡 GDP は，図8.5の IS 曲線上において，縦座標が $i-\pi^e$ となるような点 E の横座標 Y^* となります。

　労働市場が均衡している状況，つまり完全雇用の状況を実現するような実質金利の値を自然利子率といいます。図8.5に示すように，自然利子率は IS 曲

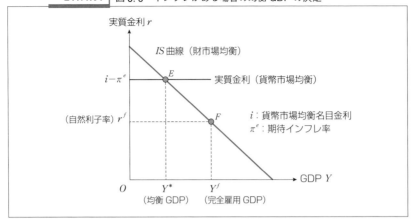

実質金利 r

IS 曲線（財市場均衡）

$i-\pi^e$ ——— E ——— 実質金利（貨幣市場均衡）

（自然利子率）r^f ——— F

i：貨幣市場均衡名目金利
π^e：期待インフレ率

GDP Y

O　　Y^*　　Y^f
（均衡 GDP）（完全雇用 GDP）

線上で，GDP が完全雇用 GDP Y^f に一致するような金利 r^f を指します。

　中央銀行は名目金利の値が，自然利子率と期待インフレ率の和になるように金融政策を決めることにより，完全雇用を達成できます。この自然利子率と期待インフレ率の合計を（名目）中立金利と呼びます。

POINT 8.7　自然利子率
完全雇用の状況における実質金利のこと

例題 8.3　投資関数を $I(r)=50-500r$（r：実質金利），消費関数を $C(Y)=0.8Y+30$，政府支出 G を 0 とする。また，完全雇用 GDP Y^f を 350 とする。自然利子率（％）を求めなさい。また，期待インフレ率 π^e が 1％（＝0.01）のとき，完全雇用を実現するために中央銀行が設定すべき名目金利（％）を求めなさい。

答　財市場均衡式 $Y^f=C(Y^f)+I$ より投資は $I=0.2Y^f-30=40$ となる。つまり完全雇用における実質金利である自然利子率 r^f は $I(r^f)=40$ を満たす。よって r^f（$=0.02$）$=$**2%** を得る。名目金利は，フィッシャー方程式より $i=r^f+\pi^e=$**3%** となる。

③　インフレ・デフレのコスト

　この節では，インフレ・デフレが経済に与える悪影響について考えます。

インフレのコスト

　インフレの発生により生じる経済的損失のことをインフレのコストといいます。その代表例は，企業側が価格を変更するのにかかる費用であり，これをメニュー・コストといいます。たとえば，価格が上がった場合，レストランはメニュー表を書き換える必要があり，それには費用がかかります。

　また，インフレのもとで現金の実質的価値（購買力）は減る一方，フィッシャー効果によりインフレが発生すると名目金利は上がる傾向にあります。そのため，人々は必要最低限の現金しか持たず，残りは銀行に預け利子を得ようとします。しかしこの場合，預金の引き出しのため，銀行に通う必要があり，移動コストが発生します。一般に，名目金利が上がることに伴い発生するインフレのコストを，銀行に何度も通うと靴底が減るという比喩に基づいて，靴底のコストといいます。第一次世界大戦後に激しいインフレに陥ったドイツでは，取引に必要な貨幣の量も多く，その運搬にも手間がかかったといわれています。

　インフレが起きても，財の価格や賃金が同時に同率で上がるなら，家計は消費の仕方を変える必要がありません。しかし，実際のインフレのもとでは，価格上昇は財によって異なるタイミングや率で起こり，この場合人々は財の価格を調べなおしたりするのに手間がかかります。また，第7章で説明したように，名目賃金には硬直性があり，物価上昇が急激に起きた場合など，賃金上昇は物価上昇に遅れる傾向があります。この場合，インフレは相当期間，実質賃金の低下を招くことになり，労働者の生活水準は下がる恐れがあります。このように消費の意思決定がしづらくなるということもインフレのコストといえます。

　インフレは経済格差に悪影響をもたらす場合があります。財の価格上昇の度合いにばらつきがある場合，人々が実感するインフレ率は，その人々の所得水準に応じて変わります。それは物価を計算するうえで固定する買い物バスケットの中身，つまり購入する財の組み合わせが，所得階層により異なるからです。物価指数には，購入額のシェア（ウェイト）の高い財の価格変動がより大きく反映されます（詳しくはウェブサポートページで説明します）。低所得者層は富裕層に比べ，食料や住居への支出割合が高い一方，教育や娯楽への支出割合が低いことがわかっています。もしインフレが起きた際に食料や住居の価格上昇率がほかの財に比べて高いならば，低所得者層にとって物価上昇の負担がより重

くなり，インフレは経済格差の程度を拡大するといえます。

インフレのコストはほかにもあります。生活保護などの政府による補助金の額は，あらかじめ法律によって決められているため，インフレが起きた場合，補助金受給者の生活水準は低下します。公的年金については，インフレに応じて年金支給額を増やす物価スライド制という仕組みがとられています。しかし，インフレが急に発生した場合は十分な対応ができません（高齢化が進む日本においては，年金制度維持のために，年金支給額の増加率を物価・賃金上昇率より抑えるマクロ経済スライドという仕組みが採用されています）。

インフレにはコストだけでなく，（名目金利が一定なら）実質金利の低下をもたらし，投資，そして GDP を増やすというメリットもあります。しかし，インフレが名目金利に転嫁される場合，このメリットは薄れます。

POINT 8.8 インフレのコスト
メニュー・コストや靴のコストなどインフレにより生じる経済的損失のこと

┃ ハイパーインフレ——ベネズエラの事例 ┃

インフレはその値が低くても社会的な損失を生みますが，値が高くなると経済に壊滅的打撃を与えます。高率のインフレをハイパーインフレといいます。経済学者のフィリップ・ケーガンは，1956 年の論文で，インフレ率が 1 カ月当たり 50% を超える状況をハイパーインフレと定義しました（Cagan, 1956）。一方，国際会計基準は 3 年間で累積 100% のインフレを記録した場合をハイパーインフレと定めています（参考文献：『日本大百科全書』小学館）。

以下では，近年ハイパーインフレ状態に陥った国として南米のベネズエラ（人口約 2800 万人）を取り上げます。かつてベネズエラは石油などの豊富な天然資源を輸出することで繁栄しました。しかし，原油価格の下落とともに国の収入が減り，さらにアメリカなどから経済制裁を受け，供給不足が深刻化し，物価上昇に苦しむようになりました。また，ベネズエラ政府は貧困者等に対する手厚い福祉政策をとってきましたが，収入が減るなか，財政赤字を通貨発行益でまかなおうとしたため，インフレに拍車をかけました。

一般に，激しいインフレが起きた場合，通貨単位を変えるデノミネーションが行われます。ベネズエラも 2018 年，通貨単位をボリバルからボリバルソベ

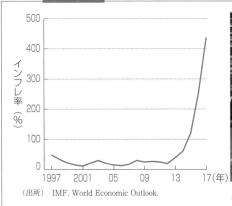

（出所）IMF, World Economic Outlook.

ほぼ無価値になった紙幣により装飾された木（写真提供：AFP＝時事）

ラノに変更し，10万ボリバルを1ボリバルソベラノに交換する措置をとりました。しかし，インフレを止めるまでには至りませんでした。

図8.6はベネズエラのインフレ率の推移を示しています。もともと20%程度と高かったインフレ率は，2015年には100%を超えました。それだけでは終わらず，2017年には400%に達しました。高率のインフレのもと，紙幣の価値は時間とともにどんどんなくなっていきました。図の横の写真には，ほぼ無価値になった紙幣を用いて樹木が装飾されている様子が映っています。

IMFの調査によると，近年のベネズエラの物価上昇はやや落ち着きを取り戻しつつあり，2022年の物価上昇率は約200%となっています。それでもこの水準は諸外国に比べたらきわめて高いといえます。

デフレのコスト

デフレの発生により経済主体が受ける経済的損失のことをデフレのコストといいます。このコストには，インフレと共通のものもデフレ固有のものもあります。まず，デフレ下でも価格表示を変更する必要があるため，メニュー・コストは発生します。一方，デフレの場合，名目金利は下がる傾向にあるため，靴のコストは発生しにくいといえます。

デフレに固有のコストとしては，まず実質金利の上昇があげられます。期待インフレ率が実際のインフレ率と等しいとすると，インフレ率が負の場合，実

質金利の値が名目金利より高くなります。たとえば，名目金利が3% でインフレ率が−2% なら，実質金利は3−(−2)＝5% となり確かに名目金利を上回ります。実質金利が上がると，投資そして GDP は減少します。

　もし名目金利がデフレを反映して下落すれば実質金利は上がらず，投資の減少はありません。しかし，名目金利には通常ゼロ金利制約がかかるため，デフレが続く場合，実質金利が上昇する可能性が高まります。たとえば，インフレ率がマイナス3% の場合，実質金利は名目金利に3% を加えたものとなるため，ゼロ金利制約のもと，その値は常に3% 以上になります。

　また，一般にデフレには，名目金利が一定のもと，債務の実質的負担を増やす効果があります。例として，事業のため100万円のお金を1年間借りようとしている A 社を考えます。簡単化のため名目金利をゼロとします。この場合 A 社は来年元本100万円のみ返済すればよいことになります。A 社は，事業において1個当たり1万円の利益があがる製品を1年間で計100個売り，その利益を返済に充てる計画をたてていたとします。しかしデフレが起き，製品が値下がりすると，その分利益も減るため，借金の返済はしにくくなります。

　一般に，デフレにより債務の実質的価値が上がると，お金を借りにくくなり，投資，そして GDP が減ります。このようなデフレによる経済悪化を，その考え方の提唱者であるフィッシャーの名をとり，フィッシャーの負債デフレといいます。デフレにより総需要が減るとさらに物価は下落しますが，このデフレと経済悪化の負の連鎖はデフレ・スパイラルとも呼ばれます。

> **POINT 8.9　デフレのコスト**
> 実質金利上昇による投資の減少などデフレにより生じる経済的損失のこと

金融政策におけるインフレ・ターゲット

　中央銀行の目的は物価の安定ですが，この言葉を文字どおりに解釈すると，中央銀行が目指すインフレ率は 0% であるはずです。しかし，第4章でも触れましたが，日銀を含む複数の中央銀行は，年2〜3% 程度のプラスのインフレ率を目標としています。中央銀行がインフレ率の目標を公表し，目標達成のために金融政策を運営することをインフレ・ターゲット政策といいます。

　中央銀行がインフレを目標にする第1の理由として，第2章で説明したよう

にCPI（消費者物価指数）で測るインフレ率にバイアスがあり，真のインフレ率より高く出るということがあります。つまりCPIで見たインフレ率が0％のとき実際はデフレが起きている恐れがあります。インフレ・ターゲット政策にはこのバイアスを考慮し「真の物価」を安定させるという側面があります。

　第2の理由として，デフレを避けたいということがあります。中央銀行といっても万能ではなく，いくら上手な政策運営をしても，インフレ率は必ず目標からある程度乖離します。つまり，インフレ率0％を目標にすると，一定期間デフレを招き，実質金利を押し上げ，投資を減らすという懸念が起きます。インフレ・ターゲット政策には，デフレを回避したいという側面もあります。

　インフレは起きているものの，インフレ率が下落している状態，あるいはその値が低くデフレに陥る寸前の状態をディスインフレといいます。総需要に悪影響のあるデフレを避けるため，中央銀行はこのディスインフレに対しても警戒を強める場合があります。たとえばアメリカは2020年当時，物価上昇率が目標値の2％を下回る状況が続いており，FRBは，ディスインフレとそれに伴う景気後退を警戒したため，物価上昇率の長期的な平均値が2％となることを目指し，一時的に物価上昇率が目標値の2％を上回っても容認し，金融引き締めなどを行わないとする平均インフレ目標政策を導入しました。

4. インフレと失業

　財・サービス市場にて観測されるインフレ・デフレは，実は労働市場における失業と関わりがあります。この節ではこのことについて説明します。

フィリップス曲線

　日本を含む多くの国で，インフレ率と失業率との間には負の関係があり，この関係を，インフレ率を縦軸に，失業率を横軸にとった平面上に表すと図8.7(a)のように右下がりの曲線となります。この曲線を，発見者である経済学者アルバン・フィリップスの名をとり，（物価版）フィリップス曲線といいます。なお，フィリップス自身は，名目賃金上昇率と失業率との関係の分析を行っており，この関係を表した曲線を賃金版フィリップス曲線といいます。本書

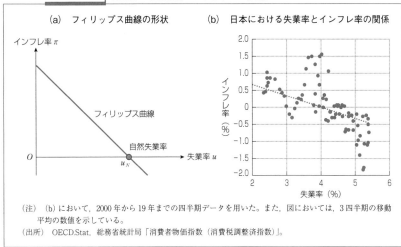

(a) フィリップス曲線の形状

インフレ率 π

O

フィリップス曲線

自然失業率

u_N

失業率 u

(b) 日本における失業率とインフレ率の関係

インフレ率（％）

失業率（％）

（注） (b) において，2000 年から 19 年までの四半期データを用いた。また，図においては，3 四半期の移動平均の数値を示している。

（出所） OECD.Stat，総務省統計局「消費者物価指数（消費税調整済指数）」。

では，物価版フィリップス曲線を念頭に置いて説明を行います。図 8.7 (b) は，日本の失業率とインフレ率の関係を散布図で示したものですが，確かに両者の間には右下がりの関係があるように見えます。

図 8.7 (a) において，フィリップス曲線と横軸との交点の座標 u_N は，物価変動がない安定した状況，つまり労働市場が均衡した状況での失業率といえ，これを自然失業率といいます（自然失業率についてはウェブサポートページにて詳しく説明します）。インフレを加速させない失業率という意味で，NAIRU（Non-Accelerating Inflation Rate of Unemployment）と呼ばれることもあります。

POINT 8.10 フィリップス曲線
インフレ率と失業率との間の負の関係を示した曲線

例題 8.4 インフレ率 π（％）と失業率 u（％）との間に，フィリップス曲線の関係 $\pi = 6 - 2u$ の関係が成立するとする。このとき自然失業率 u_N（％）を求めなさい。
答 自然失業率はインフレ率がゼロのときの失業率の値であるから $0 = 6 - 2u_N$ を満たす。よって $u_N = 3$ である。

総需要・総供給分析から見たフィリップス曲線

フィリップス曲線で示される関係は，総需要・総供給分析における総需要の変化と整合的です。まず，第 7 章第 1 節で説明したように，消費・投資など，

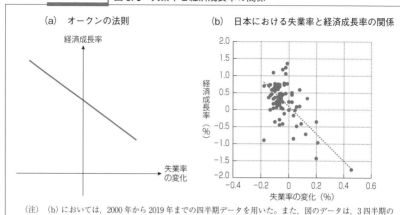

CHART 図 8.8　失業率と経済成長率の関係

(a)　オークンの法則

(b)　日本における失業率と経済成長率の関係

（注）　(b) においては，2000 年から 2019 年までの四半期データを用いた。また，図のデータは，3 四半期の移動平均をとっている。失業率と経済成長率との間には 1 四半期分のラグがある。

（出所）　内閣府「国民経済計算」，OECD.Stat（参考資料：厚生労働省「平成 30 年版　労働経済の分析」第 1-(2)-1 図）。

　総需要が増えれば GDP と物価水準がともに上がります。この場合，GDP の増加率つまり経済成長率とインフレ率との間には正の関係が生まれます。

　一方，生産関数が示すように，生産が増えるにつれ，つまり経済成長率が高まるにつれ雇用量が増え，結果として，失業率が下がります。この，経済成長率と失業率の変化との負の関係を，最初の提唱者であるアーサー・オークンの名をとり，オークンの法則といいます。失業率が 1% 上昇したときの経済成長率の減少分，つまりこのグラフの傾きをオークン係数といいます。図 8.8 (a) はこの法則をグラフで示したものです。図 8.8 (b) は，近年の日本の経済成長率と失業率の変化との間の散布図を示しています。確かに両者の間には負の関係があるようにも見えます。

　失業率の変化と経済成長率の負の関係を示すオークン法則と，先に説明した経済成長率とインフレ率との正の関係を組み合わせることで，インフレ率と失業率との負の関係，つまりフィリップス曲線を導くことができます。

　　1970 年代のアメリカは 10% を超える高いインフレに苦しんでいました。1979 年に FRB 議長に就任したポール・ボルカーは，貨幣供給量の安定化を目標に掲げ，就任前に 5% 程度であった短期金利（フェデラル・ファンド金利）を 20% にまで引き上げました。ボルカー・ショックと呼ばれるこの金融引き締め政策により，インフレ率は 1980 年ごろには 3% 程度までに下落しましたが，景気は悪化し，失業率はボルカー氏就任前に比べ 3% 程度増えました。

　　なお，ボルカーは，貨幣供給量のコントロールを行うため，政策目標をフェデラル・ファンド金利から準備預金（の一部）の額に変更しました。近年，日本をはじめとする多くの中央銀行が（金利ではなく）量的な指標を政策目標に設定するようになりましたが，ボルカーによる金融政策はその先駆けといえるかもしれません。それから約 40 年がたった 2021 年ごろより，アメリカは再び 10% 近いインフレに苦しむようになり，2022 年現在 FRB は政策金利の大幅な利上げを実施し対応にあたっています。その中で，インフレ・ファイターとしてのボルカーの功績が再認識されています。（参考文献：山田剛史「FRB の金融政策転換モデル」ニッセイ基礎研究所 REPORT，2001 年）

SUMMARY ●まとめ

- □ 1　インフレには，総需要が増えることによるディマンドプル・インフレや，生産費用が増加することによるコストプッシュ・インフレなどがある。
- □ 2　インフレのコストには靴のコストやメニュー・コストなどが含まれる。
- □ 3　名目金利から期待インフレ率を除いたものを実質金利と呼ぶ。実質金利は金利による実質的な負担を意味し，実質金利が上がると投資が減る。
- □ 4　失業率とインフレ率との負の関係を示す曲線をフィリップス曲線と呼ぶ。

EXERCISE ●練習問題

1　次の文章の［　①　］から［　⑤　］について，当てはまる単語を下の語群から選びなさい。

　　インフレのコストには，財の価格表示の変更にかかる費用を指す［　①　］や銀行預金の引き出しの際にかかるコストを指す［　②　］などがある。デフレにもコストがある。［　①　］と［　②　］のうち，デフレにおいても発生するコ

ストは〔　③　〕である。また，名目金利が一定のもと，デフレが深刻化すると，〔　④　〕金利が上がり，その結果，投資を減らしてしまうこともデフレのコストの1つである。名目金利，〔　④　〕金利，そして期待インフレ率との関係を示す式を〔　⑤　〕方程式という。

　　〔語群〕　a. サンク・コスト　b. メニュー・コスト　c. 靴のコスト　d. 生産コ
　　　　スト　e. 短期　f. 長期　g. 実質　h. オイラー　i. フィッシャー　j. 重力

② 投資関数が実質金利 r の関数として $I(r)=60-200r$，そして消費関数が $C=0.8Y+40$ で与えられている経済を考える。政府支出の値をゼロとし，名目金利を $i=0.01$ とする。この状況で期待インフレ率が 0.02（$=2\%$）から 0.05（$=5\%$）だけ上がり 0.07 になったとき，均衡 GDP はいくら増えるか求めなさい。

③ 期待インフレ率が 0.5% で，名目金利が 2.0% のとき，実質金利を求めなさい。

④ 期待インフレ率が -2% の社会において，中央銀行が金融緩和を行ったとすると，ゼロ金利制約のもと実質金利は何 % まで下げられるか求めなさい。

⑤ インフレ率 π（%）と失業率 u（%）との間に関係式 $\pi=a-b\times u$ が成立するとする。ここで a，b は定数である。いま，インフレ率が 3% のときの失業率が 5% であり，かつ自然失業率が 6% であるとき，a，b の値を求めなさい。

⑥ インフレ期待が適応的期待 $\pi_{t+1}^{e}-\pi_{t}^{e}=0.8(\pi_{t}-\pi_{t}^{e})$ に基づき形成されるとする。$t-1$ 年における期待インフレ率 π_{t}^{e} が 5% であり，t 年，そして $t+1$ 年におけるインフレ率 π_{t}，π_{t+1} がともに 10% であったとする。$t+1$ 年における期待インフレ率 π_{t+2}^{e} を求めなさい。

付録：フィッシャー方程式の導出

　以下では，実質金利と名目金利，期待インフレ率との関係式 $1+r=\frac{1+i}{1+\pi^{e}}$ が，近似的にフィッシャー方程式のように表現できることを説明します。まず，この関係式の両辺を $1+\pi^{e}$ 倍すると，

$$(1+r)(1+\pi^{e})=1+i$$

という式を得ます。次に，この式の左辺に積の近似公式 $(1+a)(1+b)\fallingdotseq 1+a+b$ を適用すると，

$$1+r+\pi^{e}=1+i$$

となります。この式の両辺から $1+\pi^{e}$ を引くことにより，フィッシャー方程式を得ます。

第 **9** 章

国際収支・為替レートとマクロ経済

INTRODUCTION

　第1章でも解説したように，国内総生産（GDP）には，外国との取引として輸出と輸入の差である純輸出が含まれています。経済のグローバル化が進むにつれ，海外の国々との財・サービスの取引額を示す輸出・輸入が日本経済に与える影響は年々大きくなっています。また，外国との間には財・サービスの取引にとどまらず，金融面での取引もあり，その重要性は近年増しています。これら輸出入をはじめとする外国との取引量やその金額は，異なる国の通貨の価値の比率である為替レートと密接に関わっています。これまで解説してきたマクロ経済学のモデルでは，輸出入など外国との取引を考慮しない閉鎖経済を考えてきましたが，この章では外国との取引を考慮した開放経済のモデルを学びます。為替レートや輸出入がどのように決まり，そしてそれらがGDPにどのような影響を与えるのか理解していきましょう。

　Keywords：輸出入，経常収支，外国為替市場，為替レート，金利平価

1 外国との取引を測る

　一定期間において，日本がさまざまな国と行う財・サービスやお金に関する受け取りや支払いの額を体系的に整理したものを国際収支と呼び，これは国際収支統計に記録されています。この統計は，財務省と日本銀行により作成されています。国際収支統計では，外国との取引がその内容に応じて大きく経常収支，資本移転等収支，金融収支の3つの項目に分けられています。これらはフローの統計です。この節ではこれら3つの内容を，日本銀行のホームページに記載されている「国際収支統計（IMF国際収支マニュアル第6版ベース）」の解説に基づいて説明します。

経常収支とは

　国際収支の項目の1つ目の経常収支とは，外国との財・サービス，そして所得の取引に伴う収支のことです。ここで収支とは，受け取りと支払いとの差額のことをいいます。経常収支は，外国との財・サービスの取引の収支を示す貿易・サービス収支と，外国との所得の取引の収支を示す所得収支の2つの項目から構成されます。つまり，

$$経常収支＝貿易・サービス収支＋所得収支$$

という関係が成立します。以下ではこれらの項目を詳しく紹介します。

　経常収支の第1の項目である貿易・サービス収支とは，財・サービスの輸出から輸入を引いたもののことです。輸出とは，日本の居住者から非居住者へと財・サービスの所有権が販売などによって移転すること，およびその財・サービスの金額をいいます。また，輸入は逆に，非居住者から居住者へと財・サービスが販売されるなどによって所有権が移転すること，およびその財・サービスの金額をいいます。ここで，ある国の居住者とはその国の国内に住む人や，事務所を持つ企業のことをいいます。一方，それ以外の人や企業を（その国の）非居住者といいます。本書では，簡単化のために，日本経済に焦点を当て，日本の非居住者を「外国の居住者」と呼ぶことにします。貿易・サービス収支は，第1章で学んだ国民経済計算における純輸出に対応しています。

　下の図は，日本，中国，ドイツ，イギリス，アメリカについて，経常収支の推移を示したものです。アメリカやイギリスは慢性的な赤字傾向が続いています。一方，日本やドイツ，それ以外には中国などの新興国や産油国などでは経常黒字が続いており，構造的に不均衡（インバランス）な状態となっています。この問題をグローバル・インバランスといいます。詳しくは，藤田誠一・岩壷健太郎編『グローバル・インバランスの経済分析』（有斐閣，2010 年）を参照してください。

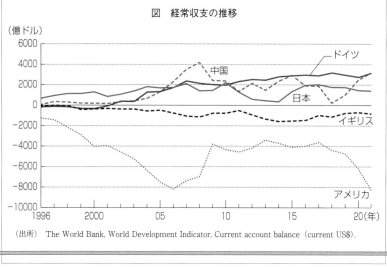

図　経常収支の推移

（出所）　The World Bank, World Development Indicator, Current account balance（current US$）.

　経常収支の第 2 の項目である所得収支には，外国との所得のやりとりが記録されます。所得収支は，さらに第一次所得収支と第二次所得収支の 2 つに分けられます。第一次所得収支とは，雇用者報酬や，利子・配当などの投資収益といった所得の国際的なやりとりに関する収支のことです。たとえば，外国の株式や債券を保有している日本の居住者が，それらから受け取る配当や利子は，所得の受け取りとして計上されます。一方，日本の株式や債券を保有している外国の居住者に対して，日本から支払われる配当や利子は，所得の支払いとして計上されます。次に，第二次所得収支とは，移転所得，つまり対価を伴わない所得に関する収支のことです。たとえば，無償で行われる国際機関への資金協力，寄付，また贈与などが含まれます。

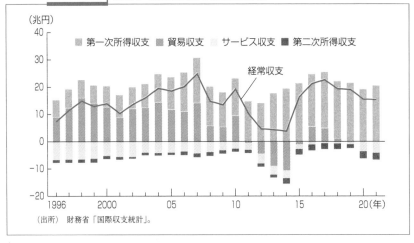

（出所） 財務省「国際収支統計」。

　図9.1は，日本の経常収支とその内訳の推移を表示したものです。折れ線グラフは経常収支，棒グラフはその内訳を表しています。1996年以降，貿易収支が減少傾向にある一方で，日本企業の海外進出やそれによる海外子会社からの配当の受け取り増加などを背景に第一次所得収支が増加しています。その結果，たとえば2012年から14年の間では，貿易収支は赤字であるものの，第一次所得収支が黒字であったため，全体として日本の経常収支は黒字となっています。貿易・サービス収支，第一次所得収支，第二次所得収支は，国民経済計算における「純輸出」「海外からの所得受取（純）」「海外からのその他の経常移転（純）」にそれぞれ対応した概念になります。ここで「（純）」とは受け取りから支払いを差し引いた収支のことです。

資本移転等収支とは

　国際収支の項目の2つ目の資本移転等収支とは，対価を伴わない固定資産の提供や，国際的な債務の免除などの収支のことです。たとえば，日本政府による社会資本，つまり道路，橋，港などのインフラの整備に関する外国の政府への援助がこの収支に含まれます。そのほか，国をまたいだお金の貸し借りにおける債務の免除も記録されます。

金融収支とは

　国際収支の項目の3つ目の金融収支とは，外国との資産の取引の収支のことです。外国との取引には，財・サービスや所得だけでなく，実物資産や金融資産など，さまざまな資産も含まれます。金融収支は，「日本の居住者による外国資産の取得額」と「外国の居住者による日本資産の取得額」との差になります。つまり，

　　　　金融収支＝（日本の居住者による外国資産の取得額）

　　　　　　　　　－（外国の居住者による日本資産の取得額）

です。売却などにより資産を手放す場合，その額をマイナスの取得額として扱います。

　金融収支は，直接投資，証券投資，金融派生商品，外貨準備およびその他投資に分類されます。この分類の1つ目の直接投資とは，日本の居住者が外国の企業に対して（または外国の居住者が日本の企業に対して），経営を支配するような，または重要な影響を及ぼすような投資のことをいいます。たとえば，経営参加を意図して外国企業の株式を購入したり，新たに外国に事業所や工場を建てたりするような投資は，直接投資に分類されます。

　金融収支の分類における2つ目の証券投資には，日本の居住者による外国の（または外国の居住者による日本の）株式や債券等の購入に関する取引が計上されます。たとえば，日本の居住者がアメリカの企業の株式や，米国債を購入する場合に，その金額が証券投資として計上されます。また，外国の居住者による日本の株式等の購入額は証券投資にマイナスの値で計上されます。ただし先ほど述べたとおり，外国株式や債券の購入であっても，その企業に対して支配的な，または重要な影響を及ぼすような場合は直接投資に分類されます。たとえば，外国株式の購入は，該当企業に対する議決権の割合が10％を超える場合には，経営への関与も考えられるために，直接投資と扱われます。

　金融収支の分類の3つ目の金融派生商品とは，オプション・先物・スワップをはじめとする，株式や債券などの資産（原資産）から派生して作られた金融商品のことです。ここではこれらの利子，配当金，キャピタル・ゲイン等が計上されます。4つ目の外貨準備とは，通貨当局（政府［財務省］および中央銀行のこと）が保有または管理する外国の資産のことです。金融収支はフローの統計

であるため，ここでは外貨準備の増減が計上されます。日本における外貨準備は，政府（財務大臣）が管理する外国為替資金特別会計にある外国資産と，日本銀行の保有する外国資産が該当します。外国為替資金特別会計とは政府の特別会計の1つで，為替レート安定化を図るための為替介入に使われます。為替介入については為替レートを説明する第2節で説明します。そして5つ目のその他投資には，上記のいずれにも該当しないような金融取引，たとえば，現金や預金の取引に関わる収支が計上されます。

経常収支・資本移転等収支・金融収支の関係

　これまでさまざまな外国との取引を別々に取り扱ってきました。実はこれらの収支には次のような等式の関係があります。

$$経常収支＋資本移転等収支＝金融収支$$

（なお，実際に統計を計測するうえでは，誤差や計測漏れ〔脱漏〕により，式の両辺に数字の差が発生するため，左辺に誤差脱漏という調整項目が入ります。この節では簡単化のため，誤差脱漏はないと仮定します）。この式は常に成立する恒等式です。その理由を理解するために，経常収支の中の所得収支，そして資本移転等収支の2つともがゼロであるような簡単な場合を考えましょう。すると，経常収支は貿易・サービス収支と等しくなるため，上式は

$$貿易・サービス収支＝金融収支$$

という関係に置き換えられます。以下では，この等式が常に成立することを，例を使いながら確認してみましょう。

▶**日本企業が外国企業に財を輸出する場合**　いま図9.2のように，日本企業（日本の居住者）の富士通がアメリカ企業（外国の居住者）のジェネラル・エレクトリック社（以下 GE 社と呼びます）にコンピューターを輸出したとしましょう。ほかの状況に変更がなければ，この輸出により貿易・サービス収支が増えます。いまコンピューターの購入代金として，GE 社から富士通の預金口座にドルが振り込まれたとします。すると日本の居住者である富士通の保有するドル資産が増加し，その額が日本の金融収支の増加になります。したがって，「貿易・サービス収支の増加」は，ちょうど「金融収支の増加」と等しくなります（この預金口座のドルの増加は，金融収支の「その他取引」に計上されます）。

　ここで GE 社が代金をドルではなくて円で支払う場合を考えてみましょう。

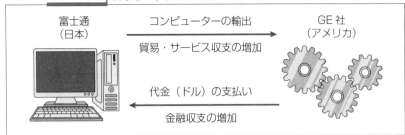

富士通
（日本）

コンピューターの輸出 →

貿易・サービス収支の増加

GE 社
（アメリカ）

← 代金（ドル）の支払い

金融収支の増加

このとき，GE 社の持つ円資産が減少するため，その分だけ「外国の居住者による日本資産の取得額」が減少します。これにより，金融収支において引き算される部分の値が減少するため，金融収支は増えます。このように財・サービスの取引の裏には，代金の支払いがあるため，貿易・サービス収支の増加は金融収支の増加と常に等しくなっています。

▶**日本の居住者が外国の金融資産を購入する場合**　次に，日本の居住者が外国の資産を購入する場合を考えてみましょう。ここでは，日本の居住者であるカズキさんがアメリカの GE 社の株式を，アメリカ在住のトニーさん（外国の居住者）から購入するとします。この取引により，「日本の居住者による外国資産の取得額」が増えます。同時に，カズキさんは取得した株式に対して代金を支払う必要があります。カズキさんが，保有しているドルでその代金を支払う場合には，日本の居住者の持つドルという外国資産の額が減ります。この金額は，GE 社の株式（外国資産）の取得額と相殺されるため，この取引において金融収支は変化しないことになります。ここでは財・サービスの輸出入はありませんから，貿易・サービス収支も変化しません。したがって，この例でも，貿易・サービス収支の変化は金融収支の変化と常に等しくなっています。

　もしカズキさんが株の代金を円で支払う場合にはどうなるでしょうか。この場合，トニーさんが円資産を受け取るため，株式の代金の分だけ「外国の居住者による日本資産の取得額」が増加して，「日本の居住者による外国資産の取得額」を相殺します。つまり金融収支に変化はありません。このように貿易・サービス収支に変化がない取引では，金融収支には変化がないのです。これらの例からわかるように，貿易サービス収支の変化は金融収支の変化と金額が常に一致します。したがって，貿易サービス収支と金融収支は等しくなります。

海外との取引と貯蓄投資バランス

　この項では，貿易・サービス収支と貯蓄・投資の関係について考えます。以下では，GDP の支出項目に合わせて，貿易・サービス収支を純輸出と呼ぶことにします。GDP は支出面から以下のように表現できます。

$$\underbrace{Y}_{\text{GDP}} = \underbrace{C}_{\text{消費}} + \underbrace{I}_{\text{投資}} + \underbrace{G}_{\text{政府支出}} + \underbrace{NX}_{\text{純輸出}}$$

ここで右辺の消費 C と政府支出 G を左辺に移項すると，$Y-C-G=I+NX$ となります。ここで，第 3 章で学んだように，左辺の $Y-C-G$ の値は貯蓄 S に等しいため，式 $S=I+NX$ を得ます。この式の両辺から投資 I を引くことで，貯蓄と投資の差，つまり貯蓄投資差額に関する以下の式を得ることができます。

$$S-I = NX$$

　貯蓄投資差額 $S-I$ と純輸出 NX が等しくなるというこの関係を，貯蓄投資バランス式と呼びます。貯蓄投資バランス式の左辺である貯蓄投資差額 $S-I$ は，国内の貯蓄 S から国内の投資 I として使われた額を引いた分であり，その金額が外国への投資（外国資産の購入）に向かっているといえます。そのため，貯蓄投資差額 $S-I$ は，国際収支統計における金融収支と同じ概念といえます。以上から，ここでも貿易・サービス収支と金融収支が常に等しいという関係を確認することができます。

　純輸出と金融収支との関係を整理しましょう。純輸出がプラスのときは，財・サービスに対する国内の需要（$C+I+G$）が，GDP（Y）よりも少なく，その差額の分だけ財・サービスが外国へ輸出されている状態といえます。このとき，金融市場から経済を見ると，同時に金融収支もプラスとなっており，国内の貯蓄資金が国内の投資額を上回っているため，その上回った分だけ外国へ投資が行われていることを意味します。一方で，純輸出がマイナスのときは，国内の財・サービスの需要が GDP よりも多く，その超えた分を輸入していることになります。このとき，同時に金融収支もマイナスとなっており，国内の貯蓄より投資が大きくなります。これは，投資のための資金の不足分を外国から借りていることを意味します。

　表 9.1 は 2021 年の国際収支の内訳を表しています。経常収支，資本移転等収支，誤差脱漏の合計が，金融収支と一致していることが確認できます（金融

項　目		金額（億円）	項　目		金額（億円）
経常収支	貿易・サービス収支	−25,615	金融収支	直接投資	134,043
	第一所得収支	204,781		証券投資	−220,234
	第二所得収支	−24,289		金融派生商品	24,141
資本移転等収支		−4,197		その他投資	100,677
誤差脱漏		−43,153		外貨準備	68,899
合　計		107,527	合　計		107,527

（出所）　財務省「国際収支統計」。

収支の内訳の合計を実際計算すると，記載されている合計の数字とずれますが，その違いは四捨五入による丸め誤差によるものです）。

POINT 9.1　国際収支統計

- 経常収支＝貿易・サービス収支（純輸出）＋所得収支
- 金融収支＝直接投資＋証券投資＋金融派生商品＋外貨準備＋その他投資
- 資本移転等収支＝国際的な債務の免除など
- 経常収支＋資本移転等収支（＋誤差脱漏）＝金融収支

2　外国為替市場と為替レート

この節では，為替レートが決まる外国為替市場について説明します。

為替レートとは

　ある国の通貨と別の国の通貨とを交換する際の比率を為替レートと呼びます。以下では主に自国通貨と外国通貨との為替レートに焦点を当て，自国通貨として日本円，そして外国通貨としてアメリカのドル（US ドル）を例にとって考えます。ドルと円の為替レートが 1 ドル（当たり）130 円といった場合，このレートの値は，1 ドルの価値を円で表現したものです。もともと為替には「交換する」という意味があり，外国為替とは異なる通貨との交換を指します。

　いま外国で価格が 10 ドルの土産物を購入する場合を考えましょう。ここで

通 貨	外貨販売 (円→外貨)	外貨買取 (外貨→円)
US ドル (1 ドル)	134.48 円	130.48 円
ユーロ (1 ユーロ)	140.42 円	131.92 円
イギリスポンド (1 ポンド)	171.91 円	151.91 円
タイバーツ (100 バーツ)	417.60 円	337.60 円
韓国ウォン (100 ウォン)	11.64 円	8.84 円
中国人民元 (1 元)	21.79 円	17.79 円

(出所) チケット大黒屋ホームページ。秋葉原店・2022 年 8 月 14 日 11 時点点・一部抜粋。

は為替の手数料は考えないものとします。為替レートが 1 ドル (当たり) 100 円のとき，その商品には日本円で 1000 円の価値があります。しかし，為替レートが 1 ドル (当たり) 110 円に変われば，同じ商品であっても日本円で換算すると 1100 円になり，円で見た値段が 10％ 高くなりますから，土産物の購入を迷ってしまうかもしれません。このように為替レートは外国と取引をする場合の意思決定に大きく影響します。

　また為替レートの動向は，貿易だけでなく，金融資産の運用の仕方にも影響を与えます。資産の運用方法には，日本国内の資産によるものだけでなく，外国の金融資産を用いたもの，たとえばドル預金をしたり，アメリカ企業の株式や米国債を買ったりと，ドル (資産) で運用する方法もあります。外国資産から得られる収益を日本円に直すとき，その額も為替レートの変動による影響を受けます。そのため，為替レートの動向は資産運用の観点からも重視されます。

　表 9.2 は外国のさまざまな通貨の交換業務に携わる業者 (チケット大黒屋) が 2022 年 8 月 22 日に店舗での為替レートの情報を掲示した表を簡略化したものです。海外旅行に行ったことのある人ならば，おそらく空港などでこのような表が掲示されているのを見たことがあるでしょう。この表によれば，日本円をアメリカのドルに交換する場合の為替レートは 1 ドル (当たり) 134.48 円，そしてドルを円に交換する場合の為替レートは 1 ドル (当たり) 130.48 円となっています。つまりこの店では，1 ドルを手に入れるのに 134.48 円かかる一方，1 ドルを円に両替すると 130.48 円になります。ドルを買うときと売るときの差額が両替店の手数料収入となっています。手数料を考えなければ，円をドルに換える場合も，ドルを円に換える場合も，為替レートの値は同じになります。

外国為替市場

　外国通貨を売買する市場を外国為替市場と呼びます。為替レートは外国為替市場において決まります。外国為替市場には，大きく分けてインターバンク市場と対顧客市場の2つの市場があります。インターバンク市場では，銀行や大手の証券会社などの金融機関，外為ブローカー，そして中央銀行のみが取引を行い，一般の企業や個人の投資家は参加しません。外為ブローカーとは，外国為替市場で為替の取引の仲介を行う業者のことです。新聞やニュースで取り上げられる為替レートは，このインターバンク市場のレートのことです。

　ニュースでは，外国為替市場の状況が，「1ドル133.25円から133.27円の間で取引されています」のように表現されることがあります。この意味は，インターバンク市場において外国為替市場の参加者が提示しているレートについて，「最も高いドルの買値の提示額が133.25円であり，一方最も安いドルの売値の提示額が133.27円である」ということです。買値をビッド・レート，売値をオファード（アスク）・レートとも呼びます。ここで表示されているのは売買が成立したときの価格ではありません。実際に売買が成立するのは売り手と買い手の価格が一致したときです。たとえば，一番安い売値の133.27円でドルを買う人が現れれば売買が成立します。もし，そのレートでのドルがすべて売り切れると，その数字は先ほどの表示から消えます。そして，次に安く提示されている売値が133.28円であった場合，その金額が最も安い売値として表示され，「1ドル133.25円から133.28円の間での取引」と変わります。

　一方，対顧客市場では企業や個人などの顧客が金融機関を通して外国通貨を売買します。金融機関が顧客に外貨を売る（Sell）レートをTTS（Telegraphic Transfer Selling），顧客から外貨を買う（Buy）レートをTTB，両者の中間（Middle）の値をTTMと呼びます。TTMは対顧客基準レートともいわれます。

　外国為替市場では，24時間絶えず世界のいずれかの市場が開いていて外国通貨の売買が行われています。日本の金融機関など日本の市場参加者が主に通貨を売買する市場は，東京外国為替市場と呼ばれます。東京外国為替市場といっても，東京に特定の取引場所があるという意味ではありません。日本の市場参加者が活発に取引をする時間帯（9時から17時）を称して，東京外国為替市場が開いているといいます。

以下では簡単化のために為替の手数料は考えず，外国通貨を買うときと売るときの為替レートは同じとします。

変動相場制と固定相場制

外国為替相場の制度には，大きく分けて変動相場制と固定相場制という2つの制度があります。変動相場制とは，外国為替市場における通貨の需要と供給に応じて為替レートが変動する制度のことです。円，ドル，ユーロを含めた主要通貨は変動相場制を採用しています。一方の固定相場制とは，為替レートを通貨当局が公定する値（公定為替レート）に固定する制度のことです。実際には，通貨当局が外国為替市場において外貨を売り買いすることで，公定為替レートの変動幅が決められた範囲になるように維持しています。たとえば，2022年現在，マレーシア，オマーンなどの国が固定相場制を導入しています。

為替相場制度が変動相場制か固定相場制かにかかわらず，一般に通貨当局が為替レートに影響を与えるために外国為替市場で通貨を売買することを為替介入と呼びます。その目的は，固定相場制の場合には外国為替市場における公定為替レートの維持です。また，変動相場制の場合には為替レートの過度な変動を抑えるのが主な目的となります。日本における為替介入の正式名称は「外国為替平衡操作」です。この操作は政府（財務省）の命令により，外国為替特別会計の資金を用いて日本銀行が代理で行う介入のことを指します。以下では，変動相場制におけるマクロ経済を考察していきます。

名目為替レートと実質為替レート

GDPと同様，為替レートにも名目と実質の違いがあります。まず，名目為替レートとは，これまで単に為替レートとして説明してきたもので，ある国の通貨と別の国の通貨との交換レートのことをいいます。つまり，私たちが新聞やニュース，両替店や銀行などで見かける為替レートのことです。一方，2つの国の物価を考慮に入れた為替レートのことを実質為替レートといいます。実質為替レートについては，ウェブサポートページで詳しく紹介します。

本書では，両国の物価水準が一定であるような短期的な経済に焦点を当てて，名目為替レートの決まり方について解説します。以下では，名目為替レートのことを単に「為替レート」ということにします。

為替レートの表記法

　自国通貨と外国通貨との間の為替レートの表記方法には自国通貨建てと外国通貨建ての2通りがあります。円とドルの場合は，自国通貨建てを円建て，そして外国通貨建てをドル建てといいます（一般に，A国通貨とB国通貨との為替レートには，A国通貨建てとB国通貨建ての表記があります）。

　為替レートの表記方法の1つ目の自国通貨建ての為替レートとは，外国通貨1単位に自国通貨何単位分の価値があるかを示したものです。たとえば，円とドルの為替レートが1ドル＝100円と表記された場合，これは円建ての表記であり，1ドルに100円分の価値があることを示します。このような為替レートを本書では，100（円/ドル）と表記する場合があります。たとえば，20ドルを円に換算する場合，

$$20（ドル）\times 100（円/ドル）＝2000（円）$$

と求めることができます。「円/ドル」表記の，「/」は割り算を意味しており，この表記の左にある数は，1ドルの価値を円で表しています。これは，時速60 km，つまり1時間当たり60 km進む速度のことを，60（km/時）と表記するのと同様です（ただし，外国為替レートを掲示するホームページなどでは，「ドル/円」や「USD/JPY」という表記を，単に通貨の組み合わせの意味で用いる場合もあるため，本章との違いには注意してください）。

　日本の新聞や銀行などに掲載されている為替レート表示の多くは円建て表記です。この場合，たとえば為替レートが100（円/ドル）から90（円/ドル）になった場合には，1ドルを円でより安く買えます。一般に，円建て為替レートの値が下がることを円高・ドル安になるといいます。このように円高・ドル安になることは，ドルに対して相対的に円の価値が上がることを意味しますので，円が増価（ドルが減価）していると表現されます。逆に100（円/ドル）から110（円/ドル）になるなど，円建て為替レートの値が上がるときは，円で見た1ドルの購入額が高くなるため，円安・ドル高になるといいます。このように円安・ドル高になるときは，ドルに対して相対的に円の価値は下がっているため，円は減価（ドルは増価）しているとも表現されます。

　為替レートのもう一方の表記方法である外国通貨建ての為替レートとは，自国通貨1単位に外国通貨何単位分の価値があるかを示したものです。たとえば，

表 9.3　円建てとドル建て為替レート

	円建て為替レート	ドル建て為替レート
1 ドル＝ 90 円のとき	90 （円/ドル）	約 0.011 （ドル/円）
1 ドル＝100 円のとき	100 （円/ドル）	0.010 （ドル/円）
1 ドル＝110 円のとき	110 （円/ドル）	約 0.009 （ドル/円）

円とドルの為替レートが 1 円＝0.01 ドルと表された場合，これはドル建ての為替レートであり，1 円に 0.01 ドル分の価値があることを示します。表記は（ドル/円）です。この表記で為替レートがたとえば 0.01（ドル/円）から 0.011（ドル/円）に変わった場合は，ドルで評価した円の値段が高くなったため，円高・ドル安です。逆に為替レートが 0.01（ドル/円）から 0.009（ドル/円）に変わった場合は，1 円の値段が相対的に安くなったため，円安・ドル高です。表9.3 は，これら為替レートの表記をまとめたものです。以下，本章では，為替レートとして，自国通貨建てのもの，つまり円とドルの場合は円建ての為替レート（円/ドル）を主に用います。

為替レートの決まり方

⫸金利平価

　この節では，為替レートがどのように決まるかについて考えます。先に結論をいうと，為替レートは異なる通貨で運用するときの収益率が等しくなるように決まります。

国内資産・外国資産の収益率

　私たちは，資金を日本の国内資産，つまり円資産（元本や利子などが円単位の金融資産）だけでなく，さまざまな外国資産（元本や利子などが外国通貨単位の金融資産）で運用することができます。私たちが，資産を運用するときには，より収益率の高いもので運用しようとします。このとき，外国資産で運用する場合には，その運用先の国の金利に加えて，為替レートの変化も考慮した資産の収益率を比較する必要があります。

例として，日本の金利よりもアメリカの金利の方が高い状況を考えます。この場合，たとえば金利が高いアメリカの銀行に預金することで，多くの利子を得られるため，ドル資産で運用することを考える人も多いでしょう。つまり，他の条件が変わらないなかで，アメリカの金利が相対的に高ければ，多くの人がドル資産を購入するために，ドル自体への需要が増えます。

　ただし，収益率を比べるためには，金利以外に為替レートの変動も考える必要があります。たとえば，アメリカの金利が高いという理由により，ドルで運用していたとしても，もし為替レートが変動してドルが減価してしまうと，日本円に換算した収益率はその分だけ下がってしまいます。このように，どの国の通貨を運用先として選ぶかを決めるには，金利と為替レートの変動を考慮した収益率を考える必要があります。

　以下，この決まり方を数値例も用いながら，順を追って説明していきます。

▍為替差益と為替差損

　ここでは，手持ちの円を「円資産で運用する場合」と，その円を外国為替市場において外国通貨に交換して「外国資産で運用する場合」との２つの場合について，日本円に換算した円ベースの収益率を比較する方法を説明します。以下では，外国としてアメリカを考えます。運用の手段は，円資産の場合も，アメリカの資産（ドル資産）の場合も銀行預金とします。また，（預金）金利は年利であり，収益率は年率で求めるものとします。

　はじめに，「円資産で運用する場合」の円ベースの収益率は，そのまま日本の金利と等しくなります。次に，「外国資産で運用する場合」の円ベースでの収益率の求め方を紹介します。円をドルに換えて，ドル資産で運用する際のドルベースでの収益率はアメリカの金利と等しくなります。ここで，収益率を円ベースで比較するためには，為替レートの変化も考慮する必要があります。

　たとえば，ドルベースで金利収入をたくさん得ていても，1年後に為替レートが円高・ドル安に動いていれば，円に換算した収益率は下がります。また，ドルベースでほとんど金利収入を得られなかったとしても，1年後に為替レートが円安・ドル高の方向に動いていれば，その分ドルをより多くの円に交換できるわけですから円ベースでの収益率は上がります。

　一般に外国資産を保有しているとき，為替レートが時間とともに変化するこ

	円で運用	ドルで運用		
	円資産	円資産	通貨換算	ドル資産
今年	100円 日本の 金利2% ⇓	100円 ⟹	① $E=100$（円/ドル）⇓ ②5%	1ドル アメリカの 金利5%
来年（予想）	102円	約101円 ⟸	③ $E^e=96$（円/ドル）	1.05ドル
円ベースの収益率	2%	約1%		

とによって生じる自国通貨ベースでの利益を為替差益，そして損失を為替差損
と呼びます。つまり，ドル資産で運用したときの収益率を考える場合，金利だ
けでなく為替差益（差損）も考慮する必要があります。

期待為替レートと期待収益率

以下では，数値例を用いて，円をドル資産で運用する場合の円ベースの収益
率を求めてみましょう。以降の説明では，円建ての為替レートとして E とい
う記号を用います。これは，1ドルの持つ価値が日本円に換算して E 円である
ことを意味します。前節と同じように E（円/ドル）と表記することにしましょ
う。また，1年後の為替レートの予想（期待）を E^e（円/ドル）と表記します
（上付きの添字である e は expectation〔期待〕の頭文字を意味しています）。このよう
な将来の為替レートに関する予想のことを，一般に期待為替レートと呼び，ド
ル資産で運用するときの（期待）収益率を計算するときに必要となります。

いま日本の金利を2%，アメリカの金利を5%，運用する期間を1年としま
す。また，今日の円建て為替レートが $E=100$（円/ドル）であり，そして1年
後の為替レートに関する予想（期待為替レート）は $E^e=96$（円/ドル）であると
します。表9.4は100円を円資産とドル資産のそれぞれで運用した場合の円ベー
ス（円換算）の収益率の計算方法を示しています。以下ではこの表について
詳しく説明します。

まず，100円をそのまま日本の円資産で1年間運用した場合の円ベースの収
益率は，表の中央の列のように日本の金利2%に等しく，来年そのお金は102
円になります。次に，表の右側のように100円をドルに交換し，ドル資産で運
用する場合の収益率を考えます。この場合は，初めに表の①のように手持ちの

100円を，外国為替市場において今年の為替レート（$E=100$（円/ドル））で1ドルに換えます。次に，ここで得た1ドルを表の②のように1年間アメリカの銀行に預金すると5%の金利が付いて，1年後に1.05ドルになります。最後に，表の③のように手持ちの1.05ドルを外国為替市場において再度円に交換すると，1年後の期待為替レートは$E^e=96$（円/ドル）ですから，交換後の金額は$1.05 \times 96 =$約101円となります。以上をまとめると，100円をドルで1年間運用するときの円ベースの予想される収益は，

$$100 （円） \times \underbrace{\frac{1}{100 （円/ドル）}}_{①為替レート E} \times \underbrace{(1+0.05)}_{②アメリカの金利} \times \underbrace{96 （円/ドル）}_{③期待為替レート E^e} - 100 （円） = 約1 （円）$$

ですから，円ベースの予想される収益率は約1%であることがわかります。

　アメリカの金利5%に比べ，ドル資産の円ベースの収益率が約1%と低くなるのは，来年にかけて円高・ドル安が進行し，円で見たドルの価値が下がると予想されているためです。よって，この場合はドルで運用するより収益率の高い円で運用する方が得だと判断することができます。ここで用いた予想される収益率は，期待為替レートを利用して計算されるため，期待収益率と呼ばれます。以降では，円ベースで表した円資産の収益率とドル資産の期待収益率をそれぞれ「円の収益率」と「ドルの期待収益率」と呼ぶことにします。

　以下では日本の金利をr，アメリカの金利をr^uとします（金利の表記〔r^u〕における上付添字のuはUSAの最初の文字です）。このとき，今年から来年にかけての為替レートの期待変化率（変化率の予想）は現在の為替レートE，将来（来年）の期待為替レートE^eを用いて，$\frac{E^e-E}{E}$と表せます。また，上の解説によれば，ドルの期待収益率は，$\frac{1}{E} \cdot (1+r^u) \cdot E^e - 1 = (1+r^u) \cdot (1+\frac{E^e-E}{E}) - 1$に等しくなります。この収益率は，アメリカの金利$r^u$と為替レートの期待変化率$\frac{E^e-E}{E}$がともに小さいとき，序章で学んだ積の近似計算の公式より，下のPOINTの式のように，両者の和として近似され，簡易に求められます。

> **ＰＯＩＮＴ 9.2　ドルで資金を運用した場合の期待収益率（円ベース）**
>
> $$ドルの期待収益率 = \underbrace{r^u}_{アメリカの金利} + \underbrace{\frac{E^e-E}{E}}_{為替レートの期待変化率}$$

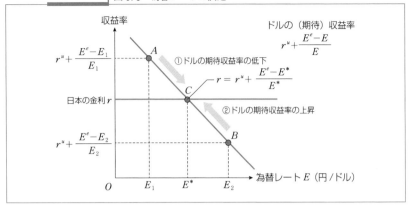

CHART 図9.3 為替レートの決定

例題9.1 表9.4の数値例において，POINT 9.2の式を用いることにより，ドル資産の円ベースの期待収益率が1%になることを確認しなさい。

答 $E=100$，$E^e=96$より，為替レートの期待変化率は$\frac{96-100}{100}=-0.04$つまり，-4%となる。したがって，$r^u=0.05$よりドル資産で運用した場合の期待収益率は$r^u+\frac{E^e-E}{E}=0.05+(-0.04)=0.01$，つまり**1%**となる。

為替レートの決まり方

この項ではこれまでの説明に基づき為替レートの決まり方について説明します。前項と同様に，以下では日本の金利をr，アメリカの金利をr^u，現在の為替レートをE，将来（来年）の期待為替レートをE^eとします。ドルの期待収益率は$r^u+\frac{E^e-E}{E}$になります。日本の金利rとアメリカの金利r^uは，外国為替市場ではなく，それぞれの国の貨幣市場において決まるため，ここでは外生変数で一定だとします。また将来の期待為替レートE^eも同様に外生変数と考え，この値も一定とします。以降ではこれらの仮定のもと，現在の為替レートEがどのように決まるかを考えます。

まず，外国資産からの期待収益率と為替レートとの関係について説明します。図9.3は縦軸を収益率，横軸を為替レートEとしたグラフにおいて，円資産の収益率である日本の金利rと，ドル資産の期待収益率$r^u+\frac{E^e-E}{E}$を，それぞれ為替レートEの関数として描いたものです。円（資産）の収益率rは，為替レートに影響を受けず一定のため，水平な直線で描かれます。一方，ドル（資産）の期待収益率$r^u+\frac{E^e-E}{E}$は，期待為替レートE^eとアメリカの金利r^uが一

定のもと，為替レート E が増えるとともに減少します。したがって，ドルの期待収益率は，グラフにおいて右下がりの曲線として描かれます（図9.3は簡略化のため直線で表記しています）。

なお，ドル（資産）の期待収益率 $r^u + \frac{E^e - E}{E}$ が為替レート E の減少関数になるのは，為替レートの期待変化率 $\frac{E^e - E}{E} = \frac{E^e}{E} - 1$ が，為替レート E の値が増えると減少するためです。たとえば，当初 $E = 100$，$E^e = 110$ のとき，為替レートの期待変化率は $\frac{110-100}{100} = 0.1$ です。もし今の為替レートが $E = 105$ へと上昇すると，為替レートの期待変化率は $\frac{110-105}{105} \fallingdotseq 0.045$ へと減少します。したがって，ドルの期待収益率は，右下がりの曲線となります。

金利平価と均衡為替レート

まず，現在の為替レートが，図9.3における E_1 であるとしたとき，経済主体（市場参加者）の行動を考えましょう。このときのドルの期待収益率は，為替レートとドルの期待収益率の関係を示す右下がりの曲線（青線）上の点 A の縦座標の値（$r^u + \frac{E^e - E_1}{E_1}$）に等しくなっています。図からわかるように，為替レートが E_1 のとき，円の収益率，つまり日本国内の金利 r はドルの期待収益率を下回っています（収益率は縦軸の値のため，グラフ上方では収益率が高くなることに注意しましょう）。そのため，経済主体は円での運用をやめ（この例では円預金を解約して），ドルで運用することを選択します。その際，外国為替市場において円が売られてドルが買われる結果，相対的に円が安くなり，ドルが高くなります（円がドルに対して減価します）。つまり為替レート E は上昇します。E の上昇によって，ドルの期待収益率は，為替レートとドルの期待収益率の関係を示す右下がりの曲線（青線）に沿って図の①のように低下し，円の収益率とドルの期待収益率の差は縮まります。結果として，為替レートは円の収益率とドルの期待収益率が等しくなるまで，つまり点 C における横座標の値の E^* になるまで，円売りドル買いが続き，その間はドルの期待収益率は低下し続けます。

次に，現在の為替レートが図の点 B における値 E_2 の水準のとき，経済主体の行動を考えましょう。今度は円の収益率 r がドルの期待収益率 $r^u + \frac{E^e - E_2}{E_2}$ を上回っていますから，経済主体はドル資産での運用をやめ（ドル預金を解約して），円での運用を選択します。その際，外国為替市場においてドルが売られて円が買われるため，円がドルに対して増価します。つまり，円高・ド

ル安になり，為替レート E は低下します。E の低下により，図の②のように
ドルの期待収益率は増加するため，円の収益率とドルの期待収益率の差は縮ま
ります。この動きは為替レートが E^* になり，円の収益率とドルの期待収益率
の差がなくなるまで続きます。

　一般に，為替レートは，円の収益率とドルの期待収益率が等しくなるところ，
つまり図の点 C における値 E^* を上回っているかぎり，円高・ドル安になり，
ドルの期待収益率は低下し続けます。逆に為替レートの値が，E^* を下回って
いるかぎり，円安・ドル高になり，ドルの期待収益率は増加し続けます。為替
レートが，円の収益率とドルの期待収益率が等しくなる点 C における値 E^* に
等しくなるまでこれらのプロセスは続きます。

　点 C では，円の収益率とドルの期待収益率が等しく，次の金利平価と呼ば
れる等式が成立します。

$$r = \underbrace{r^u}_{\text{円の収益率}} + \underbrace{\frac{E^e - E^*}{E^*}}_{\text{ドルの期待収益率}}$$

日本の金利 r，アメリカの金利 r^u，および来年の期待為替レート E^e が一定で
あるとしたとき，今の為替レート E は金利平価が成立するように E^* に決まり
ます。もともと平価には価値が同等になるという意味があるため，異なる通貨
による収益率が同じになるという意味で金利平価という言葉が使われています。

　金利平価が成立しているとき，円資産とドル資産のどちらで運用しても収益
率は同じです。したがって，経済主体は外国為替市場において，これ以上円と
ドルを交換しようとしないため，為替レートは均衡状態にあります。このよう
な，円の収益率とドルの期待収益率とが等しくなっているときの為替レート
E^* を，均衡為替レートと呼びます。

> **POINT 9.3** 金利平価による均衡為替レートの決定
>
> 均衡為替レート E^* は金利平価
>
> $$\underbrace{r}_{\text{円資産の収益率}} = \underbrace{r^u + \frac{E^e - E^*}{E^*}}_{\text{ドル資産の期待収益率}}$$
>
> を満たすように決定される

　例題9.2 　1年後の期待為替レートが97（円/ドル），アメリカの金利が4%，日
本の金利が1% のとき，金利平価の式を用いて現在の為替レート E を求めなさい。

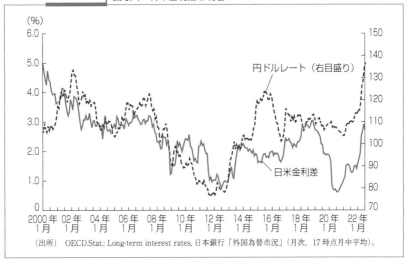

CHART 図9.4 日米金利差と為替レート

(出所) OECD.Stat: Long-term interest rates, 日本銀行「外国為替市況」(月次, 17時点月中平均)。

答 $E^e=97$, $r^u=0.04$, $r=0.01$ より, E は金利平価 $0.01=0.04+\dfrac{97-E}{E}$ を満たす。よって $E=100$ となる。

金利差と為替レート

金利平価によって，実際の為替レートの動きがどの程度説明できるかを，確認してみましょう。これまでと同様に期待為替レート E^e は一定だと考えます。ここで，金利平価の式を

$$r=r^u+\frac{E^e}{E^*}-1 \ \Rightarrow \ r^u-r=1-\frac{E^e}{E^*}$$

のように変形してみると，アメリカと日本の金利差 r^u-r が大きいと，為替レート E^* の値は大きくなること，つまり金利差と為替レートとの間には正の関係があることがわかります。図9.4 は，アメリカの長期金利から日本の長期金利を引いた日米金利差と為替レートの月次の推移を比較したものです。このグラフから，金利差と為替レートには明確な正の関係があり，上で考えた，金利平価の式が，為替レートの動きをある程度説明していることが確認できます。

金融政策と為替レート

自国の中央銀行の金融政策は為替レートにどのような影響を与えるでしょう

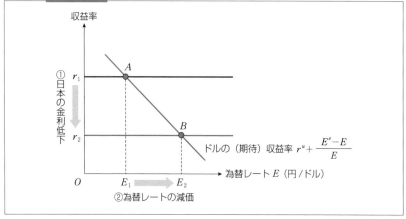

か。第6章で学んだように，自国の金融政策の変更（貨幣供給量の増減）は国内の金利に影響を与えます。国内の金利が変わる結果，金利平価を通して為替レートにも影響が及びます。以下でもう少し丁寧に考えてみましょう（なお以下では，中央銀行はすべて自国〔日本〕の中央銀行を指し，外国〔アメリカ〕の金融政策に変化はないものとします）。

いま中央銀行が金融緩和政策を行い，貨幣供給量 M を増やすと，国内金利は低下します。ここで，ドルの期待収益率と日本の金利（円の収益率）を示した図9.5において，当初経済はドルの収益率を示す曲線と，金融緩和前の日本の金利を示す水平な直線との交点 A の状況にあり，金利は r_1，そして為替レートは E_1 であったとします。この状況でドルの期待収益率は日本の金利 r_1 に一致します。いま，金融緩和により金利が r_1 から r_2 へ低下したとすると，日本の金利を示す線は図9.5の①のように下へシフトします。

ここで金利が低下したときに，為替レートが E_1 のまま変化しなかったとすると，この状況におけるドルの期待収益率に比べ，円の収益率は r_2 へと低くなります。そのため，資産を運用する経済主体は円での運用からドルでの運用へと変更し，外国為替市場において円売りドル買いが進みます。その結果，為替レート E が図の②のように円安・ドル高方向へ上昇（減価）します。最終的に経済の状況はドルの収益率を示す曲線と，金融緩和後の円の金利を示す線との交点 B に移り，為替レートは E_2 になります。

逆に，金融引き締め政策を実施する場合には，日本の金利 r の上昇により，

円の収益率はドルの期待収益率に比べて高くなります。よって、外国為替市場の参加者はドルでの運用から円の運用へとシフトし、ドル売り円買いが進みます。結果、為替レート E は円高・ドル安方向へ低下（増価）します。

POINT 9.4　自国の金融政策と為替レート

- 貨幣供給量 $M\uparrow$（金融緩和政策）　⇒　金利 $r\downarrow$　⇒　為替レート $E\uparrow$
- 貨幣供給量 $M\downarrow$（金融引き締め政策）　⇒　金利 $r\uparrow$　⇒　為替レート $E\downarrow$

例題9.3　当初は例題9.2と同じ状況であったとする。いま、日本の金利が1%から0%に引き下げられたとする。金利平価の式を用い、このときの為替レート E を求めなさい（小数第3位四捨五入）。

答　$E^e=97$、$r^u=0.04$、$r=0$ より、金利平価の式は $0=0.04+\frac{97-E}{E}$ となる。よって為替レートは $E\fallingdotseq101.04$ となる。金利低下により為替レートは1ドル約101.04円となり、例題9.2のときより円安となる。

期待の変化と為替レート

　将来の為替レートに関する期待が変わると、経済主体の行動が変わり、結果として現在の為替レートも変化します。期待が変わるだけで行動が変わることは、経済以外の例を考えると理解しやすいかもしれません。たとえば、当初は降水確率10%だった天気予報が変わり、降水確率80%になれば、私たちはたとえいま雨が降っていなくとも、傘を持つように行動を変えることがあります。このように、将来についての予想（期待）が変わると行動が変わるということは、外国為替市場でも成立します。

　ここでは、将来の為替レートに関する期待が変わると、現在の為替レートにどのような影響が及ぶか説明します。いま為替レート E が100円（円/ドル）であるとき、ある経済主体が手持ちの100円で1ドルを購入し、そのお金をドル資産で運用しているとします。ここでアメリカの金利は2%、そして1年後の期待為替レートは $E^e=103$（円/ドル）だとします。このときドルの期待収益率は $0.02+0.03=0.05=5\%$ です。このとき、なんらかの要因により人々の期待が急に変わり、1年後の期待為替レートの値が $E^e=105$（円/ドル）になったとしたらどうなるでしょうか。この場合、ドルの期待収益率が $0.02+0.05=0.07=7\%$ に上昇します。その結果、ドルで運用したい人が増え、ドルの需要

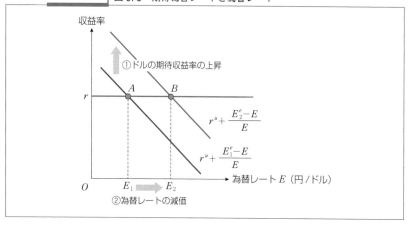

収益率

①ドルの期待収益率の上昇

r

A B

$r^u + \dfrac{E_2^e - E}{E}$

$r^u + \dfrac{E_1^e - E}{E}$

為替レート E （円／ドル）

O E_1 E_2

②為替レートの減価

が増えます。このように期待為替レートの変化は，現在の経済主体の行動に影響を与えるのです。

期待為替レートの変化が，現在の為替レートにどう影響するか，図9.6を用いて考えましょう。当初の期待為替レートを E_1^e とします。このとき均衡為替レートはドルの期待収益率を示す右下がりの曲線と，日本の金利を示す水平な直線との交点 A の横座標の E_1 となります。いま，なんらかの要因で人々の期待が変わり，期待為替レートが E_2^e へ上昇したとします。これにより，為替レートの期待変化率が $\dfrac{E_1^e - E}{E}$ から $\dfrac{E_2^e - E}{E}$ へと上昇します。その結果，すべての為替レートの水準においてドルの期待収益率が上昇するため，その期待収益率を示す曲線が図9.6の①のように上方にシフトします。この場合，円売りドル買いが生じ，同図の②のように為替レート E の上昇（円安・ドル高）が進みます。円の収益率とドルの期待収益率が等しくなる均衡点 B に至るまでこのメカニズムは続きます。逆に期待為替レートが下降したときは，先ほどと逆のメカニズムが働きます。最終的には均衡為替レートは点 B の横座標の E_2 まで上昇します。

POINT 9.5　期待為替レートの変化

- 期待為替レート E^e ↑ ⇒ ドルの期待変化率 $\dfrac{E^e - E}{E}$ ↑ ⇒ 現在の為替レート E ↑
- 期待為替レート E^e ↓ ⇒ ドルの期待変化率 $\dfrac{E^e - E}{E}$ ↓ ⇒ 現在の為替レート E ↓

例題9.4　当初は例題9.2と同じ環境だったが，いま，1年後の期待為替レートが

　下の図は，2011 年から 13 年にかけての為替レート（円/ドル）の推移を示したものです。この図からわかるように，2012 年 11 月 16 日衆議院解散の前から，それまで円高傾向であった為替レートが円安に動き出しました。これは，解散後の選挙において当時の与党民主党より野党の自民党が優勢となり，自民党と公明党の連立政権へと政権交代が起こることが期待されたためと考えられます。当時の自民党の公約の１つに，デフレ・円高対策としての「大胆な金融緩和」政策の実行があり，人々はこの政策による将来の物価上昇と円安を期待しました。選挙前でまだ政権が交代しておらず，政策が実行されていない段階で為替レートが円安になりました。これは，まだ実際に行われていない今後の金融政策への期待が，将来円安になるという予想を作り出し，期待為替レートを減価（円安・ドル高）させたためと考えることができます。実際に，政権交代後成立した第 2 次安倍内閣のもとで，日銀は公約どおりに「大胆な金融緩和」を行いました。この金融緩和政策は第 2 次安倍内閣の経済政策「アベノミクス」の代表的政策といえます。

図　円/ドルレートの推移

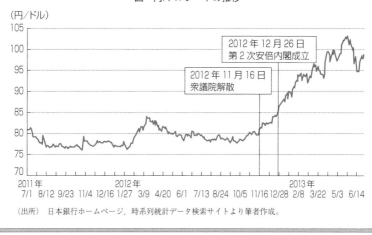

（出所）　日本銀行ホームページ，時系列統計データ検索サイトより筆者作成。

1 ドル 105（円/ドル）になると人々の予想が変わったとしよう。金利平価の式を用い，このときの為替レートを求めなさい（小数第 3 位四捨五入）。

答　$E^e = 105$，$r^u = 0.04$，$r = 0.01$ より，$0.01 = 0.04 + \frac{105 - E}{E} \Rightarrow E \fallingdotseq 108.25$。**1 ドル約 108.25 円**となる。つまり例題 9.2 のときより円安となる。

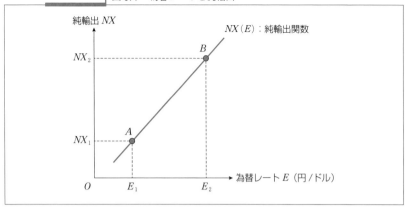

CHART 図9.7 為替レートと純輸出

純輸出 NX

$NX(E)$：純輸出関数

NX_2 .... B

NX_1 .... A

O　　E_1　　　E_2　　　為替レート E （円／ドル）

為替レートと貿易・サービス収支（純輸出）

　ここでは為替レートの変化が貿易・サービス収支（純輸出）にどのような影響を与えるかを考えます。貿易・サービス収支は，消費，投資，政府支出とならび，純輸出として財・サービスの総需要の項目に含まれており，開放経済の財・サービス市場の分析には欠かせません。以降は，ほかの章と合わせるため，貿易・サービス収支を，純輸出と呼ぶことにします。

　いま為替レート E が上昇し円安になる場合を考えてみましょう。このとき，ドル単位で見た日本の品物が安くなるために売れ行きが向上し，日本からの輸出が増加します。たとえば，$E=100$ （円／ドル）のとき，日本円での価格が1個100円の品物はアメリカでは1ドルで売られます。ここで為替レートが円安になり $E=110$ （円／ドル）となったとすると，同じ1個100円の商品の価格が $100 \div 110 \fallingdotseq 0.91$ ドルと安くなるため，日本からの輸出が増加することになります。その一方で，円安になると輸入品の値段は上がるため，アメリカから日本への輸入が減少します。つまり，為替レート E が上昇すると，輸出から輸入を引いた純輸出は増加します。このように，純輸出 NX は為替レート E の増加関数となっています。以下ではこの関数を純輸出関数と呼び $NX(E)$ と表記します。

　図9.7では横軸に為替レート E，縦軸に純輸出 NX をとった平面において，純輸出関数 $NX(E)$ が描かれています。純輸出が赤字の場合には，縦軸の値はマイナスになります。為替レートと純輸出はグラフのように右上がりの関係

として描くことができます。グラフにおける2つの点A, Bにおける為替レート，純輸出を比べてみましょう。点Aにおける為替レートE_1は，点Bにおける為替レートE_2の値と比べて値が低くなっています。つまり，E_1はE_2に比べて円高・ドル安であるため，その結果，純輸出の値も，点Aにおける値NX_1の方が，点Bにおける値NX_2より低くなっています。

> **POINT 9.6　為替レートと純輸出の関係**
> - 為替レートE↑（減価）　⇒　純輸出NX↑
> - 為替レートE↓（増価）　⇒　純輸出NX↓

4. 開放経済における金融政策の効果

　この節では，開放経済における金融政策の効果について説明します。この節においても，自国を日本，外国をアメリカとします。

金融政策の純輸出への影響

　開放経済において，金融政策は次の2つの効果を通じて財・サービス市場における総需要に影響します。1つ目の効果は，第6章でも学んだとおり，金利が変化することによって，総需要の一項目である企業の投資Iに影響を与える効果です。金利は企業の設備投資のための費用ですから，図6.7で説明したように投資関数は金利の減少関数になっています。つまり，金融緩和により金利が低下すれば，投資Iは増加します。逆に，金融引き締めにより金利が上昇すれば，投資Iは減少します。

　そして2つ目の効果は，投資と同じく総需要の一項目である純輸出NXを通じた効果です。前節ですでに学んだとおり，金融緩和により日本の金利rが下落すると，円資産の収益率が下がります。すると，円売りドル買いが進み，結果として為替レートEは円安・ドル高へ上昇（減価）します。そして図9.7で示したように，純輸出NXは為替レートEの増加関数ですから，為替レートEの上昇は，純輸出NXを増加させ，総需要を高めます。逆に，金融引き締めの場合には，日本の金利rの上昇，為替レートEの円高ドル安への下落，

そして純輸出 NX の減少を引き起こします。

以上の２つの効果は次のようにまとめることができます。

POINT 9.7　開放経済における金融政策の投資・純輸出への効果

- 金融緩和による金利 r の下落　⇒　投資 I と純輸出 NX の増加
- 金融引き締めによる金利 r の上昇　⇒　投資 I と純輸出 NX の減少

金融政策の国内総生産（GDP）への効果

ここで，第６章で学んだ45度線分析に戻って日本（自国）の金融政策が財・サービス市場に与える影響を考えましょう。純輸出を考慮する場合，財・サービス市場の総需要 D は，

$$D = 消費（C）+ 投資（I）+ 政府支出（G）+ 純輸出（NX）$$

です。日本（自国）の金融政策によって金利 r が変化したとするとき，前項で説明したように，投資 I と純輸出 NX が変化します。この変化量をそれぞれ ΔI, ΔNX とすると，その変化分だけ，財・サービス市場の総需要 D が変化します。金融緩和により金利 r が下落する場合には，投資 I と純輸出 NX がそれぞれ ΔI と ΔNX だけ増加します。これらの増加はともに総需要 D を増やすように働き，その結果 GDP が上昇します。限界消費性向を c として，第６章で学んだ乗数効果の公式を応用すると，このときの均衡 GDP の増加量は，投資，純輸出の増加量の合計 $\Delta I + \Delta NX$ を上回り，その値は，

$$\Delta Y = \frac{\Delta I + \Delta NX}{1 - c}$$

と求めることができます。

例題 9.5　日本国内における消費関数を $C = 0.5Y$，投資関数を $I = 20 - 500r$，政府支出を $G = 5$，そして純輸出関数を $NX = 10 + 0.9E$ とする。アメリカの金利 r^u は 5%，そして１年後の期待為替レート E^e は１ドル97円で固定されている。ここで，当初日本の金利 r は 2%（$=0.02$）であったとする。以下の問いに答えなさい。

　(1) 金利平価の式に基づき現在の均衡為替レート E を求めなさい。(2) 均衡 GDP を求めなさい。(3) 日本銀行の金融緩和により金利が 1% 下がり $r = 0.01$ になったとするとき，均衡 GDP の増加量を求めなさい（小数第３位四捨五入）。

答　(1) 金利平価の式 $0.02 = 0.05 + \frac{97 - E}{E}$ より現在の為替レートは $E = 100$ となる。

---

(2) 財市場均衡式 $Y = C + I + G + NX$ より，$Y = 0.5Y + 20 - 500 \times 0.02 + 5 + 10 + 0.9 \times 100$ となる。よって $Y = \mathbf{230}$ となる。(3) $r = 0.01$ のとき，現在の為替レート E は金利平価の式より $0.01 = 0.05 + \frac{97 - E}{E}$ を満たすので，$E \fallingdotseq 101.04$ となる。以下では $E = 101.04$ と仮定する。このとき投資の増加量は $\Delta I = 500 \times (0.02 - 0.01) = 5$，純輸出の増加量は $\Delta NX = 0.9 \times (101.04 - 100) \fallingdotseq 0.94$ となる。以上から均衡 GDP の増加量は $\Delta Y = \frac{\Delta I + \Delta NX}{1 - c} = \frac{5 + 0.94}{1 - 0.5} = \mathbf{11.88}$ となる。

SUMMARY ●まとめ

□ 1 経常収支とは，貿易・サービス収支と所得収支とを合わせたものをいう。

□ 2 海外との資産の取引についての一定期間の収支を金融収支と呼び，これは経常収支と資本移転等収支の和と常に等しい。

□ 3 自国通貨と外国通貨との為替レートは，自国通貨で運用した収益率（金利）と，外国通貨で運用したときの期待収益率とが等しくなる金利平価を満たすように決まる。

□ 4 自国を日本，外国をアメリカとする開放経済において，自国（日本）の金融緩和政策による金利の下落は，為替レートを円安・ドル高方向へ減価させる。

EXERCISE ●練習問題

① 次の記述の ［ ① ］ から ［ ⑥ ］ に当てはまる語句を語群から選びなさい。
　国際収支統計では，国際的な取引は大きく３つに分類される。１つ目の ［ ① ］ は，海外との財・サービスの取引を記録する ［ ② ］ と，海外との所得の取引を記録する ［ ③ ］ からなる。また，２つ目の ［ ④ ］ とは，対価を伴わない固定資産の提供や，国際的な債務の免除などの収支を記録したものである。最後の ［ ⑤ ］ とは，海外との資産の取引の収支を記録したものである。誤差脱漏を無視すると，これらの収支には ［ ① ］ ＋ ［ ④ ］ ＝ ［ ⑤ ］ という関係がある。また，［ ② ］ は，国民経済計算における ［ ⑥ ］ に相当する。

　　［語群］ a. 直接投資　b. 純輸出　c. 資本移転等収支　d. 貿易・サービス収支　e. 証券投資　f. 外貨準備　g. 金融派生商品　h. 所得収支　i. 外貨準備　j. 金融収支　k. 経常収支

2　外国為替市場に関する記述として誤っているものを選びなさい。

①外国為替市場は，インターバンク市場と対顧客市場の２つの市場からなる。

②変動相場制とは，外国為替市場における通貨の需要と供給に応じて為替レートが変動する制度のことである。

③通貨当局が為替レートに影響を与えるために外国為替市場で通貨を売買することを為替介入と呼ぶ。

④自国通貨建ての為替レートの値が減少するとき，その国の通貨は通貨安になる，あるいは通貨が減価するという。

3　本文と同じくアメリカ企業の GE 社が，日本企業の富士通からコンピューターを輸入する取引を考える。GE 社は代金をすぐに支払うのではなく，富士通に対してドルで金額が書かれた借用書を発行して取引をしたとする。このとき，日本の純輸出と金融収支はどのように変化するか，また，なぜそのようになるか説明しなさい。

4　アメリカの金利が年利 3%，今の為替レートが E（円/ドル），1 年後の期待為替レートが 101（円/ドル）だとする。

(1)　$E = 100$ のときドル資産で運用する場合の円ベースの期待収益率を求めなさい。

(2)　日本の金利が年利 2% のとき，今の為替レート E はいくらになるか求めなさい。

(3)　日本銀行が金融緩和を行い，日本の金利を年利 1% に下げたとする。今の為替レート E はいくらになるか求めなさい。

(4)　(3) に続いて，連邦準備制度理事会（FRB）が金融緩和を行い，アメリカの金利を年利 2% に下げたとする。今の為替レート E はいくらになるか求めなさい。

5　ある時点の外国為替市場において，為替レートが 1 ドル = 100 円，1 ユーロ = 140 円であったとする。また，為替取引の手数料はないものとする。

(1)　1 ドル = 1.3 ユーロであるとき，円，ドル，ユーロの 3 つの通貨をどのように売り買いすれば儲けることができるか答えなさい。

(2)　1 ドル = 100 円，1 ユーロ = 140 円に固定されているとして，無裁定条件より為替レートが 1 ドル何ユーロになるか答えなさい（ユーロ単位で小数点第 3 位以下は四捨五入）。

第3部

マクロ経済学の発展的トピックス

PART

3

第 **10** 章

経済が成長するメカニズム

INTRODUCTION

　第7章で学んだように，国内総生産（GDP）の長期的な水準は生産能力に依存します。生産能力には，資本・労働・技術を中心として，さまざまなものが関わっています。日本経済は，資本・労働・技術の3要素が増え続けることで生産能力を着実に高め，発展を遂げています。この章では第1に，生産能力が増加することにより経済が成長するメカニズムを，ソローモデルと呼ばれる経済成長モデルの分析を通して学びます。第2に，直接測ることが困難な技術進歩の水準を計測し，実質GDPの成長率を技術水準と生産要素の貢献に分解する手法である成長会計を学びます。

　Keywords：**資本蓄積，生産関数，技術進歩，ソローモデル，全要素生産性（TFP），成長会計**

1 経済成長とは何か？

　この節では，経済成長とは何かについて，戦後日本経済の成長にも触れながら説明します。

経済成長とは

　経済成長とは，国，あるいは地域の生産・所得の実質的な水準が長期的に増加し生活水準が上がっていくことをいいます。本書では経済成長を，実質GDPの増加で測ります。また，必要に応じて実質GDPを国（地域）の人口で割った「1人当たり」で見た実質GDPの増加にも着目します。第1章で示したように，GDPは国内の総所得でもあります。したがって，1人当たり実質GDPは1人当たりの実質所得でもあり，人々の平均的な生活水準を示していると考えることができます。

　1人当たりで見た生産・所得が長期的に増加していくということは，言い換えれば，私たちの生活水準が時間とともに良くなっていくことです。1人当たりについて考える理由は，経済全体の実質GDPが高いからといって，私たち1人ひとりの生活水準が豊かであるとは限らないからです。たとえば，ある国の実質GDPが増えても，それ以上にその国の人口が増えてしまう場合には，1人当たり実質GDPは減るため，その国の人々の平均的な生活水準は下がり，貧しくなってしまいます。そのため，生活水準を考える場合には，経済全体ではなく，1人当たりで実質GDPを見る必要があります。以下ではGDPはすべて実質GDPを指すものとします。

耐久消費財の普及から見る戦後日本の経済成長

　第1章の図1.4で見たように1960年代の日本は，年率で平均約10％という非常に高い割合でGDPが増加する高度経済成長期を経験しました。その結果，私たちの1人当たり所得は実質で見て約7年で2倍にまで増加しました。当時の生活水準の向上をより実感するため，代表的な耐久消費財の普及率の推移を，内閣府「消費動向調査」をもとに示した図10.1を見てみましょう。高度経済

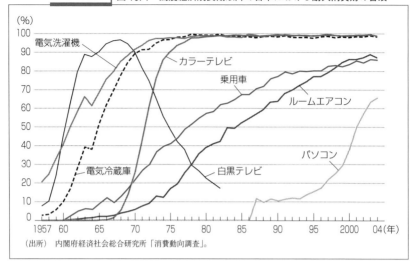

CHART 図10.1 高度経済成長期以降の日本における耐久消費財の普及

(%)

電気洗濯機
カラーテレビ
乗用車
ルームエアコン
電気冷蔵庫
白黒テレビ
パソコン

1957 60 65 70 75 80 85 90 95 2000 04(年)

（出所）内閣府経済社会総合研究所「消費動向調査」。

成長期には，白黒テレビ・電気洗濯機・電気冷蔵庫の「三種の神器」と呼ばれる家電が家庭に急速に普及していきました。このように，家電の購入が急増したのは，経済成長に伴い所得が急増したことがその要因です。

　高度経済成長の後，GDP の増加の程度は落ちたものの，1970 年代から 90 年代前半までの約 20 年間は年平均 2〜4% 程度の経済成長率を維持しました。耐久消費財の普及については，1970 年代からは乗用車やルームエアコンの購入が進みました。1987 年からパソコンが登場し，その後に発売されたソフトウェアの Windows のブームから急速に普及してきました。このように，耐久消費財の普及率の推移からも，私たちの生活が経済成長に伴って豊かになってきていることがわかります。

国際的な所得格差の推移と経済成長

　ある 1 つの国だけに注目し，その国の 1 人当たり GDP の推移を見た場合には，経済成長によってその国の生活水準が変わっていく姿がわかります。一方で，いくつかの同じ時点でさまざまな国の 1 人当たり GDP を比較した場合には，経済成長の度合いの差によって，時間とともに所得の格差が拡大したり，逆に縮小したりすることがわかります。

　次の図 10.2 は，日本，イギリス，アメリカ，中国，バングラデシュの 5 つ

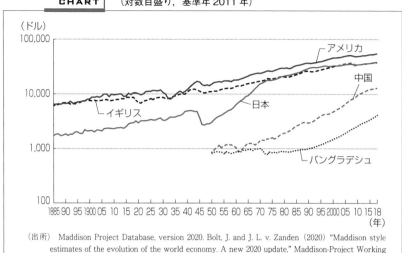

図10.2　5カ国の1人当たり実質GDPの推移
（対数目盛り，基準年2011年）

CHART

（出所）　Maddison Project Database, version 2020. Bolt, J. and J. L. v. Zanden（2020）"Maddison style estimates of the evolution of the world economy. A new 2020 update," Maddison-Project Working Paper WP–15.

の国について1885年から（中国とバングラデシュは1950年から）2018年までの1人当たりGDPの推移を示したものです。縦軸は対数目盛りになっているため，グラフの傾きの程度が成長率の大きさに対応しています（その理由はウェブサポートページで説明します）。

　図によれば1885年には，日本の1人当たりGDPは，イギリスとアメリカと比べて約5分の1ととても小さかったことがわかります。しかし，第二次世界大戦後の復興期および高度経済成長期には，グラフの傾きが急になっているように日本の1人当たりGDPの成長率は高い水準を達成しました。その結果，1970年代に日本の1人当たりGDPはイギリスの水準に追いつきました。

　今度は，バングラデシュと中国を比べてみましょう。1950年には，両国の1人当たりGDPはほぼ同水準でしたが，その後の中国の成長率が高まったことから，中国が大きく差をつけています。近年では，バングラデシュの成長率は著しく上昇する一方で，中国はややグラフの傾きが緩やかになり，成長率が下がっています。もしこの状態が続くのならば，いずれバングラデシュの1人当たりGDPも中国に追いつくことになります。このように，それぞれの国々において，長期にわたって異なる成長率で経済が成長するため，1人当たり所得に関する国家間の格差の状況は時代によって変わります。

経済成長の要因──資本蓄積・人口成長・技術進歩

　経済が成長する要因とは何でしょうか。第7章で説明したように，GDPの長期的な増加は，生産能力の向上によりもたらされます。それでは，そもそも生産能力は何によって決まるのでしょうか。生産には資本・労働といった生産要素，そしてそれを使いこなす技術が必要です。この章では生産能力を決めるものは資本・労働・技術の3つであると考えます。

　ここで第1章と同じように，マクロ経済として1つの島だけからなる国の経済を考えてみましょう。この島では，島民のカズキさんが農機具などを用いて働き，農作物を生産しているとします。この経済の生活水準が上がるためには，島の生産能力が向上していくことが必要です。生産能力向上の主な要因として，以下の3つを考えることができます。

　1つ目の要因は，カズキさんの持つ農機具などの数が増えていくことです。たくさんの農機具があれば，より効率的に収穫ができるようになります。序章でも説明したように，生産のために使われる機械・機具・設備のことを資本，そして資本が設備投資によって蓄積されて増えていくことを資本蓄積と呼び，これは生産能力向上，そして経済成長の要因の1つとなっています。

　2つ目の要因は，労働の増加，つまり人口成長です。カズキさんのほかに労働者が増えれば，労働が増え，たくさんの農産物を生産して収穫することができます。人口が増えることは，経済全体の生産能力にとってはプラスの要因になります。しかし，人口が増えることは，1人当たりGDPに対して必ずしもプラスには働かないことに注意が必要です。なぜなら，生産設備が一定のままで人口のみが増える場合は，1人当たりで利用できる生産設備等の資本が減るため，その分だけ1人当たりの生産能力は下がることになるからです。

　そして3つ目の要因は，技術進歩です。島に新しい農業技術，たとえば害虫に負けないように品種改良されたコメが導入されると，これまでと同じ労力をかけたとしても収穫する能力は向上します。このように技術進歩は生産能力を向上させます。ただし本章でいう技術とは，この例のような科学技術だけではなく，資本と労働という生産要素以外で生産に影響するような要因全体を指します。詳しくは第3節で説明します。

　この章では，経済成長が上記の3つの要因からどのように説明されるのかに

ついて，主に資本蓄積と技術進歩に焦点を当てて考察します。説明を簡単にするために，経済成長モデルを説明する次の節では人口（労働）は一定とします。

 ## ソローの経済成長モデル

この節では，1987年にノーベル経済学賞を受賞した経済学者のロバート・ソローが考案した経済成長モデルであるソローモデルを紹介します。はじめは技術進歩を考えず，資本蓄積のみが行われるようなケースから説明します。

モデルの概要

資本蓄積はソローモデルのエッセンスともいえます。資本，そしてその増加が経済成長にどのような役割を果たしているかを理解していきましょう。まずはモデルを概観します。以下では簡単化のため，輸出入のない閉鎖経済を考えます。また，政府支出も考えないものとします。ソローモデルは，資本が増えることで，生産能力が高まり，GDPが増えるメカニズムを数学的に表現しています。図 10.3 はこのメカニズムを図示したものです。ここでは，資本がどのように蓄積されていくのか，そしてその結果，GDPがどのように増えるのか，この図に基づき直観的に説明します。

ある時点において，経済全体の生産量すなわち GDP が Y だけあったとしま

CHART 図 10.3 資本蓄積のプロセス

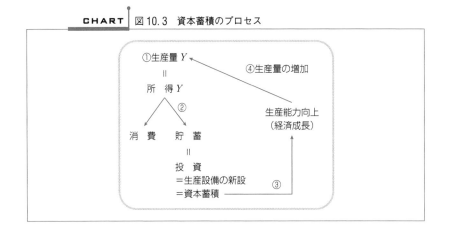

しょう（図10.3の①）。このGDPは資本や労働といった生産要素への対価，つまり所得として分配されます。人々は受け取った所得のうち，一部を消費し，残りを貯蓄に回します（同図②）。貯蓄は第3章で学んだように，金融市場を通じて投資の資金源になります。閉鎖経済のマクロ経済では投資の資金源は国内の貯蓄のみですから，貯蓄を超えて投資することはなく，投資と貯蓄は等しくなります。

　金融市場において資金を調達した企業は投資を行い，新しい生産設備が増設されます。こうして投資によって資本が蓄積され，生産能力が向上し（同図③），生産量が増加します（同図④）。その結果として，さらに総所得，貯蓄，そして投資が増えて，資本が蓄積されることにより，また生産能力が向上します。すなわち，このモデルにおいては，資本蓄積を通した生産能力の向上が繰り返され，経済が成長していくのです。以上が，ソローモデルにおける，経済成長の全体像です。

生 産 関 数

　ここでは経済全体の生産量，つまりGDPの水準が長期的にどのように決まるのかについて，生産関数を用いて説明します。経済成長を考察する場合のような長期において，生産量は生産する際の技術の水準と生産要素の利用（投入）量から決まります。ここでの生産量は，利用可能なすべての生産要素が生産に利用される場合の生産量に等しいことを仮定します。これは，第7章における完全雇用GDPに対応します。

　以下では例として最も基本的な生産関数であるコブ・ダグラス型生産関数を紹介します。この生産関数によれば，ある年の生産量をYとするとき，それがその年の資本をK，労働をN，そして技術力の高さを表す技術水準Aの関数として，

$$Y = A \times K^{\alpha} \times N^{1-\alpha} = AK^{\alpha}N^{1-\alpha}$$

と表されます。また係数αは，$0<\alpha<1$を満たします。この生産関数は，生産要素の量を2倍，3倍すると，生産量も2倍，3倍されるというような規模に関して収穫一定という性質を持ちます（詳しくはウェブサポートページを参照のこと）。本章においては以降，生産関数がコブ・ダグラス型であることを仮定します。さらに，簡単化のために，しばらくの間，技術水準が$A=1$であり，か

つ係数 α の値が 0.5 であると仮定します。この場合，$K^{0.5} = \sqrt{K}$ ですので，生産関数は，

$$Y = 1 \times \sqrt{K} \times \sqrt{N} = \sqrt{KN}$$

と表現できます。本章では労働の量 N は人口に一致するとします。また人口成長は考えず，N は一定であるとします。

POINT 10.1　経済全体の生産量の決定
- GDP の長期的水準は，技術水準と生産要素の投入量から決まる
- 技術水準・生産要素と生産量の関係を示した関数を生産関数という
- コブ・ダグラス型生産関数：$Y = AK^{\alpha}N^{1-\alpha}$

例題 10.1　(1) 生産関数を $Y = \sqrt{KN}$ とする。資本 $K = 100$，人口 $N = 900$ のときの生産量 Y を求めなさい。(2) 生産関数と人口は (1) と同じで，資本だけ $K = 400$ になったとき，生産量 Y を求めなさい。

答　(1) $Y = \sqrt{100 \times 900} = 10 \times 30 = \mathbf{300}$。(2) $Y = \sqrt{400 \times 900} = 20 \times 30 = \mathbf{600}$。

1 人当たり生産関数

コブ・ダグラス型生産関数 $Y = \sqrt{KN}$ を使って，人口 1 人当たり生産量と 1 人当たり資本との関係を考えてみましょう。人口が N（人）ですから，生産関数の式の両辺を N で割り，1 人当たり生産量 $\frac{Y}{N}$ を，1 人当たり資本 $\frac{K}{N}$ を用いて表すことができます。

$$\frac{Y}{N} = \frac{\sqrt{KN}}{N} = \sqrt{\frac{KN}{N^2}} = \sqrt{\frac{K}{N}}$$

ここで左辺の 1 人当たり生産量 $\frac{Y}{N}$ を y，そして右辺の 1 人当たり資本 $\frac{K}{N}$ を k として置き換えると，y を k の関数として表した以下のような式

$$y = \sqrt{k}$$

を得ます。この式は，1 人の労働者が 1 人分の資本 k を利用して，どれだけ生産することができるかという 1 人当たり生産関数を意味します。

1 人当たり生産関数 $y = \sqrt{k}$ がどのような形状をしているか，グラフを書いて確認をしてみましょう。図 10.4 は，横軸に 1 人当たり資本 k を，そして縦軸に 1 人当たり生産量 y をとったグラフに，1 人当たり生産関数 $y = \sqrt{k}$ を描いたものです（グラフの見やすさのため，縦軸と横軸の縮尺を変えています）。図で

CHART | 図10.4 1人当たり生産関数

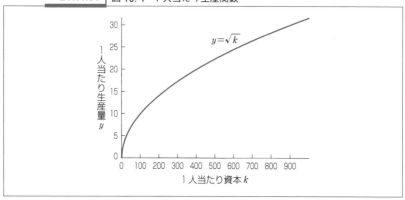

は, 1 人当たり資本 k が大きくなるほど, 1 人当たり生産量 y は大きくなっています。つまり y は k の増加関数です。一方, 1 人当たり資本が大きくなるほど, 生産関数の傾きは緩くなります。つまり 1 人当たり生産量の増加の程度は減っていきます。この性質については次の項で詳しく説明します。

POINT 10.2 1人当たり生産関数
コブ・ダグラス型生産関数（$Y=\sqrt{KN}$）を仮定した場合の, 1 人当たり生産量 $y=\frac{Y}{N}$ と 1 人当たり資本 $k=\frac{K}{N}$ との関係：
$$y = \sqrt{k}$$

資本の限界生産性逓減

第 7 章の第 5 節で学んだ労働の限界生産性逓減と同じように, 資本についてもその限界生産性は逓減します。資本の限界生産性とは, 生産において投入する労働を一定としたまま, 資本を追加的に 1 単位増やしたときの, 生産の増加分のことをいいます。そして, 資本の限界生産性は, 労働を一定としたまま, 資本の投入量が増えるにつれて減少していきます。この性質を, 資本の限界生産性逓減といいます。

生産関数 $Y=\sqrt{KN}$ について, 資本の限界生産性を表してみましょう。簡単化のため, 労働は 1 人, つまり $N=1$ で一定とします。このとき, 生産関数は $Y=\sqrt{K}$ となります。これ以降は, 資本の限界生産性のことを, 英語（marginal product of capital）の頭文字（ただし資本 K についてはドイツ語 Kapital の頭文字）を

とり MPK とします。資本の限界生産性 MPK は，資本 K を1単位増やした場合の生産量の増加分に等しく，$N=1$ で生産関数が $Y=\sqrt{K}$ のとき，その値は

$$MPK = \sqrt{K+1} - \sqrt{K}$$

と表すことができます。

　ところで，労働が $N=1$ のときは，$k=\dfrac{K}{N}=\dfrac{K}{1}=K$ より，1人当たり資本 k と経済全体の資本 K は同じになります。よって，1人当たり生産関数 $y=\sqrt{k}$ を使って資本の限界生産性を，

$$MPK = \sqrt{k+1} - \sqrt{k}$$

と表すことができます。以下では N が1でない場合も含め，この式が成立していることを仮定します（微分を用いて限界生産性を定義する場合には，$N=1$ のときに限らず，この式の関係が成立します。つまり，生産関数を用いても，1人当たり生産関数を用いても，両者の資本の限界生産性は一致します。詳しくはウェブサポートページを参照のこと）。この限界生産性が逓減していることは**図 10.4** からもわかります。

> **ＰＯＩＮＴ 10.3　資本の限界生産性逓減**
> 生産要素である資本の投入のみを増やしていくと，資本の限界生産性が小さくなっていくこと

┃ 資 本 蓄 積 ┃

　ここでは，どのように資本蓄積が進むのかを説明します。資本は，たとえば新しい機械の導入や建物の建設などの設備投資により，生産設備が新設された分だけ増えていきます。ある年の投資を I とすると，その分だけ新しく資本が蓄積されます。

　また，資本は減少することもあります。その要因は，機械等は，それらが長く使われると老朽化によって摩耗してしまうことにあります。たこ焼き器を資本として用いるたこ焼き屋の例を考えると，たとえば 20 年以上もたこ焼き器を使っていると，その一部は壊れて使えなくなってしまうことがあります。このような老朽化による摩耗分だけ資本は減少していると考えて，その減少分を固定資本減耗と呼びます。ソローモデルでは，毎年，資本のうち一定の割合 δ だけ減耗すると仮定します（δ はデルタと読みます）。この割合 δ は資本減耗率と

呼ばれます。たとえば，$\delta = 0.02$ のときは，毎年 2% の資本が老朽化により減ることを意味します。ある年に資本が K だけあるとき，その年の固定資本減耗の量は，資本 K に割合 δ をかけた分，つまり δK になります。

以上をまとめると，ある年の資本の増加分を ΔK とすると，その値は投資 I から固定資本減耗 δK を引いたものに等しくなります。

$$\underbrace{\Delta K}_{\text{資本の増加}} = \underbrace{I}_{\text{投資}} - \underbrace{\delta K}_{\text{固定資本減耗}}$$

この式を資本蓄積の式と呼びます。このとき，次の年の資本の量は $K + \Delta K = I + (1-\delta)K$ になります。

第 3 章で学んだように，投資の資金源は貯蓄であり，私たちが貯蓄した額だけ投資ができるため，経済全体では貯蓄と投資は等しくなります。ソローモデルでは，所得のうち貯蓄される割合を貯蓄率と呼び，これを記号 s で表します。貯蓄率 s は $0 < s < 1$ を満たす一定の数値であると仮定します。よって所得（＝生産量）を Y とするとき，貯蓄は sY となります。以上から投資 I は，次のように表すことができます。

$$\underbrace{I}_{\text{投資}} = \underbrace{sY}_{\text{貯蓄}}$$

この式を利用すると，先の資本蓄積の式は次のように書き直せます。

$$\underbrace{\Delta K}_{\text{資本の増加}} = \underbrace{sY}_{\text{投資（＝貯蓄）}} - \underbrace{\delta K}_{\text{固定資本減耗}}$$

ここで，1 人当たり資本蓄積を考えてみましょう。今は人口が一定で変化しませんから，経済全体の問題と 1 人当たりの問題との間に大きな違いはありません。まず，1 人当たり資本 k は，1 人分の貯蓄だけ増加します。ここで 1 人分の貯蓄は，1 人分の所得 y のうち s の割合ですから sy で表されます。一方，1 人当たり資本 k は，そのうち δ の割合だけ減耗するため，固定資本減耗 δk だけ減少します。つまり，増加と減少の要因を合わせると 1 人当たり資本の変化分 Δk は，

$$\Delta k = sy - \delta k$$

として表せます。さらに前の項で導出した 1 人当たり生産関数 $y = \sqrt{k}$ を利用すると，1 人当たり資本 k がどのように蓄積されるかを表現する，以下のようなソローモデルの基本となる式を得ます。

POINT 10.4　1人当たり資本 k の蓄積の式

$$\underbrace{\Delta k}_{\text{1人当たり資本の増加}} = \underbrace{s\sqrt{k}}_{\text{1人当たり投資（貯蓄）}} - \underbrace{\delta k}_{\text{1人当たり固定資本減耗}}$$

例題 10.2　(1) 貯蓄率 s を 30%，資本減耗率 δ を 2%，1 人当たり生産関数を $y = \sqrt{k}$ とする。今年の 1 人当たり資本が 100 のとき，来年の 1 人当たり資本を求めなさい。(2) (1) と同じ条件だが，今年の 1 人当たり資本が 400 のとき，来年の 1 人当たり資本の量を求めなさい。

答　(1) 今年から来年にかけて資本が増加する量は $\Delta k = 0.3 \times \sqrt{100} - 0.02 \times 100 = 1$。したがって来年の資本は $100 + 1 = \mathbf{101}$ となる。(2) 今年から来年にかけて資本が増加する量は $\Delta k = 0.3 \times \sqrt{400} - 0.02 \times 400 = -2$。したがって来年の資本は $400 - 2 = \mathbf{398}$ となる。

経済の成長経路

　前項では POINT 10.4 において，どのようなメカニズムで資本が蓄積されていくかを定式化しました。この定式化に基づいて経済がどのような振る舞いを示すか分析してみましょう。なお，この項では簡単化のため，「1 人当たり」の言葉を省略し，1 人当たりの資本，投資，固定資本減耗をそれぞれ単に資本，投資，固定資本減耗と呼びます。

　経済の振る舞いを分析する際のポイントは，資本 k がどのように変化するかを考える点にあります。例題 10.2 のように，Δk で表される資本 k の変化分がプラスであるかマイナスであるかを考察することで，資本 k が時間とともに増えるのか減るのかを考えることができます。このとき資本 k の大きさによって，その変化分である Δk に違いが出てきます。

　資本の変化分 $\Delta k = s\sqrt{k} - \delta k$ がプラスになるかマイナスになるか，あるいはゼロになるかは，投資（貯蓄）$s\sqrt{k}$ と固定資本減耗 δk のどちらが大きいかによって決まります。つまり k の増減は以下の 3 通りのケースに分かれます。

　① $s\sqrt{k} > \delta k$ のとき，$\Delta k = s\sqrt{k} - \delta k > 0$ です。つまり資本 k は増加します。

　② $s\sqrt{k} < \delta k$ のとき，$\Delta k = s\sqrt{k} - \delta k < 0$ です。つまり資本 k は減少します。

　③ $s\sqrt{k} = \delta k$ のとき，$\Delta k = s\sqrt{k} - \delta k = 0$ です。つまり資本 k は一定です。

最後の③の場合，投資と固定資本減耗が等しくなり，資本の変化分がゼロであ

CHART 図10.5 1人当たり資本 k の成長経路

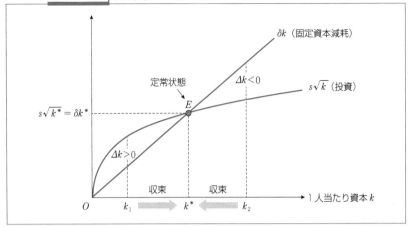

るため，資本は時間とともに変化しません。このような状況を定常状態と呼び，定常状態における資本を k^* で表します。このような k^* は，$s\sqrt{k^*} = \delta k^*$ を満たします（この式を解くと $k^* = \left(\frac{s}{\delta}\right)^2$ となります）。

　グラフを使うと資本 k の動きがよく見えてきます。**図10.5**は，k を横軸にとって，資本蓄積の式 $\Delta k = s\sqrt{k} - \delta k$ における右辺第1項目の投資 $s\sqrt{k}$ と，第2項目の固定資本減耗 δk を，資本 k の関数としてそれぞれグラフに描いたものです。第1項目の投資 $s\sqrt{k}$ のグラフは，先ほどの生産関数 $y = \sqrt{k}$ のグラフを縦方向に貯蓄率 s 倍だけ縮めたものであり，両者は非常によく似た形をしています。一方，第2項目の固定資本減耗 δk は k の1次関数のため，グラフにおいては原点を通り傾きが δ の直線として描かれます。投資を示す曲線と，固定資本減耗を示す直線の交点を E とすると，この点において，投資と固定資本減耗は等しくなっており，したがって E は定常状態を示すことがわかります。よって点 E における資本の値は定常状態における資本の値 k^* に等しくなります。

　資本の変化分 Δk の値が先ほどの3つのどのケース（①，②，③）のどれに対応するかは，**図10.5**のグラフを見て投資 $s\sqrt{k}$ と固定資本減耗 δk の大きさを比べるとわかります。まず，資本が交点 E つまり定常状態の資本の値 k^* より少ない k_1 という水準にあったとします。グラフから明らかに投資が固定資本減耗を上回っており $s\sqrt{k_1} > \delta k_1$ ですから，$k = k_1$ のとき $\Delta k > 0$ です。一般に，資本 k が交点 E における k の値，つまり定常状態における k の値 k^* よりも少

ない場合，先ほどの①のケースに対応し，$\Delta k > 0$ となります。つまり k は時間とともに増加します。次に，資本が k^* より多い k_2 という水準にあったとします。グラフから $s\sqrt{k_2} < \delta k_2$ ですから，$k = k_2$ のとき $\Delta k < 0$ です。一般に，資本 k が k^* よりも多い場合は②のケースに対応し，$\Delta k < 0$ となります。つまり k は時間とともに減少します。最後に，k の値がグラフの交点 E での水準 k^* であれば，$s\sqrt{k^*} = \delta k^*$ ですから，$\Delta k = 0$ です。この交点 E がケース③に対応し，この経済の定常状態を表しています。ソローモデルにおける資本の蓄積（成長経路）は，以下のようにまとめることができます。

POINT 10.5　経済の成長経路

ソローモデルにおいて，経済のスタート時点の 1 人当たり資本がどの水準であっても，経済は安定的に定常状態へ向かい，1 人当たり資本は定常状態の値 k^* に収束する

例題 10.3　貯蓄率を 50％，資本減耗率を 5％，1 人当たり生産関数を $y = \sqrt{k}$ とする。定常状態における 1 人当たり資本 k^* を求めなさい。

答　定常状態における資本は $\Delta k = 0.5 \times \sqrt{k} - 0.05 \times k = 0$ つまり $0.5\sqrt{k} = 0.05k$ を満たす。この式の両辺を $0.05\sqrt{k}$ で割り，$\sqrt{k} = 10$ を得る。したがって，定常状態の資本は $k^* = 100$ となる。

貯蓄率が経済に与える影響

前項において，投資によって資本蓄積が進み，経済の生産能力は高まることを説明した際，貯蓄が投資の資金源であることに注目しました。もし貯蓄率 s が変化した場合，経済にどのような影響があるでしょうか。図 10.6 は，ソローモデルにおいて貯蓄率が変化した場合に，経済に与える影響を示しています。この図において当初経済は，資本が k_1^*，貯蓄率が s_1 であり，定常状態 E_1 にあるとします。ここで，貯蓄率が s_2 へと上昇したとしましょう。貯蓄率の上昇によって，投資（貯蓄）$s\sqrt{k}$ のグラフが上にシフトします。その結果，定常状態は E_1 から右上の E_2 に移り，資本は今の水準 k_1^* から時間とともに新しい水準 k_2^* へと増加していきます。図からもわかるように，貯蓄率の高い定常状態 E_2 の方が元の定常状態 E_1 より資本は大きくなっています。つまり k_1^* と k_2^* の間には不等式 $k_1^* < k_2^*$ が成立します。これは，投資の資金源となる貯蓄の割合

CHART 図10.6 貯蓄率と1人当たり資本の関係

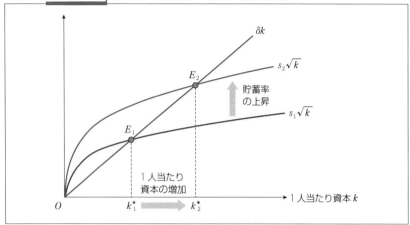

が増えると，生産のうち投資に回る分が増え，その分だけ資本蓄積が進むからです。

　ここで，貯蓄率の異なるこれら2つの定常状態 E_1, E_2 における所得水準を比較してみましょう。定常状態 E_1, E_2 における生産量をそれぞれ y_1^*, y_2^* とします。生産関数の式 $y = \sqrt{k}$ より，生産量はそれぞれ資本の関数として $y_1^* = \sqrt{k_1^*}$, $y_2^* = \sqrt{k_2^*}$ と書けます。資本 k_1^* と k_2^* の間には不等式 $k_1^* < k_2^*$ が成立していますので，生産量には $y_1^* < y_2^*$ という関係があります。つまり貯蓄率が高い方が，定常状態の生産量，つまり所得は大きくなります。これは，貯蓄率が上昇し，資本蓄積が進む結果として生産能力がより高い水準となるためです。

　ただし，貯蓄率は高ければ高いほど望ましいわけではありません。たとえば貯蓄率が100%の場合は，何も消費しない，つまり飲み食いすらしないことになってしまいます。所得だけ高くでも消費できなくては豊かとはいえません。ソローモデルにおいては，消費の水準が最も大きくなるような貯蓄率があります。詳しくはウェブサポートページを参照してください。

POINT 10.6　貯蓄率が経済に与える影響
ソローモデルにおいては，貯蓄率 s が大きいほど，定常状態の1人当たり生産量（所得）は高い

例題10.4　例題10.3において，貯蓄率が60%に増えたとする。定常状態における1人当たり資本 k^* を求めなさい。

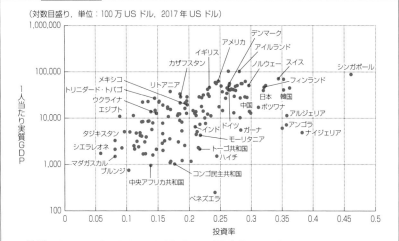

図10.7　投資率（対GDP比）と１人当たり実質GDPの関係
（2019年）

（対数目盛り，単位：100万USドル，2017年USドル）

（出所）　Feenstra, R. C. R. Inklaar and M. P. Timmer（2015）"The Next Generation of the Penn World Table," *American Economic Review*, 105（10）, pp. 3150–3182（available for download at https://www.ggdc.net/pwt）。

答　定常状態における資本は $\Delta k = 0.6 \times \sqrt{k} - 0.05 \times k = 0$，つまり $0.6\sqrt{k} = 0.05k$ を満たす。この式の両辺を $0.05\sqrt{k}$ で割り $\sqrt{k} = 12$ を得る。したがって，定常状態の資本は $k^* = 144$ となる。貯蓄率が増えると確かに資本は増える。

　ソローモデルによる「貯蓄率が高いほど，１人当たりGDPが高い」という理論的な結論が，現実の経済データからも支持されるかどうか，国際比較によって確認してみましょう。図10.7は，2019年のデータについて横軸に投資率（対GDP比），縦軸に１人当たりGDP（対数目盛り）をとり，その関係を表示しています。ここで，貯蓄率ではなく，投資率を用いています。本章で説明したモデルにおいて，経済全体では貯蓄と投資が等しいため，貯蓄率と投資率は等しくなります。このグラフを見ると，投資の割合が増えるほど，１人当たり実質GDPが上昇しており，ソローモデルの理論的な結論はデータの観点からも支持されることがわかります。

人口成長

　ここまでの説明では，人口は一定と仮定していました。人口が増加する場合は，新しく生まれる人たちに資本を分け与える必要があるため，その分だけ１人当たり資本は少なくなります。たとえば，いま１人当たり資本は k だけあ

るとします。人口成長率を n とすると，1人に対して毎年 n 人が新しく生まれます。新しく生まれた人々は資本を持っておらず，n 人それぞれに対して，1人当たり資本 k を分け与えるため，1人当たり資本が合計で nk だけ追加で減ります。よって，資本蓄積の式は $\Delta k = s\sqrt{k} - \delta k - nk$ となり，まとめると $\Delta k = s\sqrt{k} - (\delta + n)k$ になります。POINT 10.4 の式の δk が $(\delta + n)k$ になっただけで，その性質はこれまでと同様です。人口成長率がない（$n = 0$）のとき，この式は POINT 10.4 と同じ $\Delta k = s\sqrt{k} - \delta k$ になります。詳しくはウェブサポートページで説明します。

技術進歩

　これまでの説明からわかることは，資本蓄積による経済成長はいずれ定常状態に到達して，1人当たり生産量の増加は止まるということです。つまり資本の蓄積だけでは，1人当たり生産量が持続的に増加することはありません。貯蓄率が増えると生産量も増えますが，すでに説明したように，貯蓄率が高ければ高いほど望ましいわけではありません。また，実は2つ目の成長要因である人口成長も1人当たり生産量の持続的増加には貢献しません。人口が増えて労働力が増えれば経済全体の生産量は増加しますが，1人当たりの分け前が増えることにはならないためです。しかし，日本やアメリカなど多くの国では，これまで持続的に経済が成長してきました。こうした1人当たり生産量の持続的増加の本当の原動力は何なのでしょうか。その答えは先にあげた経済成長の3要因（資本蓄積・人口成長・技術進歩）の3つ目である技術進歩にあります。

　技術進歩が経済の持続的成長の要因であることを説明するため，以降では，POINT 10.1 でも示した，技術水準 A を明記したコブ・ダグラス型生産関数 $Y = AK^{\alpha}N^{1-\alpha}$ を利用します。この技術水準 A が大きいほどその経済の技術力は高くなります。ここで，前項と同様に $\alpha = 0.5$ と置きます。このときこの生産関数は以下のように表されます。

$$Y = A\sqrt{KN}$$

これまでと同じく労働 N は人口に一致し，一定の値だと仮定します。この場合も POINT 10.2 と同様に，1人当たり生産量を $y = \frac{Y}{N}$，1人当たり資本を $k = \frac{K}{N}$ とすると，1人当たり生産関数は，k と技術水準 A を用いて

$$y = A\sqrt{k}$$

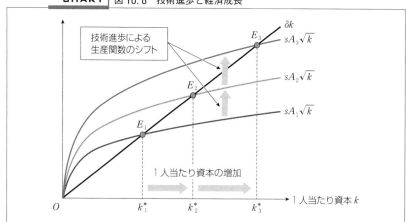

技術進歩による
生産関数のシフト

δk

$sA_3\sqrt{k}$

$sA_2\sqrt{k}$

$sA_1\sqrt{k}$

1人当たり資本の増加

1人当たり資本 k

O k_1^* k_2^* k_3^*

と書くことができます。

　この生産関数を用いて，技術水準を考慮したソローモデルを説明しましょう。これまでと同様に，貯蓄率を s，資本減耗率を δ とします。この場合，1人当たり投資（貯蓄）sy は，技術水準 A を用いて $sA\sqrt{k}$ と書けます。したがって，このモデルにおける1人当たりの資本蓄積は，次の式のようになります。

$$\underbrace{\Delta k}_{\text{1人当たり資本の増加分}} = \underbrace{sA\sqrt{k}}_{\text{1人当たり投資（貯蓄）}} - \underbrace{\delta k}_{\text{1人当たり固定資本減耗}}$$

　この経済の1人当たり資本 k の振る舞いは，グラフを利用すると平易に分析できます。当初経済は，図10.8のように A_1 という技術水準を持ち，定常状態 E_1 において，1人当たり資本が k_1^* であるとします。ここで，新技術が開発されたことによって技術水準が A_2 へと上昇したとしましょう。すると新しい定常状態は図において点 E_2 に移り，1人当たり資本は k_1^* から k_2^* に増加します。さらに技術進歩が進み，技術水準が A_3 になったとすれば，新しい定常状態 E_3（1人当たり資本 k_3^*）へと続けて経済は成長します。つまり技術水準が継続的に向上する場合，経済は成長し続けることができるのです。

POINT 10.7 持続的な経済成長の要因
ソローモデルにおける1人当たり生産量の持続的成長の原動力は技術進歩である

3 経済成長の要因分解（発展）

この節では，技術が経済成長に貢献している度合いを，実際のデータを用いて測る手法について説明します。

成長会計とは

前節の議論で，技術進歩が 1 人当たり生産量の持続的な成長に重要であることはわかりました。しかし，技術進歩が具体的にどの程度経済成長に貢献しているのかを直接数値化することは非常に困難です。なぜならば，ソローモデルが考える技術水準（生産関数 $Y=AK^{\alpha}N^{1-\alpha}$ における係数 A）は，資本と労働以外の要素で生産を増やす要因を幅広く捉える概念であるからです。

この技術水準には，生産量の増加に貢献する科学の知識や技術はもちろん，私たちが身につけた生産のための能力・技能も含まれます。漁業を例にとると，漁業労働者の能力・技能が高ければ，仮に船などの設備が同じであったとしても，漁獲高は上がります。また，政府の規制や法律の存在も，技術水準に影響を与えます。たとえば，ある非常に効率的な生産技術に対し，環境保全等の理由によって政府の規制が強くなり，その技術を利用できなくなることもありえます。こういう場合には，技術水準は下がってしまいます。これらの能力や技能，そして政府の規制の程度などを直接計測することは困難といえます。

ここでいう技術水準は，生産量の変化のうち資本や労働といった生産要素の変化では説明できない残りのすべての要素を含んだ概念であるため，全要素生産性（Total Factor Productivity：TFP）とも呼ばれます。以下では技術水準のことを全要素生産性（TFP）と呼びます。

直接的な計測の難しい全要素生産性（TFP）を間接的に計測するために成長会計という手法が用いられます。成長会計とは，経済成長の要因を資本の貢献・労働の貢献・全要素生産性（TFP）の貢献に要因分解する手法です。この節では，コブ・ダグラス型生産関数 $Y=AK^{\alpha}N^{1-\alpha}$ を利用した基本的な成長会計の手法を紹介します。実際のデータを用いる場合には，国内総生産 Y として実質 GDP を，資本 K として実質の資本ストックを，そして労働 N として

労働力に関する数値を利用します。コブ・ダグラス型生産関数を仮定した場合，実質 GDP の成長率 $\frac{\Delta Y}{Y}$，資本の成長率 $\frac{\Delta K}{K}$，労働の成長率 $\frac{\Delta N}{N}$，そして全要素生産性（TFP）の成長率 $\frac{\Delta A}{A}$ の間には，

$$\underbrace{\frac{\Delta Y}{Y}}_{\text{実質 GDP の成長率}} = \underbrace{\frac{\Delta A}{A}}_{\text{TFP の成長率}} + \underbrace{\alpha \frac{\Delta K}{K}}_{\text{資本の成長率}} + \underbrace{(1-\alpha)\frac{\Delta N}{N}}_{\text{労働の成長率}}$$

という関係があります（導出方法はウェブサポートページを参照のこと）。以下ではこの式を，成長会計の式と呼ぶことにします。この式は，実質 GDP の成長率が，全要素生産性・資本・労働という 3 つの要素の成長率によって決まることを示しています。成長会計の式によれば，資本が 1% 増加することによって，実質 GDP は α% 増加します。同様に，労働の量が 1% 増えたとき，それによる実質 GDP の増加は $(1-\alpha)$ % となります。以下では，資本の成長率 $\frac{\Delta K}{K}$ に係数 α をかけた値 $\alpha\frac{\Delta K}{K}$ を，経済成長への資本の貢献度，そして労働の成長率 $\frac{\Delta N}{N}$ に係数 $1-\alpha$ をかけた値 $(1-\alpha)\frac{\Delta N}{N}$ を経済成長への労働の貢献度と呼びます。同様に，全要素生産性の成長率 $\frac{\Delta A}{A}$ を経済成長への全要素生産性の貢献度と呼びます。成長会計の式より，全要素生産性の成長率は，実質 GDP および生産要素の成長率を用いて以下のように計算できます。

ＰＯＩＮＴ 10.8　成長会計と全要素生産性（TFP）

コブ・ダグラス型生産関数 $Y = AK^{\alpha}N^{1-\alpha}$ を用いるとき，全要素生産性 A の変化率 $\frac{\Delta A}{A}$ は，次のように求められる。

$$\frac{\Delta A}{A} = \frac{\Delta Y}{Y} - \left[\alpha\frac{\Delta K}{K} + (1-\alpha)\frac{\Delta N}{N}\right]$$

全要素生産性の成長率 $\frac{\Delta A}{A}$ は，実質 GDP の成長率のうちで，資本と労働が貢献した部分を取り除いた部分，つまり資本や労働といった生産要素の投入では説明できない残差として計測されます。そのため，これはソロー残差とも呼ばれます。実質 GDP の成長率，資本の成長率，労働の成長率はそれぞれ実際のデータから計測して求めることができます。また係数 α は実証研究の結果からおおむね 3 分の 1 前後の値であることがわかっており，これらを利用すると，全要素生産性の成長率 $\frac{\Delta A}{A}$ の値を求めることができます。

成長会計の日本経済への適用

　ここで 1994 年から 2020 年（暦年）までの日本経済について，成長会計を適用してみましょう。内閣府経済社会総合研究所の「国民経済計算」のホームページから，実質 GDP（Y），資本（K），労働（N）のそれぞれのデータを入手して作成します。実質 GDP は，名目 GDP を連鎖方式の GDP デフレーターで割ることで求めます。資本（K）は，「国民経済計算」の「ストック編 Ⅲ. 付表 2. 民間公的別の資産・負債残高」より，民間非金融資産のうち生産資産を用います。このとき，生産資産のある年の値として，その前年末の値を利用します。そして，連鎖方式の GDP デフレーターで割ることで実質化します。次に，労働（N）として，実際に働いている就業者の人口を用いることとし，「国民経済計算」の「フロー編 Ⅴ. 付表（3）経済活動別の就業者数・雇用者数，労働時間数」より営利企業などの市場生産者にあたる就業者数を用います。

　これらのデータを用いて，先に紹介した成長会計を行います。コブ・ダグラス型生産関数の係数 α については，日本経済の分析で有名な研究である Hayashi and Prescott（2002）が推計した約 0.36 を用います。たとえば，2020 年の実質 GDP の成長率 $\frac{\Delta Y}{Y}$ は -3.64%，資本の成長率 $\frac{\Delta K}{K}$ は 1.74%，そして労働の成長率 $\frac{\Delta N}{N}$ は -0.75% です。したがって，経済成長への資本の貢献度は $\alpha\frac{\Delta K}{K} = 0.36 \times 1.74 = 0.63\%$，そして労働の貢献度は $(1-\alpha)\frac{\Delta N}{N} = (1-0.36) \times (-0.75) = -0.48\%$ です（すべて小数第 3 位四捨五入）。以上の結果，POINT 10.8 の計算式を用いて全要素生産性の成長率を求めると，

$$\frac{\Delta A}{A} = -3.64 - [0.63 + (-0.48)] = -3.79(\%)$$

となります。2020 年はコロナ禍の影響によって経済成長率が -3.64% と低い結果となっており，そのうち -3.79% が全要素生産性の低下によります。

　図 10.9 は，1994 年から 2020 年にかけての資本，労働，全要素生産性の貢献度の推移をまとめたものです。折れ線グラフは実質 GDP の増加率の推移を示しています。一方，棒グラフにおいて，白い四角部分は資本 K の貢献度，灰色で塗りつぶされた部分は労働 N の貢献度，そして青色で塗りつぶされた部分が全要素生産性 A の貢献度を示しています。若干の変動はあるものの，全要素生産性の貢献度が GDP 成長率のかなりの部分を説明していることが観

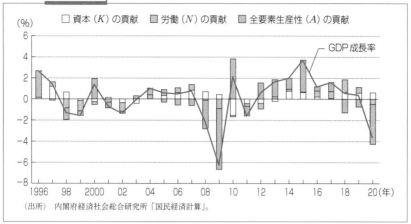

□ 資本 (K) の貢献　■ 労働 (N) の貢献　■ 全要素生産性 (A) の貢献

GDP 成長率

（出所）内閣府経済社会総合研究所「国民経済計算」。

察されます。つまり 1996 年から 2020 年の日本経済では，資本や労働といった生産要素の投入による貢献部分よりも，技術の向上やその他の要因によって生産効率が変化する全要素生産性の貢献が重要であったことがわかります。

4 内生的成長理論（発展）

　ソローモデルでは，第 2 節で説明した技術進歩の成長率は外生的であると仮定しています（詳しくはウェブサポート参照のこと）が，成長率がモデルの中で内生的に決まるような内生的成長理論を説明します。ここでは，労働が研究開発に投入されることによって，技術が向上するようなモデルを紹介します。このモデルは 2018 年にノーベル経済学賞を受賞した経済学者のポール・ローマーが考案した経済成長モデルをもとにしています。

　この経済には 1 単位の労働を保有する家計がいるとします。家計はその 1 単位の労働のうち，u の割合（$0 < u < 1$）を生産のために供給し，残りの（$1 - u$）の割合を研究開発（R&D）のために供給するとします。このモデルにおいては，研究開発によって経済の技術水準が向上することが想定されているために，内生的に技術が進歩します。ここでは u を一定とします。

　簡単化のため，この経済には資本はないものと仮定をし，生産関数は技術水準 A と生産に利用される労働 u に依存しており，$Y = A\sqrt{u}$ という形をしてい

るとします。先ほど説明したように，技術水準 A は研究開発によって向上すると考えます。ここでは，技術水準 A のもとで，$(1-u)$ の労働が研究開発に利用されることによって，$(1-u)A$ の分だけ技術が進歩すると仮定します。このとき，ΔA を技術水準の上昇分とするとき，$\Delta A = (1-u)A$ という関係があります。

　上の式より，この経済の技術進歩率は $\frac{\Delta A}{A} = (1-u)$ として求められます。つまり，このモデルにおいて技術進歩の度合いはどれだけ研究開発が行われるかによって決まります。生産量（GDP）である Y の成長率は生産関数より，$\frac{\Delta Y}{Y} = \frac{\Delta A}{A} = (1-u)$ であり，技術進歩率と同じように，内生的に決まってくることがわかります。

□ 1 　経済成長の主な要因は，資本蓄積・人口成長・技術進歩の３つである。

□ 2 　ソローモデルにおいては，貯蓄率が高いほど資本が多く蓄積されるために，定常状態において１人当たり生産量の水準は高くなる。

□ 3 　ソローモデルにおいて，１人当たり生産量が持続的に成長する要因は，技術進歩である。

□ 4 　成長会計は，経済成長の要因を資本の貢献・労働の貢献・全要素生産性（TFP）の貢献に要因分解する手法である。

EXERCISE ●練習問題

⃞1 　次のソローモデルに関する文章の［　①　］から［　④　］について，当てはまる単語を下の語群から選びなさい。

　　ソローモデルでは，所得のうち一定の割合が［　①　］され，残りは［　②　］される。［　①　］を資金源として［　③　］が行われることにより，資本蓄積が進み生産能力が向上する。その結果として，生産量（所得）が増加して，経済が成長する。ただし，このモデルでは資本は老朽化による摩耗によって，減ることも考慮されている。資本が老朽化により使えなくなることを［　④　］と呼ぶ。

　　［語群］ a.人口成長　b.投資　c.技術進歩　d.TFP　e.貯蓄　f.生産　g.消費　h.労働　i.固定資本減耗　j.定常状態

⃞2 　生産関数を $Y=\sqrt{KN}$ とする。資本 $K=10000$ であり，かつ労働 $N=900$ のとき，生産量 Y はいくらになるか答えなさい。

⃞3 　貯蓄率が異なる２つの国，Ｘ国とＹ国を考える。Ｘ国においては，貯蓄率は 20% である。またＹ国においては，貯蓄率は 5% である。２つの国の１人当たり生産関数は同じで，$y=\sqrt{k}$ とする。両国とも資本減耗率は 3% で人口は一定である。このとき，ソローモデルの定常状態における両国の１人当たり資本について，適切な選択肢を選びなさい。

　　①Ｘ国の方が大きい　②Ｙ国の方が大きい　③両国とも同じ

⃞4 　ソローモデルを考える。１人当たり生産関数 $y=\sqrt{k}$ とし，貯蓄率 15%，資本減耗率を 5% とする。このとき以下の問いに答えなさい。

　(1)　定常状態の１人当たり資本 k^* はいくらになるか求めなさい。

　(2)　定常状態の１人当たり生産量 y^* はいくらになるか求めなさい。

　(3)　貯蓄率が 10% に減少したとすると，定常状態の１人当たり資本 k^* と１人

当たり生産量 y^* はそれぞれいくらになるか求めなさい。

(4) 貯蓄率が 60% に増加したとすると，定常状態の 1 人当たり資本 k^* と 1 人当たり生産量 y^* はそれぞれいくらになるか求めなさい。

5 ソローモデルにおいて，1 人当たり生産量の持続的な成長は，資本蓄積だけでは説明することができない。その理由はなぜか説明しなさい。

6 以下の表は各年の実質 GDP Y，資本 K，労働 N の水準を示したものである。生産関数がコブ・ダグラス型 $Y=AK^\alpha N^{1-\alpha}$ であり，$\alpha = 0.4$ のとき，TFP（A）の成長率を求めなさい。

	実質 GDP	資本	労働
2020 年	2000	600	700
2021 年	2200	648	735

7 世界銀行の World Economic Indicator のホームページを調べ，最新のデータによれば貯蓄率が最も高い国はどこか答えなさい（ヒント：ホームページの URL は https://data.worldbank.org/indicator である。同ホームページ上で，"Gross savings（% of GDP）" というリンクを利用する）。

第 **11** 章

資産価格の決まり方

INTRODUCTION

　私たちは，今日の日経平均株価がいくら上がった，あるいはいくら下がったという報道を新聞やニュースなどでよく見聞きします。なぜ株価の上昇・下落に，人々は興味を持つのでしょうか。もちろん，企業の株式を持っている人にとって，株価の動向は自分の持つ資産の額に影響を与えるわけですから興味がわくのは自然です。しかし，新聞・ニュースで毎日のように株式市場の状況が報道されるのは，株価に各個人の資産額への影響以上の意味があるためです。実は株価には企業業績の見通しが反映されています。そのため，株価の全体的・平均的な動きを示す日経平均株価の変動には，日本の企業全体の先行きに関する予想が含まれているという側面があるのです。この章では，株価に代表される資産価格がどのように決まるのかを考察し，資産価格の持つ意味について説明します。

　Keywords：**割引現在価値，無裁定条件，リスク・プレミアム，バブル**

1 日本経済のバブルとその崩壊

　この節では，日本が経験したバブルを振り返りながら，資産価格が経済に与える影響について説明します。

1980 年代における日本経済のバブルとその崩壊

　図 11.1 は，過去約 60 年間の日経平均株価の推移を示しています。この図からわかるように，日本の株価は 1980 年代に急激に上昇しました。1980 年代前半に 1 万円前後だった日経平均株価は，1989 年 12 月 29 日に 3 万 8915 円というその時点での過去最高値を付けました。また，株価だけでなく，都市部を中心に地価も上昇し，それに伴って消費・投資が増え，好景気を迎えました。一般に，資産価格が実体経済の動き以上に高騰するような状態をバブルと呼びます。この時期には，GDP などの実体経済の動きからかけ離れて，株価・地価などの資産の価格が上昇しました。そのため，この時期の景気のことを指して，バブル景気と呼ぶことがあります（株価のバブルについては第 3 節で詳しく説明します）。

　その後，日経平均株価は 1990 年に急落しはじめました。その約 1 年後には地価も下落し，資産価格のバブルが崩壊しました。バブル崩壊後の日本経済では，家計の消費や企業の設備投資が長期にわたって低迷しました。また，バブル崩壊による資産価格の大幅な下落により，金融機関が多額の不良債権を抱えるようになり，1990 年代後半には，大手の金融機関が破綻する金融危機も発生しました。このように，資産価格の高騰と下落は経済に大きな影響を与えます。バブルの崩壊後の 1990 年代から 2000 年代にかけての長期的な経済の停滞を，「失われた 10 年」，あるいは「失われた 20 年」と呼ぶことがあります。

　2012 年から 21 年にかけて，日経平均株価は景気の回復と合わせて上昇傾向にありました。しかしコロナ禍の影響により，経済が打撃を受け，2020 年から 21 年にかけては，その上昇幅が小さくなっています。

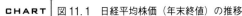

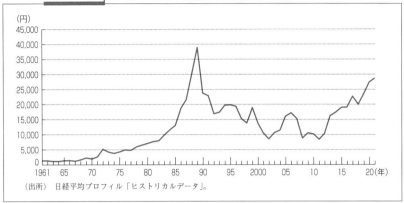

（出所）　日経平均プロフィル「ヒストリカルデータ」。

バブル期のキャピタル・ゲイン／ロス

　資産価格バブルの発生とその崩壊が日本経済にどのくらい影響したのかを理解するために，日本全体で株と土地の総額がどの程度上昇し，そしてその崩壊後にどの程度下落したのかを見てみましょう。図11.2は，株価や地価の変化によってどれだけ日本全体でキャピタル・ゲイン／ロスが発生したかを示したものです。1980年代には株価の上昇により大きなキャピタル・ゲインが生じました。1985年から89年までの株によるキャピタル・ゲインを合計すると，約600兆円にも及びます。地価上昇によるキャピタル・ゲインも同様に大きく，1987年だけで400兆円を超えています。この年の名目GDPが約354兆円であり，地価上昇のキャピタル・ゲインの方が大きかったことを考えると，まさにバブルであったことがイメージできるのではないでしょうか。

　その後1990年代に入り，株価や地価は急落しました。1990年から92年までの株価の下落によるキャピタル・ロスの合計は約500兆円にのぼり，一方の地価も，91年から93年にかけて，合計約500兆円に及ぶロスが生じました。

　株価や地価といった資産価格の変動は，家計や企業の持つ資産額を変えるため，消費や投資といった経済活動に大きな影響を与えることがあります。そのため，この章では，資産価格がどのような要因によって決まるのかについて学びます。

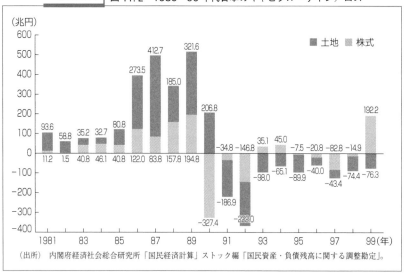

CHART 図11.2 1980〜90年代日本のキャピタル・ゲイン／ロス

（兆円）

凡例：■ 土地　■ 株式

（出所）　内閣府経済社会総合研究所「国民経済計算」ストック編「国民資産・負債残高に関する調整勘定」。

 資産価格の決まり方

　この節では，資産価格がどのように決まるのかについて理論的に説明します。

▌資産保有からのベネフィット（便益）▌

　一般に，現金，預金，株式，債券，あるいは建物，土地などのような，金銭的な価値を持つ財産をまとめて資産といいます。資産の中には，それを持っていると将来にわたって利益を得ることのできるものがあります。たとえば，株式の場合は，それを保有しているかぎり，その株式を発行している会社から配当をもらい続けることができます。債券の場合には利子を得ることができます。また，土地の場合は，もしその土地をコインパーキングや月極の駐車場にすると，継続的に駐車場代を得ることができます。

　このように，保有することで継続的に利益を得られるような資産があるとき，その資産の価格はどのように決まるでしょうか。資産価格の決まり方を考える際のポイントは，その資産を持つことで得られるベネフィットが何かを考えることです。ここでは，資産を持つことにより現在から将来にわたって得られる

利益を現在の価値に直してすべて合計したものを，資産を持つことのベネフィットと呼ぶことにします。このベネフィットに応じて，その資産の価格が決まります。以下では，主に株価の決まり方について説明します。

▎割引現在価値 ▎

　先ほど述べた，将来に受け取る利益を「現在の価値に直す」という考え方について理解するため，本項ではその準備として割引現在価値について解説をします。割引現在価値とは，将来時点のお金の価値を現在時点の価値に換算した価値のことです。経済学では，「現在の100円」と「1年後の100円」のように異なる時点のお金の価値を比較するときに，「もし比較時点が同じだったら？」という考え方をします。ここでは，比較時点を現在にするための割引現在価値の計算方法を紹介します。まず異なる時点におけるお金の価値を，ある同じ時点で比較するということから説明を始めます。

　例として，現在の100円と1年後の100円について，それらの価値を同じ1年後の時点に換算して比較することを考えます。まずは，現在の100円が1年後に持つ価値を考えてみましょう。ここで簡単化のため金利は年利1％とします。表11.1の①は，現在100円を持っていたとすると，その100円が1年後（および2年後）にいくらの価値を持つかを示しています。現在の100円は，それを来年にかけて銀行預金などで運用することで，1年分の利子を必ず稼ぐことができます。もちろん，運用などせずに100円のまま1年間放置することも可能ですが，ここでは経済学が通常想定するように，経済主体は合理的であり，運用することで確実に利子を得られるならば，ほかの理由がないかぎりは必ず運用することを選ぶと仮定します。そのため，現在の100円は，1年後には確実に$100 \times (1 + 0.01) = 101$円の価値があるといえます。つまり，1年後の時点の価値に換算すると101円だと考えることができるのです。現在の100円と1年後の100円との価値を，1年後において比較すると，前者は101円，後者はそのまま100円であるため，現在の100円の持つ価値の方が高いことになります。

　同じように，2年後の時点のお金の価値を考えましょう。1年後から2年後にかけても，さらに運用して利子を稼ぐことができるため，表11.1の①が示すように1年後の101円は，2年後には$101 \times (1 + 0.01) = $約102円になります。

CHART 表 11.1　割引現在価値の計算 (金利は年利 1%)

	現　在		1 年後		2 年後
①	100 円	$100 \times (1+0.01)$ →→→	101 円	$101 \times (1+0.01)$ →→→	約 102 円

② 約 99 円 ←←← $\dfrac{100}{(1+0.01)}$ 100 円
（1 年分割引）

③ 約 98 円 ←←← $\dfrac{99}{(1+0.01)}$（1 年分割引） 約 99 円 ←←← $\dfrac{100}{(1+0.01)}$（1 年分割引） 100 円

$\dfrac{100}{(1+0.01)^2}$
（2 年分をまとめて割引）

つまり，現在の 100 円は 2 年後の 102 円に相当します。

　このように，金利が年利 1% のとき，現在の 100 円は，1 年後には 101 円の価値を持つということがわかりました。これを言い換えると，1 年後の 101 円の持つ価値は，現在時点の価値に直すと 100 円に等しいともいえます。

　この 100 円という数字は，1 年後の価値に換算するときに行った $(1+0.01)$ をかける計算とは逆の計算，つまり $(1+0.01)$ で割る計算を 1 年後の 101 円に対して行うことにより，$101 \div (1+0.01) = 100$ 円のように求めることができます。

　一般に，1 年後のお金を現在の価値に直すためには，1 年分の利子を考えて，$(1 + 金利)$ で割ることにより，利子をもらう前の現在時点での価値に戻します。このように求めた数値を，利子の分を割り引いて求めた現在の価値であることから，割引現在価値と呼びます。

　今度は，現在時点において，現在の 100 円と 1 年後の 100 円の価値とを比較してみましょう。金利が年利 1% のときに，1 年後の 100 円の持つ割引現在価値は，**表 11.1** の②が示しているように，$100 \div (1+0.01) = 約 99$ 円となります。割引現在価値を用いることで，この例において現在の 100 円は，1 年後の 100 円よりも価値が高いとわかります。

　また，2 年以上の複数年先のお金については，その年数だけ繰り返し割り引いて割引現在価値を得ることができます。たとえば，金利が年利 1% で一定のとき，2 年後における 100 円の持つ価値を計算する際は，**表 11.1** の③が示す

ように2回割り引きます。まず，2年後の100円を1年後の価値に直すと，$\frac{100}{1+0.01}$ = 約99円となります。さらに1年後の99円を今年の価値に直すと $\frac{99}{1+0.01}$ = 約98円となります。2年後におけるお金の現在価値は，2年分まとめて割り引くことによっても計算することができます。今年のお金は2年後にその価値が $(1+0.01)^2$ 倍されます。したがって，2年後のお金の割引現在価値は，その金額を $(1+0.01)^2$ で割ることにより求められます。今の例では，2年後における100円の持つ割引現在価値は，$\frac{100}{(1+0.01)^2}$ = 約98円となります。

　一般に，金利を年利 r として（パーセント表記の場合は $100 \times r\%$），T 年後の d 円が持つ割引現在価値は $\frac{d}{(1+r)^T}$ として求めることができます。このように，将来に得られる金額を，現在の価値に直すことによって，異なる時点の金額の価値を比較することができるようになります。

> **POINT 11.1　割引現在価値**
> 金利が年利 r で一定のとき，今から T 年後に受け取る d 円分のお金が持つ割引現在価値は，以下の値に等しい
> $$\frac{d}{(1+r)^T}$$

▌株価の決まり方①——1期間

　この項では株価がどのようにして決まるのかについて，簡単な例を用いて考えます。1年間だけ存続する企業 A を考えてみましょう。この企業の株式を1株保有していると，1年後に1株当たり配当110円を受け取ることができ，その後，企業は清算されてなくなるとします（一般に，企業の清算とは，資産をすべて売却して，債務をできるだけ返済して，会社を解散するということです）。また，金利は年利10%であると仮定します。皆さんは，このA社の株式を，1株いくらだったら購入するでしょうか。

　ここで，A社の株式を持つことにより得ることのできるベネフィットを考えてみましょう。ここでのベネフィットとは，株式を持つことにより現在から将来にかけて受け取ることのできるすべての利益の割引現在価値の合計です。A社の株式を1株持つと，1年後に配当110円という利益（インカム・ゲイン）を得ます。この利益について，先ほど説明した割引現在価値を考えましょう。

金利は 10% ですから，1 年後に受け取る配当 110 円の持つ割引現在価値は 110 ÷（1 + 0.1）= 100 円になります。したがって，現在価値で考えれば A 社の株式を 1 株持つベネフィットは 100 円です（この例の場合，1 年後に会社は清算されるため株価はゼロになり，株の値上がり益〔キャピタル・ゲイン〕はありません。よって株を持つベネフィットはインカム・ゲインのみです）。

　もし，A 社の今の株価が 1 株 90 円だとしたら，皆さんは株を買うでしょうか。1 株の購入費用が 90 円ですから，株価と配当の割引現在価値との間には，

$$\underbrace{\text{株価 90 円}}_{\text{1 株の購入費用}} < \underbrace{\text{配当の割引現在価値 100 円}}_{\text{1 株を持つベネフィット}}$$

という関係があります。この場合，株価の方が株式を持つベネフィットよりも安くなっています。つまり，A 社の株式を 1 株 90 円で買えば，現在価値にして 100 円相当の配当をもらえるため，その差の分だけ儲けを見込めます。儲けを見込めるかぎり，多くの人が A 社の株式を買おうとするため，A 社株への需要が増えます。また，すでに A 社株を持っている人は，そのまま株式を保有し，現在価値にして 100 円相当の配当をもらう方が，いますぐ売って 90 円を得るより得をします。したがって，A 社株を売却しようとする人はおらず，A 社株は超過需要の状態となります。その結果，A 社の株価は 100 円を下回るかぎり値上がりします。この値上がりは，A 社の株価が 100 円になるまで続きます。

　今度は，A 社の株価が 1 株 105 円だったらどうなるか考えてみましょう。この場合，以下のような不等式が成立します。

$$\text{株価 105 円} > \text{配当の割引現在価値 100 円}$$

この場合，A 社株を 105 円で買っても，現在価値に換算して 100 円相当の配当しかもらえず，株式を持つベネフィットが買値を下回っています。これでは A 社株を買う人はいません。また，すでに A 社株を持っている人は，そのまま株式を保有して現在価値で 100 円相当の配当をもらうよりも，いますぐ売って 105 円を得た方が得をします。このような状況では，A 社株への需要は減り，供給が増えるため，超過供給の状態となります。その結果，A 社の株価は，100 円を上回るかぎり値下がりし，その値下がりは株価が 100 円になるまで続きます。

　上の例からわかるように，A 社の株価は，当初の株価がいくらだとしても，

結果として配当の割引現在価値である 100 円に落ち着くことになります。つまり，1 株当たりの株価（1 株の購入費用）は，以下のように 1 株を持つベネフィット，つまり配当の割引現在価値と等しくなるように決まるのです。

$$\underbrace{株価\ 100\ 円}_{1\ 株の購入費用} = \underbrace{配当の割引現在価値\ 100\ 円}_{1\ 株を持つベネフィット}$$

株価の決まり方②──複数期間

　今度は，前項の例よりも設定を現実に近づけて，企業の存続期間が複数年に及ぶ場合の株価を説明します。2 年間存続する企業の F 社を考えます。この F 社は 1 年後に 1 株当たり 121 円，そして 2 年後も 1 株当たり 121 円の配当を出し，その後は清算されてなくなるとします。金利は年利 10% で一定とします。ここで将来受け取る配当の額を割引現在価値に直すと，1 年後の配当は $\frac{121}{1+0.1}=110$ 円，そして 2 年後の配当は 2 年分割り引いて $\frac{121}{(1+0.1)^2}=100$ 円となります。よって，F 社の株式を 1 株持つことのベネフィットは，

1 年後の配当の割引現在価値＋2 年後の配当の割引現在価値

$$=\frac{121}{1+0.1}+\frac{121}{(1+0.1)^2}=210\ （円）$$

です。もし F 社の株価が 1 株当たり 210 円を下回れば，F 社株を持つベネフィットがその株価を上回るため，皆が株式を欲しがり，その結果，F 社の株価は値上がりします。逆に，F 社の株価が 210 円を上回れば，皆がその株式を売りに出すために値下がりします。結果として F 社の株価は 210 円に落ち着くことになります。

　さて，上で考えたのは F 社が清算するまで株式を持ち続けているケースですが，F 社の株式を最後まで持たずに，株式市場で売ることもできます。この場合 F 社の株価に違いが出るでしょうか。実は答えは NO で，F 社の株価は先ほどと同じになります。

　ここでは，1 年後の初回の配当を受け取り，その後に株式を売る場合を考えてみましょう。この場合には，現在時点で F 社株を持つことのベネフィットは，1 年後に受け取る「初回配当」と，その後に株式を売ることで受け取る「1 年後の初回配当後の株価」の 2 つについての割引現在価値の和になります。ここでは記述を簡単にするため，1 年後の初回配当後の株価のことを，単に

「1年後の株価」と呼ぶことにします。それでは，この1年後の株価はいくらでしょうか。仮定より，1年後の初回配当の後から新たにF社の株式を購入して持つ場合は，さらにその1年後（現在から見て2年後）に配当121円をもらいます。つまり，1年後の株価は，2年後に受け取る配当121円を1年分割り引いた，$\frac{121}{1+0.1}=110$ 円になります。そのため，1年後において株式を売却して得られる金額は，いま求めた1年後の株価（110円）です。これを，さらに1年の利子で割り引いたものが，1年後の株価の割引現在価値になります。よって，F社の株式を1年後の初回配当後に売却するという想定において，この株式を1株持つことの現時点でのベネフィットは，

1年後の配当の割引現在価値＋1年後の株価の割引現在価値

$$= \frac{121}{1+0.1} + \frac{110}{1+0.1} = 210 \text{（円）}$$

となります。このように，途中で売る場合であっても，株式から得られるベネフィットはその株式を最後まで保有する場合と等しくなります。

　2年間存続する企業の株価の求め方がわかったら，企業が3年間存続する場合を考えるのも簡単でしょう。今度はG社が3年間存続するとして，その株式を1株保有すると，1年後に121円，2年後に121円，そして3年後にも121円の配当をもらえるとします。前と同様に3年後に配当を出した後G社は清算されてなくなるとします。金利は同じく年利10%とします。G社の株価は，配当の割引現在価値の和に等しくなるため，その株価の値を p とすると，

$$\text{株価}\, p = \underbrace{\frac{121}{1+0.1} + \frac{121}{(1+0.1)^2} + \frac{121}{(1+0.1)^3}}_{\text{株式を持つベネフィット}} \fallingdotseq 301 \text{（円）}$$

になります。

　最後に，一般に T 年間存続する企業を考えます。この企業の現在の株価を p とします。この企業の株式を持っていると，1年後以降 T 年後まで毎年1株当たり d だけの配当が支払われますが，T 年後に配当を出した後この企業は清算されてなくなるとしましょう。金利は年利 r（パーセント表記の場合は $100 \times r$%）で一定とします。このときも先ほどと同様に考えれば，株価は配当の割引現在価値の和と等しく，

$$p = \frac{d}{1+r} + \frac{d}{(1+r)^2} + \frac{d}{(1+r)^3} + \cdots + \frac{d}{(1+r)^T}$$

配当の割引現在価値の和

のように決まります。この値，つまり配当の割引現在価値の和としての株価のことを株価の理論値（ファンダメンタル価格）といいます。

　現実の経済では，企業の存続期間が決まっているわけではなく，株式に満期はありません。企業が永続する場合には，存続期間 T は無限大になり，株価の理論値は無限先の将来の配当についての割引現在価値の和で表されます。いま，ある会社の株式を持っていると，1年後から永遠に配当 d を受け取り続けることができるとすると，序章で紹介した無限等比数列の和の公式を用いて，この会社の株価の理論値は，

$$p = \frac{d}{1+r} + \frac{d}{(1+r)^2} + \frac{d}{(1+r)^3} + \cdots = \frac{d}{r}$$

と計算することができます。

　なお，これまでは株式の価格について説明してきましたが，土地の値段である地価についても同様のことがいえます。地価の理論値は，現在から将来にかけて土地から得られる収益の割引現在価値の総和に等しくなります（この考え方は，不動産鑑定評価方法の1つである収益還元法に用いられています）。

株価の理論値の性質

　ここでは上で述べた株価の理論値 $p = \frac{d}{r}$ の性質を2つ紹介します。1つ目の性質は，金利と株価との間には負の関係があるということです。公式より，金利 r が上昇すると，株価 p は下がります。逆に金利 r が減少する場合には，株価 p は上昇します。このような理論的な性質があるため，市場の金利が高いときには株価は低くなる傾向があります。

　2つ目の性質は，配当と株価との間には正の関係があるということです。いま，ある企業は業績がよく，たくさんの利益を生み出したため，今後たくさんの配当を出すことが可能になったとします。これは配当 d の上昇を意味します。配当が d から d' に上昇するとき，株価の理論値は $\frac{d}{r}$ から $\frac{d'}{r}$ に上昇するため，配当と株価との間には正の関係があります。

　これまでの議論では，将来もらえる配当の額が確実にわかると仮定していま

した。実際は将来の配当は不確実なため，株価は将来の配当の予想値（期待値）に依存します。配当は企業業績に左右されるため，株価は将来の企業業績に対する期待を反映しているということができます。

POINT 11.2 株価の公式と性質

株価の理論値 p は配当 d の割引現在価値の和に等しい

$$p = \frac{d}{1+r} + \frac{d}{(1+r)^2} + \frac{d}{(1+r)^3} + \cdots = \frac{d}{r}$$

株価の性質

- 金利 r と株価 p との間には負の関係がある
- 配当 d と株価 p との間には正の関係がある

例題 11.1 永遠に存続するS社の株式を購入すると翌年以降に1株当たり毎年100円の配当を受け取れるとする。

(1) 金利は年利5%とするとき，S社の株価の理論値を求めなさい。

(2) 金利は年利8%とするとき，S社の株価の理論値を求めなさい。

答 (1) $p = \frac{d}{r} = \frac{100}{0.05} = 2000$（円）となる。(2) $p = \frac{d}{r} = \frac{100}{0.08} = 1250$（円）となる。

無裁定条件を用いた株価の求め方

これまでは，配当の割引現在価値の和として株価を求めてきました。実は，

株価の導き方については，第3章で学んだ無裁定条件に基づく方法もあります。

いま，手元にあるお金を1年間どうやって運用するかについて，2つの運用方法を比較検討しているとしましょう。1つは，金利が年利 r の銀行預金に1年間お金を預ける運用方法です。この場合，そのお金が $(1+r)$ 倍になって戻ってきます。そしてもう1つが，手元のお金を用いて今年株式を購入し，1年後に売却する運用方法です。以下でもこれまでと同様に毎年の配当 d と金利 r は一定として考えます。

ここで，2つの運用方法の収益率を比較しましょう。収益率とは元本に対する収益の割合のことです。銀行預金の収益率はそのまま金利 r に等しくなります。一方，株で運用する場合の収益率は銀行預金の収益率と少し異なります。株の運用による収益は，配当 d（インカム・ゲイン）と値上がり益（キャピタル・ゲイン）の2つから構成されています。現在を t 年として，現在の株価を p_t，そして1年後（$t+1$ 年）の株価を p_{t+1} とすると，キャピタル・ゲインは $p_{t+1}-p_t$ です。そのため，株式の売買からの収益率は，収益（配当とキャピタル・ゲインの和）を元本（現在の株価）で割ったものであり，

$$\text{株式の収益率} = \frac{\text{配当} + \text{キャピタル・ゲイン}}{\text{現在の株価}} = \frac{d + p_{t+1} - p_t}{p_t}$$

となります。たとえば配当が100円，現在の株価が10,000円，1年後の価格が10,100円の場合，株式の収益率は，次の計算から2%となります。

$$\text{株式の収益率} = \frac{\overset{\text{配当}}{100} + \overset{\text{キャピタル・ゲイン}}{(10100 - 10000)}}{\underset{\text{現在の株価}}{10000}} = \frac{200}{10000} = 0.02 = 2\%$$

ここで，銀行預金と株式の運用の2つの収益率を比較してみましょう。ここでは，将来の株価 p_{t+1} の値が固定されているとします。まず，「銀行の預金金利＞株式の収益率」であるとしましょう。このとき，株式で運用することに魅力はありませんから，誰も株式を買おうとせず，また株を持っている人は売却します。その結果として今の株価 p_t が下落して株安になり，キャピタル・ゲイン $p_{t+1}-p_t$ が大きくなり株式の収益率が上昇します。この株価の下落は株式の収益率が預金金利を下回っているかぎり続きます。

一方で，「銀行の預金金利＜株式の収益率」ならば，銀行預金よりも株式を購入する方が高い運用益を得られるため，今の株価 p_t は上昇します。このと

きキャピタル・ゲイン $p_{t+1}-p_t$ が小さくなるため，株式の収益率は下落します。この株価の上昇は，株式の収益率が預金金利を上回っているかぎり続きます。

　上で説明したような株価の変化は，銀行預金の収益率と株式の収益率が等しくなるまで続きます。すなわち，

$$\underbrace{r}_{\text{金利}} = \underbrace{\frac{d+p_{t+1}-p_t}{p_t}}_{\text{株式の収益率}}$$

となるように今の株価 p_t が決まります。この関係は，銀行預金と株式との間に成立する無裁定条件といえます。

　この無裁定条件を用いても，株価 p が配当 d の割引現在価値の和によって決まるという先ほど示した関係を導くことができます。上で導いた無裁定条件の式から，今年の株価 p_t を来年の株価 p_{t+1} の関数として，$p_t = \frac{d}{1+r} + \frac{p_{t+1}}{1+r}$ と表現できます。この関係式はどの年度においても常に成立するため，来年の株価 p_{t+1} は同様に $p_{t+1} = \frac{d}{1+r} + \frac{p_{t+2}}{1+r}$ を満たします。両方の式から p_{t+1} を消去すると $p_t = \frac{d}{1+r} + \frac{d}{(1+r)^2} + \frac{p_{t+2}}{(1+r)^2}$ となり，今年の株価を再来年の株価 p_{t+2} の関数として表現できます。この作業を T 回続けると，今年の株価は，T 年後まで受け取る配当の割引現在価値の総和（$\frac{d}{1+r} + \frac{d}{(1+r)^2} + \cdots \frac{d}{(1+r)^T}$）と，$T$ 年後における株価の割引現在価値 $\frac{p_{t+T}}{(1+r)^T}$ との和に等しくなることがわかります。ここで T を無限に大きくすると，p_t は

$$p_t = \frac{d}{1+r} + \frac{d}{(1+r)^2} + \frac{d}{(1+r)^3} + \cdots = \frac{d}{r}$$

と表され，前項で学んだことと同じ結果を得ることができます（この計算では遠い将来時点における株価の割引現在価値がゼロに近づくことを仮定しています）。

POINT 11.3　金利と株式の収益率の関係

金利と株式の収益率の関係は以下の無裁定条件を満たす。

$$r = \frac{d+p_{t+1}-p_t}{p_t}$$

リスク・プレミアムと株価

　銀行預金は，原則として元本が保証されている安全資産です。それに対して，

株式の場合，将来受け取れる配当の額は，企業の今後の業績に依存するため不確実です。そのため，株価にも不確実性があり，購入時に比べ，売却時に株価が下がるリスクがあるという意味で，株式は元本が保証されない危険資産なのです。

　皆さんは，もしも株式での運用にリスクがあるにもかかわらず，その予想される収益率が銀行預金と同じだったら，株式を購入するでしょうか。やはりリスクがある株式よりも，確実に同じ収益率を得られる銀行預金の方がよいと判断し，結果として株式を購入しないのではないでしょうか。つまり，確実に収益を得られる安全資産があるときに，危険資産の買い手が現れて売買が成立するためには，危険資産の収益率が，そのリスクに見合う分だけ割り増しされている必要があります。この割り増し分をリスク・プレミアムといい，ここでは ρ（ローと読みます）と表記します。このとき，株式の収益率と金利との間には以下のような式が成立します。

$$\underbrace{r}_{\text{金利}} + \underbrace{\rho}_{\text{リスク・プレミアム}} = \underbrace{\frac{d + p_{t+1} - p_t}{p_t}}_{\text{株式の収益率}}$$

リスク・プレミアムを考慮する場合には，株価の理論値は以下のように計算できます（導出については章末の練習問題で取り上げます）。

$$p_t = \frac{d}{r + \rho}$$

例題11.2　A社は永遠に存続し，その株式を購入すると翌年以降に1株当たり毎年100円の配当を受け取ることができるとする。金利は年利5%，リスク・プレミアムは年利3%とするとき，A社の株価はいくらになるか求めなさい。

答　$d = 100$，$r = 0.05$，$\rho = 0.03$ より，$p = \frac{d}{r + \rho} = \frac{100}{0.05 + 0.03} = \mathbf{1250}$（円）となる。

資産価格のバブル

　実際の資産価格はなかなか理論どおりには動きません。第1節で述べたように，資産価格が理論値を超えて実体経済の動き以上に高騰するようなバブルが

生じることがあります。この節ではバブルについての考え方を紹介します。

バブルとは何か？

　私たちはよく株価や地価の急激な値上がりをバブルだといいますが，バブル
は必ずしも値上がりそのものを指すわけではありません。本書では，株価や地
価などの資産価格に，その資産の実力や実態（ファンダメンタルズ）以上の価格
が付いている状態をバブルと定義することにします。この定義に従うと，バブ
ルとは，資産価格がその理論値を超えて高くなっている状態のことといえます。
　たとえば，まったく収益をあげないモノに値段が付いて取引されることもバ
ブルの一種といえます。読者の皆さんは小さいころに，牛乳ビンのフタやセミ
の抜け殻，どんぐりなど，価値がないようなものに価値を見出して，集めたり，
交換したりすることを経験したかもしれません。価値のないものが取引される
という意味で，これらも一種のバブルといえるかもしれません。
　株価や地価が経済の実力以上に高騰し，そしてあるときを境に急落するとい
うだけでは，総生産や雇用といった実体経済には影響がないのではと思う人も
いるかもしれません。しかし，もしも銀行などからお金を借りて株式や土地を
買っていた人がいたとすると，株価や地価が下落してキャピタル・ロスが生じ
た場合，その人は借りたお金を返せなくなり破産してしまうかもしれません。
このような人や企業が多い場合には，その銀行にとって貸したお金の多くが返
ってこないため，経営も悪化します。そうなれば，これまでその銀行からお金
を融資してもらっていた別の会社も，追加でお金を借りにくくなり，投資の実
行が難しくなることがあります。また，人々の消費はその時々に持っている資
産残高にも左右されるため，キャピタル・ロスを経験した人々は消費を減らし
てしまうかもしれません。以上のように，株価や地価の急落は実体経済に大き
な影響を与える可能性があるのです。
　また，バブルは長期的にも経済に悪い影響を及ぼすことがあります。バブル
が生じ，本質的に価値のほとんど，あるいはまったくない資産にお金が投じら
れることは社会的な浪費といえます。本来であれば，優れた会社，つまりは将
来多くの収益をあげるだろうと予想される会社に対して，資金がより多く向か
うべきです。バブルの発生によりこういった生産性の高い会社にお金が投じら
れなくなると，長期的な経済の成長が阻害されます。このように，バブルが大

きくなりすぎると，経済発展につながるような投資へと貯蓄が向かわないという場合もあるのです。

歴史上のバブル

バブルには長い歴史があります。歴史上有名なバブルの一例は，1630年代のオランダでのチューリップの球根に関する取引で発生したバブルです。希少な種類のチューリップの球根への人気が生じたことを背景に，値上がり益のための投機的な取引が発生した結果，球根の価格が高騰したのです。チューリップのバブルの詳しい説明は本書と同じストゥディアシリーズの姉妹書の川西諭・山崎福寿『金融のエッセンス』に譲るとして，この項ではバブルという言葉の由来ともなった南海泡沫事件を紹介しましょう。

南海泡沫事件とは，1700年代に，イギリスの南海会社という会社の株価が高騰し，その後急落した事件です。南海会社は，南米への奴隷の供給およびその場所における交易の独占的権利をイギリス政府から手に入れました。その結果，会社の成長を見込んだ投資家から株の購入が殺到し，株価が急騰しました。南海会社の事業計画は壮大なものでしたが，実際のところ貿易の実態はあまりありませんでした。しかし，いったん株価が値上がりすると，「まだしばらくは値上がりが続くであろう」といった，根拠のない楽観的予想が社会に蔓延し，その雰囲気にのまれた多くの人が南海会社の株に手を出しました。また，それと同時期に「泡沫会社」と呼ばれる泡のように中身のない会社が次々と現れました。海水から金を取り出すことを業務とする会社も現れたという記録もあります。この泡沫会社（バブル・カンパニー）という言葉が，バブルという言葉の由来となったのです。1720年7月の（通称）泡沫会社禁止法により実体のない株式会社の存在が認められなくなったことをきっかけにして，投機熱が冷め，南海会社の株価も急落し，多くの人々が多額のキャピタル・ロスに苦しむ結果になりました。

合理的バブル

株価が理論値を超えた状況になること，たとえば前述の泡沫会社のように，何も役立つものを生み出していない企業の株に（ゼロでない）値段が付くことは，前の節で述べたような資産価格の無裁定条件の公式を完全に無視した，い

わゆる非合理的なものなのでしょうか。いいえ，必ずしもそうではありません。

　資産価格の無裁定条件が成り立っている合理的な状況でバブルが発生することを確認するために，例として，何も実体のある活動をしていないため永遠に配当を生まないような企業を考えます。この企業の発行する株価の理論値はゼロですが，この株価はプラスの値をとる場合があるのです。ここで無裁定条件が成立している状況での株価の推移を見てみましょう。先に述べた金利と株式の収益率の関係を示す無裁定条件の式 $r = \frac{d + (p_{t+1} - p_t)}{p_t}$ において，配当額を $d = 0$ とすると，この式は，

$$r = \underbrace{\frac{p_{t+1} - p_t}{p_t}}_{\text{値上がり率}}$$

となります。この条件式は，株価 p_t がゼロでなく，その値上がり率が金利と等しいならば成立します。このことは，たとえ配当がゼロという実体のない企業であっても，無裁定条件を満たしつつプラスの株価が付きうることを意味します。このような，無裁定条件を満たしつつ発生するバブルを合理的バブルと呼びます。

　なぜ合理的バブルが発生しうるのでしょうか。ここで考えているのは実体のない企業ですから，その株式を持っていても配当を得られることはありません。その意味でその企業の株式にはなんら実質的な価値がありません。しかし，その株式を購入後，株価が値上がりして，将来時点，たとえば 1 年後に別の誰かがその株式を高く買ってくれることが予想できるのであれば，値上がり益だけ

を見込んでいま購入することに意味があります。さらに，ほかの市場参加者全員も，株価が値上がりし将来高値で売れるという予想をたて続けるならば，実際に次々と値上がり益を狙った買い手が現れてくれるため，結果として合理的バブルが発生します。つまり，「値上がりして，後で高く売れる」という予想を皆が信じれば，実際にその予想のとおりに株が値上がりするというように，バブルは自己実現的に発生することになるのです。

ただし，このように株価がずっと上昇し続けるという信念は，人々がその信念を疑い始めて，次の株の購入者がいなくなったとたんに崩壊します。資産価格バブルが発生しやすく，そして崩壊しやすいのはその形成にある種の合理性があるからともいえます。

SUMMARY ●まとめ

□ 1 割引現在価値とは，ある将来の金額を現在からその将来時点までの年数について，金利で割り引いて求めた価値のことである。

□ 2 株価の理論値は，株式を持つベネフィット，つまり将来に受け取る配当の割引現在価値の総和に等しくなるように決まる。

□ 3 将来の配当は今後の企業業績によって変わるため，株価は将来の企業業績に対する期待を反映している。

□ 4 ある資産の価格が今後も値上がりし続け，後に高く売れると皆が信じるならば，たとえその資産に本質的に何の価値もないとしても，プラスの価格で売り買い（取引）されることがある。一般に，株価が無裁定条件を満たしつつ理論値を超えている状況を合理的バブルと呼ぶ。

EXERCISE ●練習問題

1 次の文章の [①] から [⑤] について，当てはまる単語を下の語群から選びなさい。ここではリスク・プレミアムは考えないものとする。

理論的には株価は [①] の割引現在価値の合計により決まる。したがって，株価の理論値は [①] だけでなく，[②] にも依存する。この考え方に基づくと，株価は [①] が増えると [③] し，一方 [②] が増えると [④] する。株価がこのような理論値を超えた状態を [⑤] という。

[語群] a.投資 b.増加 c.減少 d.金利 e.好景気 f.バブル g.配当
h.引当金

② 金利が年利 1% のとき，今から 10 年後の 10000 円を割引現在価値に直す
といくらになるか，電卓やエクセルなどを用いて求めなさい（小数点以下は四捨
五入）。

③ 金利が年利 2% のとき，今から 10 年後の 10000 円を割引現在価値に直す
といくらになるか，電卓やエクセルなどを用いて求めなさい（小数点以下は四捨
五入）。

④ 今から 3 年間存続し，その後清算してなくなる企業を考える。この企業の株
式を 1 株保有していると，来年およびそれ以降，1 年ごとに 100 円の配当を
もらえるとする。つまり 100 円の配当を 3 回もらえることになる。最後に企
業が清算されるときには株式にはまったく価値がなくなるとする。下記の問いの
答えを電卓やエクセルなどを用いて求めなさい（小数点以下は四捨五入）。

 (1) 金利は年利 2% で一定とする。この企業の 1 株の株価はいくらになるか求
めなさい。

 (2) 金利は年利 5% で一定とする。この企業の 1 株の株価はいくらになるか求
めなさい。

⑤ 今から永久に存続し続ける企業を考える。この企業の株式を 1 株保有してい
ると，来年以降 1 年ごとに 100 円の配当をもらえるとする。

 (1) 金利は年利 2% で一定とする。このとき，この企業の 1 株の株価はいくら
になるか求めなさい。

 (2) 金利は年利 5% で一定とする。このとき，この企業の 1 株の株価はいくら
になるか答えなさい。

⑥ リスク・プレミアムを考慮する場合の無裁定条件 $r+\rho=\dfrac{d+(p_{t+1}-p_t)}{p_t}$ より，株
価の理論値は $p_t=\dfrac{d}{r+\rho}$ と表せることを示しなさい。

⑦ 日経平均プロフィルの「ヒストリカルデータ」にアクセスし，最近の月の日経
平均の終値の日次の推移（1 カ月間）を調べ，グラフを描きなさい（ヒント：
次の URL のページに行き，日経平均四本値の日次データを利用する。URL:
https://indexes.nikkei.co.jp/nkave/archives/data）。

おわりに

さらに深く学びたい読者のための文献案内

　本書では，マクロ経済学を基本から説明しましたが，紙幅の都合上，扱えなかったトピックもあります。「おわりに」では，本書を読んだ後にさらに深くマクロ経済学を学びたい読者のために文献を分野別に紹介します。

▶**金融**　金融について詳しく説明した書籍として以下があげられます。

① 川西諭・山崎福寿『金融のエッセンス』有斐閣，2013 年

② 藤木裕『入門テキスト 金融の基礎（第 2 版）』東洋経済新報社，2022 年

③ 内田浩史『金融』有斐閣，2016 年

①②は金融論の入門テキストです。①では第 11 章で学んだバブルについてのより詳しい歴史的経緯が説明されています。③では証券の仕組みなどについて丁寧な説明が行われています。

▶**財政**　財政制度や租税負担の理論に関するより詳しい説明を行った本としては，以下の本があげられます。

④ 畑農鋭矢・林正義・吉田浩『財政学をつかむ（新版）』有斐閣，2015 年

⑤ 西村幸浩・宮崎智視『財政のエッセンス』有斐閣，2015 年

▶**経済成長**　本書では，経済成長モデルとして主にソローモデルを取り上げましたが，技術進歩に力点を置いた内生的成長モデルなどほかの経済成長モデルを詳しく説明した文献として，以下の本を薦めます。

⑥ チャールズ・I. ジョーンズ（香西泰監訳）『経済成長理論入門——新古典派から内生的成長理論へ』日本経済新聞社，1999 年

⑦ デイヴィッド・N. ワイル（早見弘・早見均訳）『経済成長（第 2 版）』ピアソン桐原，2010 年

▶**開放経済**　本書は，開放経済のトピックとして為替レートや貿易収支などを取り上げましたが，国際通貨制度や通貨危機といった国際マクロ経済学，あるいは国際金融論の領域については触れませんでした。これらの事柄を学ぶ本としては，以下の本を薦めます。

⑧ 橋本優子・小川英治・熊本方雄『国際金融論をつかむ（新版）』有斐閣，2019 年

⑨　永易淳・江阪太郎・吉田裕司『はじめて学ぶ国際金融論』有斐閣，2015 年

⑩　藤井英次『コア・テキスト　国際金融（第 2 版）』新世社，2014 年

▶**中級・上級レベルの教科書**　最後に，マクロ経済学の中級・上級レベルの本について紹介します。近年，マクロ経済学では，ミクロ経済学的基礎づけを持った経済モデルの研究を行うことが標準的になっています。こういったモデルを詳しく説明している本として，以下の 2 冊をあげます。

⑪　二神孝一・堀敬一『マクロ経済学（第 2 版）』有斐閣，2017 年

⑫　齊藤誠・岩本康志・太田聰一・柴田章久『マクロ経済学（新版）』有斐閣，2016 年

│ 本書で参照した学術論文 │

第 8 章第 3 節および第 10 章第 3 節で参照した英語の学術論文はそれぞれ以下のとおりです。

Cagan, P.（1956）"The Monetary Dynamics of Hyperinflation," in M. Friedman, ed., *Studies in the Quantity Theory of Money*, University of Chicago Press, pp. 25–117.

Hayashi, F. and E. C. Prescott（2002）"The 1990s in Japan: A Lost Decade," *Review of Economic Dynamics*, vol. 5（1）, pp. 206–235.

│ 本書で扱った統計の出所（サイト） │

本書では日本の官公庁や国際機関のウェブサイトから得られるさまざまな統計およびその解説を使用しました。そのうち主なものは以下のとおりです。

総務省統計局「消費者物価指数」https://www.stat.go.jp/data/cpi/

内閣府「国民経済計算」https://www.esri.cao.go.jp/jp/sna/menu.html

財務省「国際収支統計」https://www.mof.go.jp/international_policy/reference/balance_of_payments/data.htm

日本銀行「時系列検索サイト」https://www.stat-search.boj.or.jp/

日本銀行「国際収支統計（IMF 国際収支マニュアル第 6 版ベース）の解説」
https://www.boj.or.jp/statistics/outline/exp/exbpsm6.htm/

上にあげたもの以外の統計データの出所や，各種アドレスの変更については，本書のウェブサポートページにてお知らせします。

https://www.yuhikaku.co.jp/static/studia_ws/index.html

これらの書籍や統計を通して，読者の皆さんがマクロ経済学により強い興味・関心を持つことを願っています。

数 学 付 録

この付録では，本書において用いる数学的考え方について説明します。

関数の考え方

経済学においては数量，金額などに関するさまざまな変数が互いにどう関わっているかを分析します。一般的に，ある量 X と別の量 Y があって，X の値が決まれば Y の値が常に1つに決まるとき，量 Y は量 X の関数であるといいます。本書では，Y が X の関数であることを示すため，Y を $Y(X)$ と表すことがあります。とくに Y を X についての1次式（$5X+2$ など）で表せるとき，Y は X の1次関数であるといいます。

いま，Y が X の関数であり，かつ X が増えるにつれて Y が増加していくとき，Y は X の増加関数であるといいます。反対に，X が増えるにつれて Y が減少していくとき，Y は X の減少関数であるといいます。

例 2桁の整数 X に対し，その1桁目を四捨五入した数を Y とします。X が決まれば Y は1つに決まるので，Y は X の関数です。しかし，Y が決まっても X は1つに決まりません。たとえば $Y=10$ となるような X，つまり，四捨五入したら10になるような2桁の数は13，14など複数あります。つまり，X は Y の関数ではありません。

積の近似計算の公式

ここでは，ゼロに近い小さな数 a, b に対し，式 $(1+a)(1+b)$ の値の近似値を求める方法について説明します。この式を展開すると，

$$(1+a)(1+b) = 1+a+b+ab$$

という長い式になります。しかし a, b は小さな数であり，小さなもの同士のかけ算，ここでいう $a \times b$ はほぼゼロと見なせる非常に小さな数となるため無視することができます。この場合，以下のような近似的な関係式を得ます。

$$(1+a)(1+b) \fallingdotseq 1+a+b$$

これが序章で述べた積の近似計算の公式です。この公式を繰り返し用いることにより3つの数 a, b, c が小さい値のとき，$(1+a)(1+b)(1+c) \fallingdotseq (1+a+b)(1+c) \fallingdotseq 1+a+b+c$ となることがわかります。

例 2つの実数 1.01 と 1.03 の積の近似値を求めることを考えます。この場合は上の公式における $a=0.01$，$b=0.03$ の場合に相当します。公式を用いると近似値は $1+0.01+0.03=1.04$ となります。積の値を厳密に計算すると 1.0403 となりますが，近似

値との差の部分，つまり $a=0.01$ と $b=0.03$ の積 0.0003 は確かにゼロに小さく，ほぼ無視することができます。

等比数列の和の公式

隣り合う項の値の比が一定値 r となるような数列を公比 r の等比数列といいます。ここでは第1項（初項）が a，公比が r の等比数列 $\{a, ar, ar^2, ar^3 \cdots\}$ の各項を第1項から順に，永遠に（無限に）加えていったときの和 S の簡単な求め方について説明します。ここでは公比 r の大きさが1未満であることを仮定します。

$$S = a + ar + ar^2 + ar^3 + \cdots \tag{1}$$

まず，(1) 式の両辺を r 倍します。このとき，左辺の r 倍は rS に等しくなります。一方，右辺の r 倍については，その各項を r 倍すると，初項は ar，次の項は ar^2 などとなり，再び公比 r の等比数列の和として表すことができます。よって以下の等式を得ます。

$$rS = ar + ar^2 + ar^3 + \cdots \tag{2}$$

ここで，(1) 式右辺の第2項およびそれより後の式 $ar + ar^2 + \cdots$ と (2) 式の右辺の式は完全に同じです。したがって，(1) 式はより簡単に $S = a + rS$ と表せます。この式を S について解くことにより $S = a\dfrac{1}{1-r}$ を得ます。以上の結果は下のような公式にまとめられます。

$$S = a + ar + ar^2 + \cdots = \frac{a}{1-r} \tag{3}$$

これが序章で述べた等比数列の和の公式です。

この公式は，別の方法でも求めることができます。等比数列 $\{a, ar, ar^2, \cdots\}$ の初項 (a) から第 n 項 (ar^{n-1}) までの和 S_n は，上の (1)，(2) 式と同様の式を用いることにより以下のように計算できます。

$$S_n = a + ar + ar^2 + \cdots ar^{n-1} = \frac{a(1-r^n)}{1-r}$$

ここで，公比 r の大きさが1未満のとき，公比の n 乗 r^n の値は，最終項の番号 n が大きくなるにつれて0に近づきます。そして最終的に上の式の値は $\frac{a}{1-r}$ に一致します。

例 初項3で公比が $\frac{1}{2}$ の等比数列 $\{3, \frac{3}{2}, \frac{3}{4}, \cdots\}$ の各項を無限に加えた和は

$$3 \times \left(1 + \frac{1}{2} + \frac{1}{4} + \cdots\right) = \frac{3}{1-1/2} = 6$$

として計算できます。

練習問題解答

序　章

1　①b　②a　③d　④c　⑤e

2　①と④

3　フローは新規の入学者数1000人，ストックは卒業者総数の2万人。

4　8年後

5　50円

6　均衡取引量4個，均衡価格40円

7　均衡取引量3個，均衡価格30円

8　均衡取引量6個，均衡価格30円

第1章

1　①f　②h　③j　④m　⑤c　⑥p　⑦d

2　①i　②e　③f　④b

3　⑤

4　成立する。売れ残り40万円は在庫投資として支出に計上されるため。

5(1)　2020年：3000円，2021年：3150円，2022年：6625円

(2)　2020年：3000円，2021年：2500円，2022年：5250円

(3)　2020年：3000円，2021年：2500円，2022年：約4722円

6　家事サービスが市場で取引されるようになるため，GDPは増加する。

7(1)　6億円

(2)　付加価値はそれぞれ日本電産3億円，東芝1億円，Panasonic 2億円である。それらの和は3+2+1=6億円となり確かに(1)と同じになる。

8(1)　150万円の増加

(2)　消費170万円，投資0円，輸出30万円，輸入50万円

(3)　営業余剰・混合所得50万円，雇用者報酬100万円

9　省略

第2章

1(1)　GDPデフレーターは，2020年100，2021年90。CPIは，2020年100，2021年100

(2)　GDPデフレーターのインフレ率：－10％，CPIのインフレ率：0％

2　設備投資に使用する財，つまり投資財の価格が変わるため，GDPデフレーターにだけ影響を与える。

3　$\text{CPI} = \dfrac{P_{1,T+1} \times Q_{1,T} + P_{2,T+1} \times Q_{2,T}}{P_{1,T} \times Q_{1,T} + P_{2,T} \times Q_{2,T}} \times 100$

4　省略

5　省略

6　20％

7　30

8　①d　②j　③i　④h　⑤g

第3章
1 ①b ②g ③c ④f

2 自己資金による投資の場合には，金利は投資の機会費用となるため。

3 財・サービス市場における式 $Y = C + I + G$ より，$Y - C - G = I$，すなわち，貯蓄＝投資という関係を得るため。

4 ④

5 (1) $1.02 \times 1.01 = (1 + r)^2$
 (2) 1.5%

6 (1) $1.02 \times 1.01 \times 1.03 = (1 + r)^3$
 (2) 2.0%
 (3) 約2.7%

第4章
1 ①c ②e ③h ④j ⑤b

2 ①c ②a ③b

3 a, c

4 (1) 175 (2) −25

5 ①h ②b ③f ④e

第5章
1 ①h ②e ③c ④d

2 ④

3 （約）−9兆円，つまり（約）9兆円の赤字となる。

4 (1) 110 (2) 42

5 (1) $R = 10t - 20t^2$ (2) 0.25

第6章
1 ①g ②b ③c ④f

2 (1) 360 (2) 4 (3) 120 (4) 30

3 (1) $r^* = 0.2$, $Y^* = 135$ (2) 15

4 200万円

5 ア

6 (1) IS曲線：$Y = 60 - 100r$, LM曲線：$Y = 20 + 100r$
 (2) $r^* = 0.2$, $Y^* = 40$
 (3) $\Delta Y = 25$, $\Delta r = 0.25$
 (4) $\Delta Y = 10$, $\Delta r = -0.1$

7 220

8 (1)

第7章
1 ①b ②a ③d ④e ⑤g

2 (1) $Y = 60 - 2P$ (2) $P^* = 5$ $Y^* = 50$
 (3) 30 (4) 2

3 (1) 0.1 (2) 12 (3) 8 (4) 6

4 (1) $Y = 80 + \dfrac{400}{P}$ (2) 100

5 $Y = 18P$

6 (1) $P = 400 - 4Y$（または $Y = 100 - \dfrac{P}{4}$）
 (2) $Y = 80, P = 80, r = 0.2$ (3) 30
 (4) 金利は0以下にはできないため，投資は50を超えない。投資が最大値50のとき，均衡国内総生産は100となる。つまり金融緩和による利下げをいくら行っても均衡GDPは完全雇用の水準120を下回る。

1 ①b ②c ③b ④g ⑤i   4 2%

2 50   5 $a=18, b=3$

3 1.5%   6 9.8%

第9章

1 ①k ②d ③h ④c ⑤j ⑥b

2 ④

3 純輸出は増加し，金融収支も同額増加する。GE 社によるドルの借用書が，富士通の外国資産の増加になるため。

4 (1) 4% (2) 1 ドル約 102 円 (3) 1 ドル約 103 円 (4) 1 ドル約 102 円

5 (1) まず 100 円を 1 ドルに換え，さらに 1.3 ユーロに交換する。そしてさらに 1.3 ユーロを円に交換すると，182 円を得る。したがって 100 円分の日本円を元手に 82 円の儲けを得ることができる。

 (2) 1 ドル約 0.71 ユーロ

第10章

1 ①e ②g ③b ④i

2 $Y=3000$

3 ①

4 (1) $k^*=9$ (2) $y^*=3$ (3) $k^*=4$, $y^*=2$

 (4) $k^*=144$, $y^*=12$

5 資本蓄積のみで，技術進歩のない 1 人当たり所得の成長は定常状態で止まるため。

6 3.8%

7 省略

第11章

1 ①g ②d ③b ④c ⑤f

2 約 9053 円

3 約 8203 円

4 (1) 約 288 円 (2) 約 272 円

5 (1) 5000 円 (2) 2000 円

6 $p_t = \dfrac{d}{1+r+\rho} + \dfrac{p_{t+1}}{1+r+\rho}$ を解くことで得られる。（t 年の株価 p_t は T 年後まで受け取る配当の割引現在価値の総和 $\dfrac{d}{1+r+\rho} + \dfrac{d}{(1+r+\rho)^2} + \cdots \dfrac{d}{(1+r+\rho)^T}$ と，T 年後における株価の割引現在価値 $\dfrac{p_{t+T}}{(1+r+\rho)^T}$ との和に等しくなる。ここで，T を無限に大きくすることにより $p_t = \dfrac{d}{1+r+\rho} + \dfrac{d}{(1+r+\rho)^2} + \cdots = \dfrac{d}{r+\rho}$ を得る。）

7 省略

（解答が省略されているものに関しては，ウェブサポートページにて説明します。）

記号・曲線・関数のまとめ

以下では，本書で用いる主な記号などについてその定義をまとめました。

1. 記号

記号	定義	記号	定義
a	基礎消費	N	労働
A	技術水準・全要素生産性（TFP）	NX	純輸出
α	コブ・ダグラス型生産関数（$AK^{\alpha}N^{1-\alpha}$）の係数	p	株価
b	独立投資	P	物価水準
c	限界消費性向・1人当たり消費	π	インフレ率
C	消費	π^e	期待インフレ率
D	総需要（$C+I+G+NX$）	r	金利（実質金利）
d	配当	r^u	外国（米国）金利
δ	固定資本減耗率	ρ	リスク・プレミアム
E	為替レート	s	貯蓄率
E^e	期待為替レート	S	貯蓄
G	政府支出	T	税
I	投資	u	失業率
i	名目金利	u_N	自然失業率
k	1人当たり資本（ストック）	W	名目賃金
K	資本（ストック）	y	1人当たりGDP
L	貨幣需要	Y	GDP
M	貨幣供給量	Y^f	完全雇用GDP
MPK	資本の限界生産性	X^*	変数 X の均衡値
MPL	労働の限界生産性	ΔX	変数 X の増加量

2. 曲線・関数

曲線	定義	関数	定義
AD	総需要曲線	$C(Y)$	消費関数
AS	総供給曲線	$F(N)$	生産関数
IS	IS 曲線	$I(r)$	投資関数
LM	LM 曲線	$L(r)$	貨幣需要関数
		$NX(E)$	純輸出関数

索　引

（青字の数字は，本文中で重要語句として表示されている語句の掲載ページを示す）

【事　項】

● アルファベット

AD　→総需要曲線

AS　→総供給曲線

CBDC　→中央銀行デジタル通貨

CD　→譲渡性預金

CGPI　→企業物価指数

CI（コンポジット・インデックス）　75

CPI　→消費者物価指数

DI（ディフュージョン・インデックス）
　　75

ECB　→欧州中央銀行

ETF　→上場投資信託

FOMC　→連邦公開市場委員会

FRB　→連邦準備制度理事会

GDE　→国内総支出

GDP　→国内総生産

GDP ギャップ　204

GDP デフレーター　51, 66–68

GNI　→国民総所得

Google Trends　74

IORB（Interest on Reserve Balances）
　　121

IS-LM モデル　189

IS 曲線　181, 184, 226

LM 曲線　182, 184

LTI（Loan to Income）Flow Limit　130

M1, M2, M3　108

MBS　→不動産担保証券

MPK　→限界生産性（資本の）

MPL　→限界生産性（労働の）

NAIRU（Non-Accelerating Inflation Rate of
　　Unemployment）　233

NDP　→国内純生産

NI　→国民所得

OECD Weekly Tracker　74

PER　→株価収益率

R&D　→研究開発

SNA　→国民経済計算

SPPI　→企業向けサービス価格指数

TFP　→全要素生産性

too big to fail　→大きすぎてつぶせない

● あ 行

赤字国債（特例国債）　142

アスク・レート　→オファード・レート

アニマル・スピリット　174

アベノミクス　261

安全資産　306

1 次関数　315

1 次市場　→発行市場

1 循環　77

一物一価の法則　23

一致指数　75

一般会計予算　135

一般政府債務　147

イールド・カーブ（利回り曲線）　101, 125

イールド・カーブ・コントロール　→長短金
　　利操作付き量的・質的金融緩和

インカム・ゲイン　91, 299

インターバンク市場　122, 247

インフレ期待　217–219

インフレーション（インフレ）　115, 123,
　　151, 216, 217, 224, 226, 235
　　――のコスト　228, 229
　　――の要因　221

インフレ税　217

インフレ・ターゲット政策　231

インフレ・ファイター　235

インフレ率（物価上昇率）　68, 115, 117,

● 321

【人 名】

【有斐閣ストゥディア】

マクロ経済学——入門の「一歩前」から応用まで［第3版］

Macroeconomics: From Basic Principles to Applications, 3rd Edition

2015 年 10 月 20 日	初版第 1 刷発行	2023 年 3 月 10 日	第 3 版第 1 刷発行
2020 年 4 月 5 日	新版第 1 刷発行	2023 年 9 月 10 日	第 3 版第 2 刷発行

著　者　　平口良司，稲葉　大

発行者　　江草貞治

発行所　　株式会社有斐閣

　　　　　〒101-0051 東京都千代田区神田神保町 2-17

　　　　　https://www.yuhikaku.co.jp/

装　丁　　キタダデザイン

印　刷　　株式会社理想社

製　本　　大口製本印刷株式会社

装丁印刷　株式会社亨有堂印刷所

落丁・乱丁本はお取替えいたします。定価はカバーに表示してあります。

©2023, Ryoji Hiraguchi, Masaru Inaba.

Printed in Japan ISBN 978-4-641-15111-6